動き出す「貯蓄から投資へ」

資産運用立国への課題と挑戦

後藤 元・小野 傑・守屋 貴之 ［編］

中島 淳一・梶原 真紀・山田 桂志・白根 壽晴・池田 直隆・
海老 敬子・横田 裕・有吉 尚哉・玉木 淳・桑田 尚

一般社団法人 金融財政事情研究会

はじめに

　本書は、東京大学で2023年度に行われた講義「資本市場と公共政策」の内容について、速記録に基づいて整理・加筆修正し、編集したものです。この講義は、みずほ証券株式会社による寄付講座「資本市場と公共政策」の一環であり、同大学の公共政策大学院および大学院法学政治学研究科の大学院生を対象に、現実の政策課題への理解を深めてもらうことを目的として、毎年度秋学期に開講されています。

　2023年度秋学期は、「国民の安定的な資産形成の実現に向けた課題」をテーマに選定し、政府が進める「貯蓄から投資へ」に向けた官民の最新の動きを取り上げました。本講義の担当は、小野傑客員教授（当時）と守屋貴之特任教授です。

　政府が「貯蓄から投資へ」という言葉を初めて公表文書で使用したのは、2001年8月に金融庁が公表した「証券市場の構造改革プログラム」に遡ります。その後、個人投資家の市場参加を促す様々な施策が講じられてきましたが、日本の家計金融資産における株式や投資信託などのリスク性資産の割合は、米国などと比較して、依然として低い水準にとどまっています。

　そのような中、2022年5月に「資産所得倍増」という大きな方向性が示されたことで「貯蓄から投資へ」が再び大きく動き出し、本講義が開講されていた2023年11月には「資産所得倍増プラン」を実行していくための規定が盛り込まれた「金融商品取引法等の一部を改正する法律」が成立し、同年12月には新たに「資産運用立国実現プラン」が取りまとめられました。こうしたタイミングで、この政策課題に最前線で向き合う官民の幅広い専門家・実務家にゲスト講師としてお越しいただき、豊富なご経験と知識に基づく最先端の実務や理論について実態に即したお話をいただいた本講義は、まさに時宜を得たものであったと考えています。

本講義では、ゲスト講師による講義と質疑応答を通じて、学生が政策課題を様々な角度から分析し、本質を捉えた実効的な対応策を考える力を養うことを目指しました。第一線で活躍される講師陣による充実した講義に加え、参加した学生からは毎回活発な質問があり、学生にとって非常に刺激的で有意義な講義になったのではないかと思います。多くの示唆に富んだ本講義の内容を東京大学の教室内のみにとどめておくのはあまりに惜しいと考え、本書を講義録として出版し、大学院における講義の臨場感とあわせて、読者の皆様と広く共有できればと意図した次第です。

　共通のテーマをもとに講義を行っていることから、各章の内容の一部に重複を感じられるかもしれませんが、リレー形式による講義の性質によるものとご理解をいただければ幸いです。本書が、金融資本市場をめぐる課題や資産形成のあり方を考えるに際し、読者の皆様の参考となれば、望外の喜びです。

2024年5月

東京大学大学院法学政治学研究科教授

後藤　元

本書の構成

　本書は、2023年度に東京大学大学院で開講された「資本市場と公共政策」の全13回の講義のうち、担当教員が行ったイントロダクションや総括的な講義などを除いた、ゲスト講師による講義10回分を講義録として編纂したものです。実際の講義順にしたがって、以下の全10章で構成されています。

第1章　なぜ今また「貯蓄から投資へ」なのか──金融で経済成長と持続可能な社会へ

第2章　ファイナンシャル・ウェルビーイングと金融リテラシーに関する海外事例

第3章　金融広報中央委員会の歴史と金融経済教育の課題

第4章　顧客と金融事業者をつなぐFPの役割

第5章　株式市場の魅力向上策──上場会社の企業価値向上に向けた取引所の取組み

第6章　企業年金・個人年金制度と国民の資産形成

第7章　金融商品の販売と自主規制機関の役割

第8章　顧客本位の業務運営に関する実務と2023年金融商品取引法等改正のねらい

第9章　メディアから見た「貯蓄から投資へ」

第10章　金融リテラシーの向上に向けて

　第1章では、2022年に「資産所得倍増」が打ち出された当時、金融庁の事務方トップとして対応の陣頭指揮を執られていた中島淳一前金融庁長官から、これまで金融行政として取り組んできた様々な政策の背景や基本的な考え方など、「貯蓄から投資へ」の全体像をお話しいただきました。

　第2章から第4章までは、金融リテラシーを共通テーマとしました。第2章では、ファイナンシャル・ウェルビーイングや金融リテラシー関係の調査

研究レポートを多数執筆されているみずほ証券の梶原真紀上級研究員から、米国や英国の先進事例についてお話しいただきました。第3章では、日本銀行の山田桂志金融広報課長から、日本の金融経済教育の推進を中心的に担っている金融広報中央委員会の歴史や、金融経済教育推進機構の創設に向けた関係者との議論の状況などについてお話しいただきました。第4章では、中立的な立場から顧客と金融事業者をつなぐ架け橋となることが期待されているファイナンシャル・プランナー（FP）に関し、日本ファイナンシャル・プランナーズ協会の白根壽晴理事長から、FPに期待される役割や、豊富なデータに基づく日本経済の課題とその中での「貯蓄から投資へ」の位置づけなどについてお話しいただきました。

　第5章から第8章までは、インベストメントチェーン（家計が投資した企業の価値が高まり、配当などが家計に還元される一連の流れ）にかかわる当事者をめぐる課題に焦点を当てました。第5章では、日本の資本市場そのものである株式市場を取り上げ、東京証券取引所（東証）上場部の池田直隆企画グループ統括課長から、東証が進めている市場の魅力向上に向けた様々な取組みについてお話しいただきました。第6章では、私的年金を取り上げ、厚生労働省の海老敬子企業年金・個人年金課長から、家計の重要な資産形成手段であるiDeCoや企業型確定拠出年金のほか、資産運用立国に向けた議論の中で注目されているアセットオーナーとしての確定給付企業年金をめぐる論点などについてお話しいただきました。第7章と第8章では、金融事業者による顧客本位の業務運営を共通テーマとしました。第7章では、金融商品の販売サイドの取組みに着目し、日本証券業協会の横田裕自主規制企画部長から、証券業界をめぐる最近の課題を題材に、自主規制機関としての具体的な対応などについてお話しいただきました。第8章では、2023年の金融商品取引法などの改正に向けた金融審議会の議論に参加されていた西村あさひ法律事務所・外国法共同事業の有吉尚哉パートナー弁護士から、ソフトローの位置づけや法改正に伴う最新の法的論点などについてお話しいただきました。

　第9章では、少し視点を変えて、金融行政に詳しい日本経済新聞社の玉木

淳金融エディターから、「貯蓄から投資へ」に向けたこれまでの政府の取組みについて、メディア目線・国民目線でお話しいただきました。第10章では、最後に改めて金融リテラシーを取り上げ、金融庁の桑田尚金融経済教育推進機構設立準備室長から、金融経済教育の一端を披露いただきつつ、「貯蓄から投資へ」の実現に向けて注目されている新しいNISAや金融経済教育推進機構の設立に向けた最新の動向などについてお話しいただきました。

このように、各回のテーマの第一人者である官民の幅広いゲスト講師の方々にお越しいただいたことで、「学生が政策課題を様々な角度から分析し、本質を捉えた実効的な対応策を考える力を養う」という本講義のねらいを実現することができたのではないかと考えています。各章冒頭の講師紹介においても、各回の講義の趣旨を記載していますので、あわせてご確認いただければと思います。

なお、本書の記述のうち意見にわたる部分は筆者個人の見解であり、その所属されている、あるいは所属されていた組織の見解ではないことをあらかじめお断りします。

弁護士、元東京大学客員教授
（西村あさひ法律事務所・外国法共同事業顧問）

小野　傑

東京大学公共政策大学院特任教授

守屋　貴之

【編者紹介】

後藤　元　　東京大学大学院法学政治学研究科教授〔はじめに〕

小野　傑　　弁護士、元東京大学客員教授
　　　　　　（西村あさひ法律事務所・外国法共同事業顧問）〔本書の構成、おわ
　　　　　　りに〕

守屋　貴之　東京大学公共政策大学院特任教授〔本書の構成、各章講師紹介、お
　　　　　　わりに〕

【執筆者（講師）紹介】

中島　淳一　前金融庁長官〔第1章〕

梶原　真紀　みずほ証券株式会社グローバル戦略部産官学連携室上級研究員〔第
　　　　　　2章〕

山田　桂志　日本銀行情報サービス局金融広報課長／金融広報中央委員会事務局
　　　　　　主任企画役〔第3章〕

白根　壽晴　特定非営利法人日本ファイナンシャル・プランナーズ協会理事長
　　　　　　〔第4章〕

池田　直隆　株式会社東京証券取引所上場部企画グループ統括課長〔第5章〕

海老　敬子　厚生労働省年金局企業年金・個人年金課長〔第6章〕

横田　裕　　日本証券業協会自主規制本部自主規制企画部長〔第7章〕

有吉　尚哉　西村あさひ法律事務所・外国法共同事業パートナー弁護士〔第8章〕

玉木　淳　　株式会社日本経済新聞社編集金融・市場ユニット金融エディター
　　　　　　〔第9章〕

桑田　尚　　金融庁総合政策局総合政策課金融経済教育推進機構設立準備室長
　　　　　　〔第10章〕

（掲載順、役職は講義時点）

目　次

第 **3** 章

金融広報中央委員会の歴史と
金融経済教育の課題

山田　桂志（2023年10月25日）‥‥61

第 **6** 章
企業年金・個人年金制度と
国民の資産形成

海老　敬子（2023年11月22日）…145

第 **9** 章　メディアから見た「貯蓄から投資へ」

玉木　淳（2023年12月13日）‥‥225

第 **1** 章

なぜ今また
「貯蓄から投資へ」なのか
——金融で経済成長と
持続可能な社会へ

中島　淳一（2023年10月11日）

講師略歴

1985年大蔵省（現財務省）入省。1995年ハーバード大学行政学修士。独立行政法人日本貿易振興機構（JETRO）バンクーバー事務所長、財務省理財局国債企画課長、金融庁総務企画局政策課長、同総務課長、同審議官、総合政策局総括審議官、企画市場局長、総合政策局長などを経て、2021年7月から2023年7月まで金融庁長官。

　2023年度「資本市場と公共政策」のゲスト講師1人目は、前金融庁長官の中島淳一さんにお越しいただきました。

　中島さんは、東京大学工学部のご出身で、2021年7月に金融庁長官に就任された際には金融庁初の理系出身長官として話題になられ、今年（2023年）7月に勇退なされるまでの2年間、長官を務められました。昨年（2022年）5月に「貯蓄から投資へ」が再び動き出した当時、金融庁の事務方トップとして、NISAの抜本的拡充や「資産所得倍増プラン」の策定に向けた議論、関連法案の提出などの対応の陣頭指揮を執られたほか、金融経済教育の充実にも長く携わってこられた方ですので、最初のゲスト講師として、中島さん以上にふさわしい方はいないと考え、ご登壇をお願いしました。

　初回の講義ということで、20年以上にわたって金融行政として取り組んできた様々な政策の背景や、次回以降の講義につながる個別の政策の基本的な考え方など、「貯蓄から投資へ」の全体像を総括的に解説していただきます。

皆さん、こんにちは。ただ今ご紹介いただきました中島です。本日は、「資本市場と公共政策」の初回ゲスト講師としてお招きいただき、ありがとうございます。

ご紹介いただいたように、私は1985年に東大の工学部計数工学科を卒業しました。正門から入って左の奥に工6号館という古い建物があります。実はそこで最先端の研究をやっていて、当時、私は、その工6号館と、浅野キャンパスにある計算機センターを行き来しながらプログラミングの研究をしていました。

今、東大と金融庁は非常に緊密な関係にあります。金融庁の有識者会議には東大の先生方に参加いただいていますし、多くの卒業生が金融庁で働いています。今年（2023年）5月には安田講堂で藤井総長と調印式を行い、東大と金融庁で連携協力に関する基本協定（「金融庁と国立大学法人東京大学との間における連携協力に関する基本協定書」）を締結しました。それに基づいて金融庁が持っている市場の取引データを東大で分析してもらうといったことを始めています。さらに今日、東大で講義ができることを大変うれしく思っています。

今日の講義のテーマは「なぜ今また『貯蓄から投資へ』なのか」ですが、端的に言えば、「今までもやってきたけれど、まだまだの状況だから」ということだと思います。そこで、今日は、この二十数年間取り組んできたことを振り返りながら、金融行政としてやろうとしてきたことの背景を紹介できればと思います。具体的な政策や制度の中身は、来週以降、色々な講師の方から説明があると思いますので、全体として、行政はどういう考え方で政策を進めてきたのかを中心に話をしていきたいと思います。

1　資本市場の活用

最初に全体像です（図表1−1）。金融を大きく分類すると、直接金融と間接金融があり、家計から銀行の預金と貸出しを通じて企業にお金を流してい

図表1−1　資本市場の活用

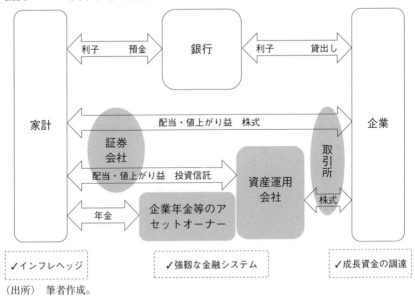

（出所）　筆者作成。

く間接金融が日本では強いと言われてきました。実際に強いと思います。特に戦後の復興過程で、ずっと人口も増えていた中で、企業部門は資金不足に陥っていました。その資金不足の企業に対して効率的にお金を供給することが銀行の役割となっていました。

　しかし、日本は人口増加も徐々に頭打ちとなり、高度成長が終わって経済が成熟してくると、企業の資金不足は解消し、むしろ資金余剰になってきました。銀行は貸出先がなかなか見つからなくなり、1980年代、いわゆる「バブル経済」の時代には、銀行は低い金利で集めたお金を主に不動産に貸し出すようになりました。このバブルの時代は、うまくいっているうちはどんどん地価が上がって、不動産だけではなく株価も1989年には3万8,915円とかなり高い水準まで上がっていました。

　1990年代にはそれが終わってバブル崩壊となりました。資産である貸出債権が不良債権になって、その処理のために損失を計上して資本が毀損してい

く、さらには経営破綻する銀行もあって、経済にも悪影響が出ました。「失われた10年、20年」と言われる日本経済の長期低迷の背景の1つとして、銀行の経営不振によって、銀行のリスク許容力、そして金融システム全体が弱くなったことが指摘されています。

そうした中で、間接金融だけではなくて、資本市場を使った直接金融も強くする、当時は「複線型」と言っていたのですが、この両方を使うことで強靱な金融システムにしたいという思いがありました。

バブル崩壊後、デフレ経済が10年、20年と続いていく中で、企業が欲しいお金は、金利は低いけれども、必ず返さなければいけないお金だけではありません。これから成長していく、あるいは技術開発をしていくために、ある程度リスクはあるけれども、うまくいけばそれなりにリターンを返せる、そういう資本性のお金が日本ではもっと必要だろうと考えて、企業サイドの成長資金の調達のために、金融行政としては資本市場を発展させたいということを考えてきました。

家計に目を向けると、デフレ経済のもとでは、現金や預金を持つことは実は合理的な行動です。どういうことかと言うと、1万円を持っているとして、10年経っても物価が上がらない、むしろ物価が下がるのであれば、そのまま1万円を持っておくことが一番安全で確実です。インフレをヘッジする必要がないので、預金として置いておくという行動は合理的だったわけです。ただ、そうした中、2012年末の第2次安倍政権発足後、アベノミクスということで、デフレ脱却、安定的なインフレを旗印に政策を進めていくことになりました。そうすると、家計でもそれにあわせてインフレヘッジが重要になってきます。例えば株式投資ですが、株価は企業収益に連動すると考えると、企業収益は、経済の名目価値が大きくなれば大きくなりますので、株式を持っていればインフレヘッジになります。

家計にとってはインフレヘッジ、経済全体にとっては強靱な金融システム、さらに企業にとっては成長資金の調達という趣旨で、金融行政としては資本市場を通じた直接金融をもう少し活用したいとずっと思ってきました。

一方で、直接金融の難しさは、登場する主体が多いという点にあります。金融行政としては、間接金融の場合は銀行を監督すればよいのですが、直接金融では、例えば、個人が株式を買うときには証券会社が窓口になります。個人が年金や保険に入ると、「アセットオーナー」と呼ばれる企業年金や保険会社がかかわってきます。また、投資信託を組成したり、年金を実際に資本市場で運用したりする資産運用会社、「アセットマネジメント」と呼ばれる会社も入ってきます。さらに、株式を流通させる取引所もあります。ほかにも、例えば、企業の財務書類や開示内容が正しいかどうかを確認する公認会計士や監査法人もかかわってきますし、資産運用会社に対して、株主総会で議決権をどのように行使すべきかをアドバイスする議決権行使助言会社もあります。

　家計が投資した企業の価値が高まり、配当などが家計に還元される一連の流れを「インベストメントチェーン」と呼んでいます。直接金融を発展させるためには、インベストメントチェーンにかかわる多くの主体が、それぞれしっかりと機能を果たすことが大事だということで、色々な施策を進めてきました。これから順番に、それぞれの主体にどのような働きかけをしてきたのか、基本的な考え方を紹介していきたいと思います。

2　家計と資産形成

　まず、家計です。皆さんも家計の1人です。日本の状況を見てみると、個人の家計金融資産はなかなか増えていません（図表1−2）。その理由の1つとして、資産運用によるリターンで増える部分が少ないということが指摘されています。

　日本では、家計の金融資産の半分が現預金になっています（図表1−3）。預金は、今、金利はほとんどありませんので、この部分は増えません。もし株式であれば、そして国内だけでなく世界に分散投資をしていれば、世界的には経済は成長していますので、その成果を取り込んでそれなりに増えてい

図表1-2 各国の家計金融資産の推移

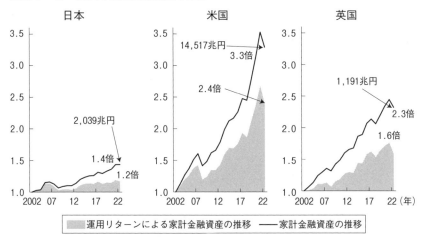

（注） 利子や配当を含まない。
（出所） 日本銀行・FRB・ONS統計資料より金融庁作成。

図表1-3 各国の家計金融資産構成比（2022
年末時点）

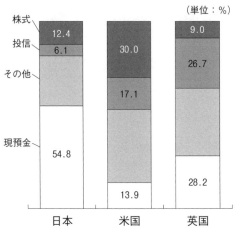

（注） 株式・投信は間接保有を含む。
（出所） 日本銀行・FRB・ONS統計資料より金融庁
作成。

たと思います。

　政府は預金をもう少し投資商品に振り向かせたいと思い、この20年間でいくつかの施策を打ってきました。例えば2003年の株式軽減税率10％です。バブル崩壊後、経済が低迷する中で、成長資金の供給のためには株式市場をもっと使うべきだという議論が出てきました。株価上昇による売却益などにかかる個人の所得税は、税率20％の分離課税が基本になっていて、今も同じです。この20％を思い切って10％にしようというのが当時の発想で、これによって株式市場に資金を流入させようとしました。この株式軽減税率10％というのは時限措置で、当初は5年間だったのですが、何度か延長して2013年まで続きました。

　一定の効果はあったと思います。ただ、たくさん投資できる人も、少額しか投資できない人も一律10％に軽減するということで、金持ち優遇批判がありました。資産を多く持っている人は、この優遇税制を使うことで個人所得全体の実効税率を10％近くまで下げることができますし、実際そのような状況になっていました。

　2014年に軽減税率は廃止されました。ただ、単純に廃止したのでは「貯蓄から投資へ」の流れに逆行しかねないということで、同時に新たな制度として創設されたのがNISA（少額投資非課税制度）です。2014年に、年間100万円の投資枠と5年間の非課税期間で総額500万円までの投資から得られる収益は非課税にするということで導入して、その後、年間投資枠は120万円に引き上げられました。さらに、2018年には、家計の安定的な資産形成を促進するため、積立投資については年間の投資枠を40万円、非課税期間を20年間にするつみたてNISAという制度を導入しました。

　両方とも時限措置で、期限がくるたびに延長を続けてきました。仕組みが分かりにくいという批判もありました。口座数を見ると、両方あわせて2,000万口座近くまで伸びていますし、それなりの効果はあったと思いますが、家計金融資産に占める現預金比率を変えるまでにはいっていないというのが今までの状況だったと思います。

その中で、昨年（2022年）、これはやはり政権の力だと思いますが、岸田総理のイニシアチブで、このNISAを抜本的に拡充しました。時限措置の延長を繰り返すのではなく、恒久措置にしました。さらに、非課税になる投資額も拡充して、かなり思い切った金額を投資できる枠組みになりました（図表1－4）。

　安定的な資産形成を目指す投資初心者の方へのお勧めは長期・積立・分散投資です。

　なぜ長期の投資がよいかと言うと、経済には景気変動があるからです。株

図表1－4　NISAの抜本的拡充

	つみたて投資枠	成長投資枠
口座開設期間	2024年1月から恒久制度化（非課税保有期間も無期限化）	
投資対象商品	長期の積立・分散投資に適した一定の投資信託〔現行のつみたてNISA対象商品と同様〕	上場株式・投資信託等（注2）①整理・監理銘柄②信託期間20年未満、毎月分配型の投資信託及びデリバティブ取引を用いた一定の投資信託等を除外※個別企業の成長を応援
年間投資枠	120万円 併用可	240万円※既に積み上げた資産（預貯金）によるキャッチアップ投資が可能
非課税保有限度額（簿価残高）	1,800万円※安定的な資産形成を促進する観点から長期・積立・分散投資によるつみたて投資枠が基本※限度額の範囲内でライフステージに応じた投資（積立）と取崩しが可能	
		1,200万円（内数）

（注1）　対象年齢は18歳以上。
（注2）　金融機関による「成長投資枠」を使った回転売買への勧誘行為に対し、金融庁が監督指針を改正し、法令に基づき監督・モニタリングを実施。
（出所）　金融庁作成資料より筆者作成。

価は上がるとき、下がるとき、色々ありますが、長期で見れば、世界経済が大きくなれば、それなりの値上がりが期待できます。あるいは毎年配当が出れば、その配当を原資に再投資することによって投資元本を大きくできます。これは「複利効果」と言われ、長期の場合に特にそのメリットが出てきます。さらに、一般的に売買をすると手数料がかかりますので、手数料負けしないためにも長期で持つことが重要になると思います。

次に、なぜ積立投資がよいかと言うと、株式の買い時を考えるのは非常に難しいからです。実際、今日の株価が本当に高いと思えばみんな売っているし、今日の株価が本当に低いと思えばみんな買うわけで、今日が高いか低いかという判断は難しいものです。積立投資をすることで、例えば毎月1万円なら1万円買うと決めて買うと、株価が低いときには多くの株数を買うことができる一方で、株価が高いときには少ない株数しか買えないことになります。こうして平準化していくと、株価が安かったときに買った株数が多くなりますので、値上がり益が出やすくなります。

最後に、分散投資はどういうことかと言うと、1つのものにまとめて投資してしまうと、もしかしたらその投資が全て駄目になってしまうかもしれませんが、多くの投資対象に分散して投資していれば、そうした事態を回避できる可能性が高まります。分散の仕方としては、例えば、株式だけではなくて債券も買う、あるいは不動産関係の商品を入れることも考えられます。投資対象の地域についても、日本だけではなくて米国も入れる、あるいはこれから発展していく途上国も入れることが考えられます。通貨も、円だけでなく、ドルやユーロを入れてもよいでしょう。色々な投資商品を入れておけば、全体として一気に大きく損をすることはないと思います。

さらに、もう1つ紹介しておくと、来年（2024年）から始まる新しいNISAでは、1,800万円という限度額の範囲内であれば投資商品を売ることもできるし、また買うこともできます。積めるときに積んで、一方で、例えば、留学や結婚に費用がかかる、あるいは住宅を買いたいといったときには取り崩してまた積めるときに積むというように、ライフステージに応じて、

またライフプランを考えながら投資をしていくとよいと思います。

3　金融経済教育

　次に、金融経済教育、金融リテラシーの向上について話をしたいと思います。個人が預金を持つ場合には、勤め先から入ってきた給料などをそのまま置いておくだけですが、投資商品を買うためには、なぜ投資するのかという納得感も必要ですし、自分で商品を選択しなければならないので、それなりのリテラシーが必要になります。

　今、「貯蓄から投資へ」の流れの中で、金融経済教育に力を入れています。これも急に始めたわけではなくて、約20年前、私は当時から議論にかかわっていたのですが、欧米では金融分野で消費者が自ら商品を主体的に選択することができるようにするため、消費者教育が活発に行われるようになっていました。さらに、2013年、これも国際的な議論の中で、特にリーマンショック後、海外で一般の人までが金融商品への投資で損失を被ってしまったことを受けて、個々人の金融リテラシーを高めよう、各国はそのための国家戦略をつくろうという動きがありました。そうした動きも受けて、金融庁では有識者会議（金融経済教育研究会）をつくって金融経済教育について改めて議論して報告書を取りまとめました（図表1－5）。基本的な考え方は今も変わっていないと思います。

　金融経済教育の意義・目的、つまり何のために金融経済教育をするのかということから話をしていきます。

　1つ目は、社会人として自立した生活をする、そしてより良い暮らしをしていく、最近よく使われている「ウェルビーイング」という言葉も、実は以前から使われていたのですが、こうしたことのためには、一定のリテラシーが必要だということです。

　2つ目は、健全で質の高い金融商品の供給を促すためには、買う側も一定のリテラシーを持っていることが大事だということです。例えば、日本で自

図表1−5　金融経済教育研究会報告書の概要（2013年）

金融経済教育の意義・目的
①生活スキルとしての金融リテラシー 　　社会人として経済的に自立し、より良い暮らし（ウェルビーイング）を送っていくためには、生活設計の習慣化と金融商品を適切に利用選択する知識・判断力が重要。 ②健全で質の高い金融商品の供給を促す金融リテラシー 　　利用者の金融商品を選別する目が確かになれば、より良い金融商品の普及も期待。 ③我が国の家計金融資産の有効活用につながる金融リテラシー 　　家計の中長期の分散投資が促進されれば、成長分野への持続的な資金供給に資する効果。 ⇒公正で持続可能な社会の実現
最低限身に付けるべき金融リテラシー
1．家計管理 　　適切な収支管理（赤字解消・黒字確保）の習慣化 2．生活設計 　　ライフプランの明確化及びライフプランを踏まえた資金の確保の必要性の理解 3．金融知識及び金融経済事情の理解と適切な金融商品の利用選択 　　金融取引の基本としての素養（理解できない契約はしない等） 　　金融分野共通の基礎知識（金利、インフレ、リスク・リターン、コスト等） 　　カテゴリーごと（保険商品、ローン・クレジット、資産形成商品）の留意点 4．外部の知見の適切な活用 　　金融商品を利用するにあたり、外部の知見を適切に活用する必要性の理解

（出所）　金融庁作成資料より筆者作成。

動車や電化製品を買うとき、質がよい商品かどうかは、買い手がかなり厳しく見ていると思います。金融についても、買う側が厳しく見るようになれば商品の質も上がるだろうという考え方です。

　3つ目、これは今回の「貯蓄から投資へ」の議論にも関係するのですが、家計の金融資産が有効活用されると、それが成長分野への資金供給にもつながるという考え方です。

全体として、消費者、国際的には「市民」という言葉が使われていましたが、一人一人がリテラシーを持ってきちんと行動することが、公正で持続可能な社会の実現につながるという考え方です。

　次に、リテラシーとは具体的に何かと言うと、一般的には「リテラシー」と言うと金融知識と思うかもしれませんが、国際的な議論で重要視されるのは知識というよりは個々人の行動です。

　1つ目は、家計管理です。日々の生活の中できちんと収支が賄えているか、赤字がいけないということではないのですが、収入がどれくらいあって、支出がどれくらいあるのかをきちんと分かっているかどうかが非常に大事だと思います。

　2つ目は、生活設計です。ライフプランをつくり、それに基づいて、預金をしたり、借入れをしたりすることが大事だということです。これも個々人の行動に関するものと言えると思います。

　3つ目、これは知識と行動の両方に関係してくるのですが、金融に関する基礎知識とそれに基づく金融商品の利用選択です。金融取引の基本として、理解できない契約はしないということが大事だと思います。特に、今はクリック1つで簡単に投資商品を買えてしまう時代ですが、詐欺的なものもありますし、特にSNS、あるいは生成AIの時代になって、何が本当の情報なのか分かりにくい状況になっていると思います。ネット上の情報を鵜呑みにしないで、自分で商品性を判断できる金融商品を買うことが大事だと思います。そのほか、基礎知識ということで、金利、インフレ、リスク・リターン、コスト、そうしたことを理解することも大切です。

　リスク・リターンは、ハイリスクのものはハイリターン、ローリスクのものはローリターンが基本です。ローリスクだけれどハイリターンだなんていう商品があるとしたら、まずそれは詐欺的な商品ですので、騙されないほうがよいと思います。それから、取引にはコストがかかるということも理解して、コストがどれくらいかかるかを常に念頭に置いておくことも重要だと思います。

4つ目は、外部の知見の適切な利用です。これも金融に限らないと思いますが、自分で全てを理解することはやはり難しいと思います。特に金融は複雑ですし、例えば、株価が急に上がったときに、「買うのか売るのか冷静な判断をしろ」と言われても難しいと思います。そうしたときに、外部の知見を適切に利用できるようにすることも大事だと思います。

　こうした金融経済教育の取組みは20年以上前から進めてきてはいるのですが、アンケートで「金融経済教育を受けたことがある」という人は約7％しかいないという実態もあります。今回の「資産所得倍増プラン」には、大きな柱の1つとして、2024年春を目途に金融経済教育推進機構という新たな組織をつくって、そこで今まで金融庁だけではなく日本銀行、あるいは業界団体、各金融機関がやってきたことをさらに一段レベルアップしていくことが盛り込まれています。今紹介したようなリテラシーを、どうしたらきちんと一人一人に届けられるのかをしっかり考えながら取り組んでいく必要があると思います。

4　顧客本位の業務運営

　次は、投資商品の販売事業者について話をしたいと思います。「貯蓄から投資へ」が進まない原因として、証券会社、あるいは銀行の販売姿勢に問題があったのではないかと指摘されています。投資商品は、買ったときにはよいものかどうかがよく分かりません。典型的にはテーマ型投資信託です。例えば、最近だと環境や社会問題に取り組む企業の株式で構成される、ESGをテーマとした投資信託がブームになりました。過去のテーマ型投資信託を見ると、販売事業者が広告を出して積極的に売ってブームをつくるのですが、買った個人から見ると実はそれは高値つかみで一番高いときに買わされて、しばらくしてブームが終わると値段が下がるということがありました。そうすると、証券会社から、「最近もっといいものが出ていますから、こっちを買いませんか」と言われて、回転売買をさせられたこともあるようです。

ブームに乗って値段が一番高いピークのときに買い、ブームが終わると損をして売って、また次のブームに乗って高いものを買う。それを繰り返すと、個人の投資は全く成功体験にはならず、投資商品は怖いということになってしまいます。

そうならないために、色々な法律上のルールがあります。例えば説明責任で、販売事業者が投資商品を売るときには、リスクなどを記載した資料を渡すことになっています。ただ、それだけでは形式的に資料を渡すだけになってしまいます。そうした中で、1つの解決策として策定したのが、2017年の「顧客本位の業務運営に関する原則」です（図表1-6）。

法律で要件を決めると、それさえクリアすればよいということになって、

図表1-6　顧客本位の業務運営に関する原則（2017年策定、2021年改訂）

> 金融商品の販売、助言、商品開発等を行う全ての金融事業者が、創意工夫を発揮し、顧客本位の良質な金融商品・サービスの提供を競い合い、より良い取組みを行う金融事業者が顧客から選択されていくメカニズムを実現するため、以下の取組みを行う。
>
> ①当局による「顧客本位の業務運営に関する原則」の策定、金融事業者に対する受け入れの呼びかけ　＜プリンシプルベースのアプローチ＞
>
> 【原則に盛り込むべき事項】
> Ⅰ．顧客本位の業務運営に係る方針の策定・公表等
> Ⅱ．顧客の最善の利益の追求　　Ⅲ．利益相反の適切な管理
> Ⅳ．手数料等の明確化　　Ⅴ．重要な情報の分かりやすい提供
> Ⅵ．顧客にふさわしいサービスの提供　　Ⅶ．従業員に対する適切な動機づけの枠組み等
>
> ②金融事業者による原則への取組方針や取組状況の策定・公表　＜顧客本位の業務運営「見える化」＞
>
> ③顧客の主体的な行動による、②で示された情報等に基づく、より良い取組みを行う金融事業者の選択
>
> ④当局によるモニタリング　＜ベストプラクティスを目指した対話＞

（出所）金融庁作成。

どうしても形式的なものになりがちです。それに対して、この「原則」は、プリンシプルとして、例えば「顧客の最善の利益の追求」と書いてあります。各金融機関には自分の顧客を思い浮かべて、金融機関ごとにベストプラクティスを目指すことが求められます。こうした対応を「プリンシプルベースのアプローチ」と言っています。強制ではなくて、「原則」に沿って対応する方針を決めた金融機関は自主的に、自分たちはこういうことをやりますという方針を顧客に対して公表して、監督当局は事後的にどうだったかをチェックするという取組みを始めています。

ただ、一般の人が各金融機関のホームページを見比べるのは難しいので、金融庁では、例えば比較可能な共通KPI、つまり各金融機関の取組み状況を横比較できるような指標もつくっています。また、金融庁は金融機関に対する日常的なモニタリングの中で、「顧客本位の業務運営の方針としてこういうことをすると言っていますが、実際にはどうしていますか」ということを議論しています。金融機関の経営者や企画部門の方は、「取組み方針をつくってしっかりやっています」と言われるのですが、現場に行くと、なかなかそのとおりにはいっていない面もあると思います。

最近、仕組債という商品を聞いたことがあるかもしれません。一見すると利回りがよいのですが、実際にはすごくリスクが高く、販売事業者にとっては多額の手数料をとれる商品でした。仕組債について、販売手法に問題があった一部の金融機関は金融庁の行政処分の対象にもなりました。金融機関の経営者は、「顧客本位の業務運営をやりたい」と言います。多分それは本音だと思います。しかし、一方で「業績もあげたい」と言うと、営業現場では、目先の業績をあげるために手数料を稼げる商品の販売に傾きがちになるということで、やはり最終的には経営者の本気度が問われていると思います。

今まではプリンシプルベースということで、法律には規定していなかったのですが、国会で審議中の法案（「金融商品取引法等の一部を改正する法律案」）[1]で、「顧客等の最善の利益」を勘案しつつ、誠実かつ公正に業務を遂

行する義務を幅広く事業者に課すことにしました。この法改正によって直ちに何かをするというよりは、顧客の利益に著しく反するような行為については行政対応がしやすくなるということだと思っています。

5　資産運用立国に向けた取組み

　ここからは、「機関投資家」と呼ばれる、個人のお金を集めてそれを運用する主体について話をしたいと思います。具体的には、例えば、年金や保険を預かる企業年金や保険会社といったアセットオーナーと、実際に運用を行う「アセットマネジメント」と呼ばれる資産運用会社の2つがあります。機関投資家が個人から預かったお金をしっかりと運用して成果をあげることがインベストメントチェーンの中でも重要なポイントになります。

　これも急に言い始めたわけではなくて、過去にも、例えばGPIF（年金積立金管理運用独立行政法人）の基本ポートフォリオの見直しが行われました。GPIFは公的年金を運用している主体で、200兆円規模の資産を扱う世界最大のアセットオーナーと言えると思います。2014年より前は、運用資産のポートフォリオを見ると3分の2は国内債券を買うことになっていました。ただ、当時、アベノミクスでデフレから安定的なインフレを目指す中で、本当にそれでいいのか、アセットオーナーはもっと中長期的な利益をきちんと追求しないと、最終的には年金受益者である国民のリターンにつながらないのではないかという議論がありました。結果として、2014年と2020年に基本ポートフォリオの見直しが行われ、今では、4分の1を国内債券、4分の1を外国債券、4分の1を国内株式、4分の1を外国株式というように運用資産を4等分にしています。一方で、こうしてある程度リスクをとる以上は、リスク管理もきちんとする必要があるということで、2014年の見直し以降、GPIFの運用とリスク管理はかなり高度化が進んでいると思います。

1　第212回国会（臨時会）で2023年11月20日に成立。

GPIFや大企業の企業年金では、年金受益者の利益を考えて運用が行われていると思います。一方で、中小企業の企業年金の中には、まだそこまでできていないところも多いと思います。どのように資産運用会社を選んでいるかと言うと、これまでと同じところ、もっと言えば、企業と取引関係にある金融機関やその系列の資産運用会社を使っているところが多いと指摘されています。さらに運用方針も従前と同じでよいとなると、資産運用会社のほうも、過去と同じようにやっていれば契約が維持できるため、運用の高度化が進まないと指摘されています。

　資産運用会社も、海外には独立系の大きな会社があるのですが、日本の大きな資産運用会社は3メガバンクグループあるいは大手証券グループの子会社であったりして、どうしてもグループ内の一員ということになっています。高度な運用人材がいたとしても、グループ内の子会社にいるよりは、資産運用業をメインとする外資系のほうが高く評価してくれるということで移ってしまうことも多いようです。

　資産運用業の高度化については、特に今年（2023年）は岸田総理のイニシアチブで力を入れて、年内に資産運用立国に向けた政策プランをつくることにしています。9月下旬から10月にかけて“Japan Weeks”と称して、資産運用関係の人が集まる国際的な会議が日本で集中的に開かれ、そこで岸田総理がスピーチをされて、こうした方針を明らかにしています。具体策としては、例えば資産運用業への新規参入の促進がありますが、国内外から新たな人が入ってきて業界に刺激を与えてほしいと思います。

6　コーポレートガバナンス改革

　次に、企業についてです。企業が利益を稼がないことにはインベストメントチェーンが成り立たないため、特にこの10年、コーポレートガバナンス改革に取り組んでいます。2012年末に発足した安倍政権では、「アベノミクス」と呼ばれる経済政策の3本の矢として、大胆な金融政策、機動的な財政

政策とあわせて成長戦略があって、成長戦略の柱の1つがコーポレートガバナンス改革でした。これも資本市場の機能を活用するということで、具体的には、スチュワードシップ・コードとコーポレートガバナンス・コードを策定しています（図表1−7）。

　企業に対しては、コーポレートガバナンス・コードにおいて、企業は株主からの出資に応えるために企業価値を上げていく、その際には従業員、顧客、取引先、地域社会とも協働して中長期的に収益力を向上させることが求められています。これも法律ではなくてプリンシプル、原則です。

　この原則を実現する手段がスチュワードシップ活動、機関投資家による企業との建設的な対話です。機関投資家は、先ほど紹介した資産運用会社や企業年金などのアセットオーナーです。スチュワードシップ・コードでは、機関投資家に対して、資金の出し手である最終受益者のリターンを増やすために、企業と対話を行って、中長期的な視点から投資先企業の持続的な成長を促すことを求めています。

　この2つのコード、よく車の両輪と言っていますが、両方相まって企業の成長力を高めたいということです。

　コーポレートガバナンス改革のもう1つの柱が、東京証券取引所（東証）

図表1−7　コーポレートガバナンス改革

| 企業年金等のアセットオーナー | 働きかけ | 資産運用会社 | 建設的な対話 | 企業 |

スチュワードシップ・コード
（2014年策定、2017年改訂、2020年再改訂）
　機関投資家（資産運用会社、企業年金等のアセットオーナー）に対して、企業との対話を行い、中長期的視点から投資先企業の持続的成長を促すことを求める行動原則

コーポレートガバナンス・コード
（2015年策定、2018年改訂、2021年再改訂）
　上場企業に対して、幅広いステークホルダー（株主、従業員、顧客、取引先、地域社会等）と適切に協働しつつ、実効的な経営戦略の下、中長期的な収益力の改善を図ることを求める行動原則

（出所）　金融庁作成資料より筆者作成。

の市場区分の見直しです。以前は東証一部・二部というのがありましたが、昨年（2022年）４月からは市場区分の変更が行われています。昔は東京と大阪に２つの取引所があって、2013年に統合したのですが、その後も５つの市場区分が残っていて、それぞれの区分にどういう意味があるのかが分かりにくくなっていました。また、ベンチャー企業にとっては新規上場することがゴールとなっていたり、比較的規模が大きな企業も東証一部に安住してしまったりすることが多いと指摘されていました。

そうした中で、市場区分の見直しの議論を行って、プライム、スタンダード、グロースの３つの市場区分に再編し、市場ごとにコンセプトをはっきりさせました。プライム市場であれば、ある程度の規模の企業であること、国内外の機関投資家が投資できるだけの株式の流通規模があって、ガバナンス体制もかなりきちんとしていることが求められます。プライム市場に上場できる基準は従来の東証一部より高めたほか、今までは一度上場するとなかなかほかの市場に移行することはなかったのですが、プライム市場の上場基準に届かなくなればプライム市場から退出することも明確にして、全体として企業価値の向上を促すメカニズムを入れています。

こうした一連のコーポレートガバナンス改革の取組みの成果について触れたいと思います。

まず、独立社外取締役です。日本で取締役はかつて企業内部の社員のポストの１つでしたが、取締役の本来の役割は会社の経営を監督することですから、社外の独立した目が必要ということがコーポレートガバナンス・コードに盛り込まれました。取締役のうち独立社外取締役を３分の１以上入れようということで、当初は反対意見もかなり強かったのですが、足もとでは、もう９割以上の企業がこれを達成しています。形式的に達成しただけですが、実際に取組みが進んだと思います。

次に、政策保有株式の縮減です。上場企業同士がお互いに株式の持ち合いをすると、自分の株式も相手に持ってもらっているのだから、相手に対してあまり厳しいことは言わないということになりがちです。また、企業が株式

を資産として持つ以上、本来それに見合う収益をあげなければいけないのに、そうはなっていないことも多く、資本効率の面でどうなのかという議論もありました。そこで、政策保有株式の必要性をきちんと検討して、必要性のない政策保有株式を減らすべきだということを示した結果、縮減がかなり進んでいるのではないかと思います。

　それから、実際に企業が利益をあげるようになったのかという点です。1つの目線として、多くの海外投資家は8％の自己資本利益率（ROE）を投資先企業に求めています。最近の状況を見ると、TOPIX500の構成銘柄ですと、約6割の企業がこの8％を達成するようになっています。ただ、欧米では8割以上の企業が8％を達成しています。ROEに言及すると、短期主義を助長しているのではないかという批判も受けますが、機関投資家は投資先企業に対して一般的に中長期の投資をしています。企業の中長期的な企業価値の向上を求めることがスチュワードシップ・コードのねらいです。スチュワードシップ・コードとコーポレートガバナンス・コードによって短期主義的な対応が増えたという批判もありますが、金融庁としては、全くそんなつもりはなく、むしろ中長期的な成長を目指しています。

　企業の収益性を測るもう1つの目線として、株価純資産倍率（PBR）を見ようという動きがあります。株価と株数を掛けたその企業の時価総額、つまり投資家が評価するその企業の価値が分子で、その企業の貸借対照表上の純資産額が分母です。帳簿上の価値に対して投資家が評価する価値が上回っているかどうかを図る指標です。1を超えていれば投資家がその企業を帳簿価格以上に評価していることになります。投資家は、将来のその企業の成長価値を見ていきますので、投資家が将来成長する可能性がある、あるいは帳簿上の純資産額以上の価値があると思えば1を超えるわけですが、残念ながら日本の企業は1を超えていない企業が多くなっています。

　実際には、日本ではTOPIX500の約4割の企業でPBRが1を割れています。帳簿上の価格がその企業の価値をどこまで反映しているのかは考え方次第という面があるので、これだけをもってあまり乱暴な議論をするのもどう

かと思いますが、1を割れているのであれば、会社を清算して、今その純資産を分配したほうが株主にとってはいいのではないかとも言われています。海外ではPBR1割れの企業はほとんどなく、米国のプライム市場上場企業に相当する企業では数％という状況です。

PBRを引き上げるために、本来は、例えば、設備投資をするとか、儲からない事業はやめて収益があがる事業に特化するとか、本業のテコ入れが求められるのですが、そうではなく帳簿上の純資産を減らすだけでもPBRの上昇につながります。具体的には、自社株買いをする、あるいは配当を増やすということで、実際そうしている企業も多いと思います。ただ、本来求めているのは、そうした短期的な1回限りの対応ではなくて、中長期的な成長に向けた投資をしてほしいということです。そこは企業も理解していると思います。

最近は女性の役員比率も話題になります。日本の上場企業の女性役員比率は今1割程度になっています。女性役員が1人もいないプライム市場の企業も2割程度あるというのが現状です。それに対して、国内外の投資家は結構厳しい目を向けていて、株主総会ではそうした企業のトップを続投させる議案の賛成比率がかなり落ちるということが実際に起きています。今、政府では、特にプライム市場の上場企業に対して、2030年までに女性役員比率を30％まで引き上げるように、それから2025年までに少なくとも1人は入れるようにということを求めています。企業も、それに応じてかなり動きが進んでいると思います。ただ、こうした施策を進めている政府の幹部職員の女性比率は低く、取組みがまだまだ遅れているので、何とかしなければいけないなという思いも持っています。

インベストメントチェーンの各主体の機能強化に関する話はここまでになります。

7　サステナブルファイナンス

　ここからは、今、資本市場の役割として一番期待され、関心が高いサステナブルファイナンスについて紹介したいと思います。

　「ESG」という言葉を聞いたことがあると思います。Gは企業のガバナンスのことですが、ここではE（環境）とS（社会）を中心に話をしたいと思います。Eの例は、まず気候変動です。今年（2023年）の夏は非常に暑くなりましたが、これが来年（2024年）以降もずっと続いていくかもしれないという状況に今地球はあると思います。気候変動以外にも、生態系や生物多様性の危機、あるいは海外では水資源の不足も多く叫ばれています。次に、Sの例としては、経済的格差、強制労働、ジェンダー差別などがありますが、コロナ禍のような感染症対策もここに入るかもしれません。日本では、少子高齢化や地方の人口減少も大きな社会的な課題になっています。

　こうしたESGの問題に対して、金融で解決を図ろうとするのがサステナブルファイナンスです。少し時代を遡ると、2015年が大きなターニングポイントだったと思います。この年、国連総会で持続可能な開発目標（SDGs）が採択され、気候変動対策に関するパリ協定も採択されました。それ以前からESGは取り上げられてきましたが、さらにそれが重要な課題になったと思います。国内でもずっと取り組んできていましたが、大きな転機になったのが2020年で、菅政権が発足した直後に、2050年にカーボンニュートラル、脱炭素を日本でも達成するということを宣言しました。政府全体として、ここから一気に脱炭素に向けた取組みが加速していくのですが、金融庁でも、有識者会議を設置してサステナブルファイナンスについての考え方や施策をまとめています。

　まず、Eについて、気候変動に関する議論を紹介します。特に2020年頃はEUを中心に、グリーンなものには資金を出すけれども、グリーン以外のもの、「ブラウン」とも言われるのですが、そうした企業からは資金を引き揚げるべきといった議論が行われていました。もう少し具体的には、例えば自

動車であれば、電気自動車（EV）はグリーンだけれど、日本が得意とするハイブリッド車はグリーンではなくてブラウンなのでお金を出さない、あるいは関係企業からお金を引き揚げるべきだという主張です。こうしたお金を出すか、出さないかの対象を決めるグリーンの定義づけのために、「EUタクソノミー」と言われる議論が行われていました。

　それに対して、日本は脱炭素への着実な移行、トランジションの重要性を主張しています。すぐにグリーン以外のものから資金を引き揚げるのではなくて、むしろ脱炭素に向けた移行を着実に進めていく。例えば電力やガス、あるいは自動車や化学、鉄鋼といったところで、「今すぐにグリーン以外のものからお金を引き揚げろ」と言うと経済自体がうまく回らない、あるいは日本がお金を出さなければ、ほかの国がお金を出すだけかもしれません。脱炭素に向けた移行のための投資に対して、資金をしっかり出していこうというのがトランジションの発想です。今年（2023年）日本が主催した広島サミットでも、トランジションファイナンスが大事だということが確認されています。

　次に、Ｓについて、岸田政権の新しい資本主義との関係で少し紹介したいと思います。岸田政権では、「成長と分配の好循環」を目指して、人への投資に重きを置いています。賃上げの要請もかなりしていますし、企業にとって従業員にかかる費用は経費という見方が強かったように思いますが、これからはむしろ人的資本への投資だと捉えようということになっています。

　サステナブルファイナンス関連の具体的な施策として、代表的なものを3つ紹介します。

　1つ目は、有価証券報告書です。株式や社債を発行して市場から資金を調達する企業は、有価証券報告書を作成・公表します。これを投資家が見るわけですが、その有価証券報告書に、気候変動対応や人的資本といったサステナビリティ情報の記載欄を今年（2023年）3月から設けることにしました。有価証券報告書に書く以上、単に投資家に見せるだけではなくて、企業経営者あるいは取締役会が覚悟を持って何をするかを決める必要があるので、企

業に与えるインパクトは大きいと思います。

2つ目は、ESG評価機関・データ提供機関に係る行動規範です。資本市場では、どの企業の株式に投資するのかを、各企業のESGスコアを見て決める資産運用会社が増えてきました。そうすると、そのスコアを提供する、ESGを評価する機関が重要になってきます。今、プライム市場の上場企業の中で、ESGに言及しない企業はないと思います。ただ、ESG評価には評価する側の価値観が入りやすく、良し悪しを決めるのは非常に難しくなっています。ESG評価の透明性を確保し、プロセスをきちんと踏んで評価するための行動規範を、日本では昨年（2022年）12月に、世界に先駆けてつくっています。企業や投資家にとってESG評価の信頼性が高まることを期待しています。

3つ目は、ESG投資信託に関する監督指針です。監督指針というのは金融庁がつくっているガイドラインのようなものですが、それを改正しています。ESGと名の付いた投資信託が2～3年前に一気に日本で増えました。どの企業も大体ESGに言及するので、何がESG投信なのかがなかなか分かりにくくなっていました。単にESGと名前を付けると売れやすくなるという面もある一方で、評価にそれなりにコストもかかるので、ESG投信として手数料の高い投信が売られている実態がありました。そこで、今年（2023年）3月に監督指針を改正して、ESG投信を名乗るのであれば投資戦略などを開示することを求めることにしています。

こうした対応を通じてサステナブルファイナンスが資本市場で健全に発展してほしいと願っています。

8　インパクト投資

最後に、インパクト投資とスタートアップ企業の育成についても触れたいと思います。今はない新しい技術を開発しようとする企業にどうやって資金を流していくのか、その1つの手法が「インパクト投資」と言われる分野です。一般的なESG投資は、評価機関がスコアを付けて評価する際に、どちら

かと言うとネガティブなスクリーニングをする傾向になりがちです。一方で、インパクト投資というのは、必ずしも将来うまくいくかは分からないけれども、うまくいけばかなりの効果が期待できる企業に対して、その具体的な効果を特定したうえで、投資していく手法です。

　具体例として、日本にはプラスチックを化学的に分解するスタートアップ企業があります。プラスチックを燃やしてしまうとCO_2を多く排出しますし、そのまま海に流すと海洋汚染につながります。実用化には技術的なハードルがまだありますが、もしうまくいけば、これらをかなり削減できる効果があるということで、その効果をはっきりさせたうえで、そうした企業がお金を集めやすくするというのがインパクト投資の発想です。これも、効果の測定の仕方などを含めて、基本的なところはある程度統一的な基準をつくって、健全な発展に向けて取り組んでいるところです。皆さんにもこうしたインパクト投資に関心を持ち、スタートアップ企業の支援をしてもらえると、将来、日本の成長につながるのではないかと思います。

　私からの話は以上ですが、最後に、これから就職を考えている皆さんは、金融庁についても関心があると思います。このあと質問があればお答えしたいと思いますが、率直に言って、最近、公務員の人気はかなり落ちています。ぜひこの中から金融庁の職員が出てくれればと期待しています。

質疑応答

Q 金融行政の現状の課題についてお伺いします。今お話があったような金融庁の施策を実現、推進していくうえで、現在、何が障害となっているのか、法制面も含めてお伺いできればと思います。

A やはり物事を進めていくうえで大事になってくるのは、人の意識、金融機関の経営者の意識をどこまで変えられるかという部分だと思います。ビジネスで儲けを考えるのは当然ですが、目先の利益ではなくて、例

えば、グローバルに発展したいとか、中長期的にここまで大きくなりたいとか、大きなビジョンを持ってビジネスができる人材が出てくると、日本の資本市場や企業も大きく発展していくのではないかと思います。法律を変えればそうなるというものではないので、金融行政として何ができるかというのは難しい問題ですが、そのための環境整備として、障害となる規制があればそれを取り除いていくべきだと思います。若い人たちが前例や年功序列にとらわれずに、グローバルでナンバーワンを目指す、あるいはこの技術で勝負するといったアグレッシブさを持つことが大事になるのではないかなと感じています。

Q 国民の投資へのモチベーションを高めたり、海外の凄腕ディーラーを日本に呼び込んだりするためには、税制が重要だと思います。例えば、投資で得た一定の額は相続税の課税対象から外すとか、NISAの非課税枠を相続税の基礎控除額である3,000万円程度まで引き上げるとか、そうした案についての温度感を教えてください。

A 税制はやはり国民の納得感が非常に大事だと思います。例えば、海外のファンドマネジャーを連れて来ようと思って、そのためにシンガポールや香港並みに所得税率を引き下げれば、ある程度目的は達成できるかもしれませんが、一方で、本当に国民がそれを望んでいるのかどうかが重要です。海外のファンドマネジャーだけ優遇すると、なぜ日本国内の人は優遇されないのかと不公平感が出てきます。

税制を考えるときは、政策目的を持ってもちろん思い切ったことができればよいですが、国民の納得感を得ながら進める必要があると思っています。

Q 新しいNISAやつみたてNISAは、若年者にとって特に魅力的だと思うのですが、若年者に比べて高齢者のほうが資産をより多く持っていると思います。ただ、高齢者のほうがリスク回避的な傾向が強いと思うの

で、どうしても預貯金の割合が多くなってしまうと思うのですが、高齢者が投資するインセンティブをどのように与えているのでしょうか。

A 図表１−４の成長投資枠の年間投資枠240万円の下に、「既に積み上げた資産（預貯金）によるキャッチアップ投資が可能」と書いています。これはある程度年齢層の高い人が活用することを念頭に置いた枠です。まとまった資金があって、長期・積立・分散投資だけではなくて、株式投資をしたいという人でも使いやすいように、この成長投資枠をつくりました。

日本の場合、現実的には、実は株式の多くは高齢者が持っています。そうしたこともあって、特に若年層にもう少し投資商品に関心を持ってもらうための施策を中心に打ち出しているのですが、ご質問との関係で言えば、資産のある中高年層や投資経験者を念頭に置いてこの成長投資枠もつくっています。

Q 「貯蓄から投資へ」が成長資金の供給につながるという点について、銀行の預貸率はかなり低い状況で、貯蓄から投資に回したところで、そもそも需要がないのではないかと思いました。預貸率が低いのは銀行が十分貸せていないからだとしても、情報を持っている銀行がこの企業には貸せないと判断している場合にリスクを個人に負担させるのは酷ではないかと思います。

また、需要がないとすれば、株式市場に個人がお金をつぎ込んだとしても、株式の保有者が機関投資家や外国人投資家から日本の個人に変わるだけで、結局、それは成長資金につながるのではなくて、ただ株式の持ち手が変わるだけではないかとも思いました。そうした中で、「貯蓄から投資へ」のねらいはどこにあるのでしょうか。

A まず、銀行の貸出しについては、少し極端な言い方になりますが、銀行が重視するのは返済の確実性です。過去数年の財務諸表から財務状況は健全か、不動産担保があるかといったことから返済確実性を考えて融

資します。銀行は貸出しの原資である預金を確実に返さなければいけない
ので、間接金融ではリスクが高いとお金はなかなか出しにくいという実態
があります。

　確かに、銀行の貸出しのように確実な返済が求められる資金の需要とい
うのは多くないと思います。一方で、銀行ではなかなか貸せないような、
将来の不確実性が高い技術開発などのためのリスクマネーの需要はまだま
だあると思います。リスクが高くて銀行の貸出しの目線にはあわないけれ
ど、特に、スタートアップ企業など、これから伸びていくためにさらに資
金調達をしたいという企業にお金を回したいという趣旨で直接金融をもう
少し増やしていきたいと考えています。

　個人にリスクを負わせるのかというご指摘については、例えば投資信託
などを活用して幅広く分散投資をすれば、もちろん完全にリスクがないわ
けではありませんが、ある程度リスクを分散させながらリスクテイクする
ことができると思っています。

　株式の保有者が変わるだけではないかというご指摘については、単に既
存の株式の売買が行われるだけでなく、個人投資家の資金流入によって流
動性が高い厚みのある株式市場になれば、スタートアップ企業に対しても
新たなリスクマネーを円滑に供給できるようになると思います。

Q 中小企業は、現状おそらく間接金融に頼ることが多いと感じていま
す。中小企業は株式を発行するノウハウなども不足していると感じて
いるのですが、そうしたことにどのような対応を考えているのでしょう
か。

A 中小企業にも色々なタイプがあります。例えば、家業を引き継いでい
る中小企業などは、必ずしも新しい資本を調達してどんどん大きくな
るわけではなく、日常的に必要な運転資金をきちんと確保することが大事
だと思います。小規模な事業者であれば、銀行からの融資に信用保証協会
の保証を付けるといった形で、やはり間接金融での対応が中心になると思

います。

　直接金融がターゲットにしているのは、GAFAとまではいかないまでも、例えば、将来、世界を目指すような企業です。新しい技術を開発して大きく成長したいという思いを持っている企業は、取引所への上場によって、株式の流動性を高めることで最初の出資者に資金を還元し、さらに資本市場で成長のための資金を調達する必要があると思います。

第2章

ファイナンシャル・ウェルビーイングと金融リテラシーに関する海外事例

梶原　真紀（2023年10月18日）

講師略歴

外資系投資銀行を経て、2003年みずほ証券株式会社入社。コーポレートファイナンス部ディレクター、グローバルキャピタルマーケット推進部部長、経営調査部上級研究員などを経て、2020年よりグローバル戦略部産官学連携室上級研究員。2023年京都大学博士（経営科学）。2024年4月より和光大学経済経営学部准教授。

　ゲスト講師 2 人目は、みずほ証券グローバル戦略部産官学連携室上級研究員の梶原真紀さんにお越しいただきました。

　今回から各論に入り、ゲスト講師の方々から、インベストメントチェーン上の関係者への働きかけについてご説明いただきます。まず、家計に関するお話から始まります。

　今回の講義では、梶原さんから海外の先進事例をご紹介いただきます。海外の事例ではありますが、その背景や考え方は、現在の日本の政策につながる部分が多くあります。今回の講義は、前回の講義、そして次回以降の講義を結ぶハブになると考えています。なお、今回の講義の内容は、梶原さんが過去に執筆された論考やレポートなど（みずほ証券株式会社・株式会社日本投資環境研究所［編］『資本市場リサーチ』、同『資本市場アップデート』などに掲載）をもとに構成されています。

ご紹介いただきました、みずほ証券の梶原と申します。よろしくお願いいたします。

グローバル戦略部という部署で資本市場関連の調査研究と産官学連携業務を担当しております。もともとは外資系の投資銀行でバンカーやエクイティ・キャピタル・マーケッツ関連の仕事をしておりました。みずほ証券でも、最初は投資銀行部門でバンカーとエクイティシンジケーション業務などを担当していて、2014年に経営調査部という今の産官学連携室の前身となる部署に配属されてから調査研究に携わっております。研究員ですので、資本市場関係の様々なテーマを取り上げるのですが、金融教育や金融リテラシーはコアの研究テーマで、継続的にレポートを書かせていただいています。

本日は政策的な観点から、前回までの講義と今後の講義につながる話ができたらと思っております。前半は、金融リテラシーと金融経済教育推進に関するグローバルな動向について、経済協力開発機構（Organisation for Economic Co-operation and Development：OECD）などを通じた取組みや、米国と英国の先進的な事例を中心に紹介します。後半のファイナンシャル・ウェルビーイングは、聞いたことがない方もいらっしゃると思いますが、実は金融経済教育の目的に大きくかかわっています。最近、特に米国や英国では取組みが進んでいて、日本でもこれから大事になってくると思いますので、具体的な内容を紹介したいと思います。

1　金融リテラシーと金融教育推進のグローバルな動向

(1)　金融リテラシー向上施策の経緯

前回（2023年10月11日）の講義で、日本で新たに金融経済教育推進機構を創設するというお話があったと思います。このように国全体で金融教育に取り組む動きが、どのような流れの中で出てきているのかというところから話を始めたいと思います。

全ての先進国で少子高齢化社会が進んでいる中で、公的年金だけではなく、私的年金の活用などの自助努力による老後の資産形成が重要という話を最近よく聞くと思います。私的年金も、確定給付（Defined Benefit：DB）から、自分で運用指図しなければいけない確定拠出（Defined Contribution：DC）にシフトしてきています。特に米国では、「401(k)」と呼ばれる職域DCによる資産形成支援制度の普及と相まって金融・投資教育が進められてきました。

　また、リーマンショックに端を発したグローバル金融危機を契機として、消費者の多くが自らは理解できないような複雑な金融商品を購入していたことが問題視されました。もちろん業者が悪いということで金融規制も厳しくなったのですが、一方で、消費者も自らのリスク許容度をしっかり踏まえたうえで、自分に本当にふさわしい商品を選んでいくリテラシーが必要です。こうした考え方で、各国の政府が消費者の金融リテラシー向上に力を入れていくことになりました。

　2008年にはOECDで「金融教育に関する国際ネットワーク（International Network on Financial Education：INFE)」が発足しました。日本からは金融庁と日本銀行が参加しています。INFEがまとめた「金融教育のための国家戦略に関するハイレベル原則（High-Level Principles on National Strategies For Financial Education）」が2012年のG20サミットで承認され、G20各国を中心に国レベルで金融教育を推進していくという流れが出てきました。2012年は「金融リテラシー元年」とも言われています。

　学術研究でも、計画的な老後の資産形成を行うために金融リテラシーが必要だという結果が多く出ています[1]。個人の退職資産格差の3〜4割ぐらいが金融知識の差から生じる貯蓄・投資性向の違いによるとする米国の研究も

1　例えば以下の研究結果がある。Lusardi, A., and Mitchell, O.S. (2007), "Financial Literacy and Retirement Planning: New Evidence from the Rand American Life Panel", Working Paper, University of Michigan Retirement Research Center. Sekita, S. (2011), "Financial Literacy and Retirement Planning in Japan", Journal of Pension Economics and Finance, Vol. 10, No. 4 :637-656.

あります[2]。例えば、15か国を対象に金融リテラシーのコアとなる基礎知識
３問のテストを実施したところ、各国の全問正答率が平均約30％に過ぎな
かったという調査結果もあり[3]、各国において、老後資産の準備不足、金融
リテラシー不足が深刻だと警鐘が鳴らされてきました。

　金融リテラシーの決定要因についての研究も多く行われています[4]。男性
のほうが女性より金融リテラシーが高いという結果は、多くの国に共通する
傾向です。また、若年層ほど金融リテラシーが低い、収入あるいは資産額が
多いほど金融リテラシーが高い、学歴が高いほど金融リテラシーが高いとい
う結果も出ています。金融教育の効果については、76のランダム化実験（総
サンプル数16万人以上）をメタ分析した結果、金融知識と金融行動の改善に
有効であることが示されています[5]。また、多くの国で、有職者（被用者な
ど）のほうが無職者よりも金融リテラシーが高い傾向が見られ、その要因と
して、職域金融教育の効果など、職場で得られるスキルや経験の影響が推測
されるとする米国の研究もあります[6]。日本人は、国際比較で見ると総じて
金融リテラシーが低いです。その中でも国際的な研究の結果と同様、女性や
若者の金融リテラシーはさらに低いという結果も出ています[7]。

2　Lusardi, A., Michaud, P.C., and Mitchell, O.S. (2017), "Optimal Financial Knowledge and Wealth Inequality", Journal of Political Economy 125, no. 2: 431-477

3　Lusardi Annamaria (2019), "Financial literacy and the need for financial education: evidence and implications", Swiss Journal of Economics and Statistics 2019 155:1

4　例えば以下の研究結果がある。Atkinson, Adele, and Flore-Anne Messy (2012), "Measuring Financial Literacy: Results of the OECD/International Network on Financial Education (INFE) Pilot Study", Organisation for Economic Co-operation and Development Working Paper on Finance, Insurance and Private Pensions. Lusardi, A., and Mitchell, O.S. (2011), "Financial Literacy around the World: An Overview", Journal of Pension Economics and Finance, 10(4):497-508. Yoshino, N., Morgan, P. J., and Trinh, L. Q. (2017), "Financial literacy in Japan: Determinants and impacts", (No. 796). ADBI Working Paper.

5　Kaiser, T., et al. (2022) "Financial education affects financial knowledge and downstream behaviors", Journal of Financial Economics 145.2: 255-272.

6　例えばLusardi and Mitchell (2007)・前掲注１など。

7　Sekita, S. (2011)・前掲注１。

⑵ グローバルな枠組みと主要国の国家戦略

　ここからは、金融リテラシー推進施策のグローバルな枠組みについて紹介します。

　2012年に「金融教育のための国家戦略に関するハイレベル原則」がG20サミットで承認されたことが大きな節目になりました。この「ハイレベル原則」では、金融教育推進にあたって、国家戦略の策定がリソースの重複を避けて効率性を実現する最善の手段の１つであるとされています。日本でも、金融庁、金融広報中央委員会、日本証券業協会、全国銀行協会、金融機関など、色々な組織が金融教育を推進してきているのですが、重複感があり非効率な面があるなどの指摘もあります。そうしたことを回避するためにも、国家戦略を策定して連携していくことが大事だと言われています。また、国家戦略における目的の定義、ガバナンス、主要な利害関係者の役割、ロードマップ策定、プログラムの評価などに関する原則をつくるべきとされています。実は、これまで日本ではあまり意識されてこなかったと思うのですが、OECDは、2005年に公表した「金融教育と意識向上の原則と良い慣行に関する理事会勧告（Recommendation of the Council on Principles and Good Practices on Financial Education and Awareness）」で、金融教育の目的はファイナンシャル・ウェルビーイングの向上であると定義していて、同じことが2012年の「ハイレベル原則」にも明記されています。「ファイナンシャル・ウェルビーイング」は、多様な意味を包含する言葉ですが、「金融面の安心感と自己管理能力」と言えると思います。

　金融リテラシーの定義は、「金融に関する健全な意思決定を行い、ファイナンシャル・ウェルビーイングを達成するために必要な金融に関する意識、知識、技術、態度および行動の総体」とされています。金融リテラシーは、今でも知識のことだと思っている人が多いです。当時も金融知識とほぼ同義語として使われていたのですが、ここで「態度」や「行動」も含むという定義が出てきて、その後の取組みに影響を与えました。

このように、OECDが中心になってグローバルでの金融リテラシー推進に向けた枠組みをつくっています。OECDは、2016年には「成人のための金融リテラシーに関するコア・コンピテンシー・フレームワーク」を、2020年には「金融リテラシーに関する国家戦略策定の勧告（Recommendation of the Council on Financial Literacy）」を出しています。

　「金融リテラシーに関する国家戦略策定の勧告」では、国家戦略をつくる際には、できれば法制化を通じて、金融リテラシーの重要性を認識し、自国のニーズと課題を考慮して、戦略の範囲を国家レベルで合意することや、国家レベルのリーダーや調整機関などの特定と利害関係者との協力、ロードマップの策定、国家戦略のもとで実施されるプログラムへの指針提供、戦略の進捗状況評価と改善策提案のためのモニタリングなどが勧められています。また、そうした対応にあたっては、最新のエビデンスと分析に基づいて政策の優先順位と目標を決定すること、透明性のある調整とガバナンスのメカニズムを確立すること、エビデンスと情報に基づいて金融リテラシー課題を特定することなどの対応が重要とされています（図表2－1）。

　金融リテラシー・プログラムの効果的な実施に関しては、3つのことが勧められています。

　1つ目は、社会的弱者を含む幅広い人々にリーチするため、多様なチャネルと手段を適切かつ効果的に利用すること。

　2つ目は、効果的な方法でプログラムを設計、実施すること。この中で、「教育の好機（teachable moments）」という言葉が使われています。金融リテラシーが向上しない理由の1つに、興味がないときに教育を受けてもあまり身に付かないということがあると思います。人は必要と感じるときに一番学ぶものなので、金融教育も、結婚、妊娠、引越し、離婚、退職などの重要な金銭的決断を伴うタイミング（教えどき）をうまく捉えて行っていくべきだという考え方です。

　3つ目は、効果的な提供方法として、プログラムの影響と有効性の評価を踏まえ、対象にあわせて内容を調整して、金融情勢の変化に対応したアップ

図表２−１　OECD「金融リテラシーに関する国家戦略策定の勧告」の概要

持続的・協調的アプローチの金融リテラシー国家戦略	✓最新のエビデンスと分析に基づく政策優先順位と目標決定

持続的・協調的アプローチの金融リテラシー国家戦略

1. （法制化を通じて）金融リテラシーの重要性を認識、特定した自国のニーズと課題を考慮、戦略の範囲を国家レベルで合意
2. 経済的・社会的繁栄を促進する他の戦略（金融包摂や金融消費者保護など）と首尾一貫
3. 国家レベルのリーダーや調整機関／審議会の特定と、関連する利害関係者との協力について定める
4. 具体的かつ所定の目標を達成するためのロードマップを一定期間内に策定
5. 国家戦略のもとで実施される個々のプログラムが適用すべき指針を提供
6. 戦略の進捗状況を評価し、改善策を提案するためのモニタリングと評価

✓最新のエビデンスと分析に基づく政策優先順位と目標決定
✓適切な準備段階
✓透明性ある調整とガバナンスのメカニズム確立
✓ロードマップ作成、定期的な改訂
✓エビデンスと情報に基づく金融リテラシー課題の特定、優先順の対処
　（金融商品・サービス／金融機関へのアクセスと利用、予算管理、貯蓄と投資、信用管理、退職／年金の計画と貯蓄、リスク管理、保険等）
✓対象者の特定と効果的な取組み
✓若年期からの金融リテラシー開発
✓女性、零細企業家、移民・難民、高齢者、社会的弱者のニーズを考慮

（出所）　OECD "Recommendation of the Council on Financial Literacy" より筆者作成。

デートをしていくことが勧められています。

　日本では、今年（2023年）３月に国会に提出され、現在継続審議中の「金融商品取引法等の一部を改正する法律案」[8]に、金融経済教育推進機構の創設とあわせて、「国民の安定的な資産形成支援施策の総合的な推進に関する基本方針の策定」に関する規定が盛り込まれています。いわば国家戦略となるもので、日本も先ほどのOECD勧告を順守することを表明しているので、基本方針の策定は、この勧告に沿った内容になることが想定されます。

8　第212回国会（臨時会）で2023年11月20日に成立。

OECDが2022年に公表した「金融リテラシーのための国家戦略の評価（Evaluation of National Strategies for Financial Literacy）」では、日本は金融リテラシー調査などの結果と実際の金融経済教育活動の成果などの因果関係を分析していないと指摘されていました。今後は、金融経済教育活動や制度の活用と金融リテラシー、ファイナンシャル・ウェルビーイングの関係などを分析し、定期的な効果検証を通じて施策を改善していくPDCAの実行体制が重要になると思います。

(3) 金融教育に関する米国の先進事例

OECDの勧告が出る前から国家戦略をつくって省庁横断・官民連携で金融教育を推進してきた代表的な国は、やはり米国や英国です。ニュージーランドやオーストラリア、カナダなども国家戦略をつくって、金融教育を国全体として推進しています。ここでは、特に先進的な事例として、米国の金融教育について紹介します。

米国では、1980年代に金融自由化があり、1990年代には「金融イノベーション」と呼ばれたデリバティブなどの複雑な金融商品が出てきて、消費者にそうしたものが自らにふさわしいのかどうかを判断できる金融リテラシーが必要になるという課題が浮上してきました。

こうした中で、金融業界、消費者団体、政府機関、NPOなどが消費者向けの金融教育プログラムを策定して、2003年には金融リテラシー・教育改善法により、金融リテラシー教育委員会（Financial Literacy and Education Commission：FLEC）ができました。米国では、このFLECが金融教育を推進しているのですが、その事務局は財務省の中に新設されました。FLECの役割は、金融教育の国家戦略の策定、国民の金融リテラシー向上のための省庁横断的な調整、情報集積などです。財務長官を議長とし、ほかの委員は消費者金融保護局、労働省、教育省など24以上の連邦政府機関の長で構成されていて、本当に国としてコミットした形で金融教育を推進しています。

2006年には早くも金融リテラシーの国家戦略を公表しています。その後、サブプライムローン問題の急拡大を受けて、2008年には「金融リテラシーに関する大統領諮問委員会」を発足させ、連邦政府の政策として金融教育に力を入れてきました。この大統領諮問委員会は、金融危機克服にあたって、金融制度改革と消費者保護強化に加えて、金融ケイパビリティの確立を政策の柱にするということで、2010年には「金融ケイパビリティに関する大統領諮問委員会」に改称されました。金融ケイパビリティとは、金融に関する知識の獲得にとどまらず、適切な金融行動までを含む包括的な概念とされています。先ほど、OECDでも金融リテラシーの定義の中に「行動」まで入れたという話をしました。国によって、金融リテラシーの定義が多少違ったり、「ケイパビリティ」という言葉を使ったりしますが、知識だけではなく行動変容につながることが大事ということが共通認識になってきています。

FLECが策定した直近の国家戦略 "U.S. National Strategy for Financial Literacy" は2020年に出ていて、全ての米国民のファイナンシャル・ウェルビーイングの達成をビジョンに掲げています。FLECのビジョンも、米国の全ての個人と家庭が持続的にファイナンシャル・ウェルビーイングを実現することとされています。ファイナンシャル・ウェルビーイングを実現するために、米国の全ての個人と家庭が十分な情報を得たうえで金融の意思決定を行うことができるようにするための政策、教育、研究などの戦略的方向性を定めるとされています。

FLECでは、米国民向けの情報発信も行っています。米国の金融教育の質と国民の金融リテラシーを向上させるという役割の中で、政府機関などが行っている金融教育の取組みを一体的に推進するための調整・情報収集や、国家戦略策定、金融教育情報提供のためのウェブサイトの運営、高等教育機関向けのベストプラクティスの作成などを行っています。ウェブサイトの運営に関しては、"MyMoney. gov" というウェブサイトに一元的に情報を集積しています。研究者向け、教職員向け、学生向けに分かれていて、例えば、研究者向けでは調査研究に役立つ情報が提供されており、教職員向けで

は教材や教育上のガイダンスなどの実践的な情報が得られるようになっています。

　学校教育の内容は、米国では各州で独自に定めることになっています。日本のように学習指導要領という形ではないのですが、多くの州で、金融教育は、かつては数学などの中で例題の形で取り扱われるのが主流でした。1990年代の教育改革によりコア科目が再編される中で、金融教育関連の内容が縮小されたことに危機感を抱いた金融教育関係者が、官民約150団体の共同出資で「ジャンプスタート個人金融リテラシー連盟」というNPOを結成しました。その連盟が、学校教育過程での金融教育において身に付けるべき知識・能力の基準である「パーソナル・ファイナンス教育のナショナル・スタンダード」を作成・更新しています。

　2001年には、教育改革法で金融経済教育が27の特別奨励分野の1つに指定されました。幼稚園から高校までの金融経済教育を推進する「経済教育協議会」が、生徒用のワークブックと教師用・家庭用の指導書を一体化させた、学校だけではなくて親子での学習にも役立つテキストを出版しています。

　「ジャンプスタート個人金融教育連盟」が作成した基準の一部を紹介します。①消費と貯蓄、②信用と債務、③雇用と所得、④投資、⑤リスク管理と保険、⑥金融における意思決定の6項目のうち、④投資のコア概念における、日本では小学4年生、中学2年生、高校3年生に当たる学年向けの内容をそれぞれ見ると、小学4年生で既に「投資」「複利」といった言葉が出てきます。よく米国では小学校から投資を教えているという話を聞くことがあります。半分正解で、半分誤解があると思うのですが、単に投資を推奨しているわけではなく、個人のファイナンシャル・ウェルビーイング向上という目的を明確にして、包括的なパーソナル・ファイナンスの中で投資の話もしているということだと思います。中学2年生では、ドルコスト平均法、インフレ、税や手数料のリターンへの影響というようにかなり具体的な話が出てきます。高校3年生になると、ライフサイクルの各時点における投資のゴール、投資のリスク許容度、分散投資といった話も出てきます。被用者には雇

用主が提供するベネフィット・プランを通じた投資の選択肢があるということも、社会に出る前に教えられます。

⑷　英国の国家戦略とMaPSを軸とする官民横断の推進体制

　ここからは、日本で今後の金融経済教育推進体制を検討する際にも参考にされている英国のマネー・アンド・ペンションズ・サービス（The Money and Pensions Service：MaPS）の概要を含めて、英国の金融教育の取組みについて紹介します。私も昨年（2022年）、英国の事例をもとに金融教育国家戦略化への示唆をまとめたレポートを書いたときに、政策を検討している方々からヒアリングを受け、意見交換させていただきました。証券業界では、日本証券業協会が提言を取りまとめる局面があり、その際にも概要を説明させていただきました。

　英国の金融教育は、全体的な国家戦略、基本方針や実行計画などをつくって、しっかりと省庁間連携と官民連携を行っていることがポイントです。このように包括的で実効的な推進体制は、今後の日本の取組みにも非常に参考になると思います。先ほど紹介した基本方針などを規定する法案で、省庁間連携や、国と地方や事業者との連携なども明記されていることは画期的だと思います。これまでの日本の金融教育は、金融庁や金融広報中央委員会、金融業界が主導していました。本当は年金制度などと両輪で進めていくことが大事なのですが、年金は厚生労働省の所管で、学習指導要領は文部科学省の所管ということで、なかなか省庁横断の本格的な推進が難しい面もあったのではないかと思います。学習指導要領の改訂については、もちろん金融教育は大事だけれど、それ以外にも英語やITなど、学校教育で強化しなければならない分野がたくさんある中で、金融教育に割ける時間は少ないという事情もありました。

　英国でも、米国と同様に、学校教育は幼少期から体系的に行われています。2000年には「パーソナル・ファイナンス教育による金融ケイパビリティ

学校のためのガイダンス」が公表されました。そこでは金融教育のキース
テージごとの到達目標を示す金融教育のガイダンスが示され、「金融ケイパ
ビリティは全ての人にとって重要なライフスキル」であるとされています。
英国の学校教育では、シチズンシップという、日本で言うところの公民の中
で金融教育を実施しています。2008年のカリキュラム改訂で金融教育の位置
づけが向上し、2014年のカリキュラム改訂で必須科目の数学に金融教育の内
容が導入されています。数学に入っていると、みんな必ず勉強するので、か
なり普及しています。教材は色々な主体がつくって乱立しがちですが、
MaPSが資金援助する認証制度で、信頼できる教材を認証しています。教員
の養成なども、国家戦略として数値目標を掲げて計画的に行っています。

[金融教育の法制化と国家戦略策定の経緯]

　英国は、1998年には早くも金融リテラシー不足の改善を最重要課題と位置
づけ、学校教育での金融教育導入を優先課題にして取り組んできています。

　2000年には、金融サービス・市場法で「公衆の啓蒙」が当時の金融サービ
ス機構（Financial Services Authority：FSA）の法的責務になりました。消費
者に対する金融教育の普及促進が金融監督機関の法的義務になり、2006年に
は初の国家戦略として "Financial Capability in the UK: Delivering Change"
をつくりました。これは5か年計画で、学校カリキュラムにおける個人金融
教育の拡大や、消費者向けオンラインツール導入などが盛り込まれました。

　金融危機を経た2009年の市場改革案では、「金融教育の強化」を宣言して
います。国民への中立・公正なアドバイス提供プロジェクトや、学校にお
ける金融教育の履修義務化などを進め、2010年にはFSAから金融教育部門
が分離・独立し、消費者金融教育機関（The Consumer Financial Education
Body：CFEB）が設立されました。その機関の役割も、「公衆の啓蒙」から
「金融関連事項に関する公衆の理解促進」へと変わりました。

　2015年には、CFEBから改称し、MaPSの前身となるマネー・アドバイス・
サービス（The Money Advice Service：MAS）が、新たな国家戦略として

"Financial Capability Strategy for the UK" を公表し、MASの役割明確化や、金融教育推進におけるガバナンス改善、調査研究を通じたエビデンス蓄積などを目指す方針が示されました。

この2015年の国家戦略に基づいて、エビデンス・ハブがつくられました。エビデンスを見つけやすく、そして理解しやすくすることで政策の設計を支援するために設置したものです。このハブには、テーマ別レビューとエビデンスサマリーの２つの機能があります。テーマ別レビューは、特定のテーマについて、複数の研究・評価報告から得られた知見を短くまとめ、素早い理解に役立つ概要を提供して、より詳細な情報を得るための入口として機能するものです。What Worksプログラムでは、何がうまく機能して何が機能しなかったのかを検証し評価レポートを作成していますが、そのエビデンスもこのレビューで紹介して、更なる調査が必要な分野も特定しています。エビデンスサマリーでは、英国の大人や子どもなど各層ごとの調査や世界各地の調査研究、評価、レビューを対象に、エビデンスの説明や考慮すべき点、主要な発見のサマリーを提示しています。

日本では、エビデンスに基づく金融教育の効果測定が不十分という課題があると思いますが、このように、多様なエビデンスに基づく政策の効果測定を定期的に行ってPDCAを実行している英国の事例は、非常に参考になるものと思います。

[現行の国家戦略の概要]

現行の国家戦略は、MaPSが中心になってつくったもので、2020年に "The UK Strategy for Financial Wellbeing 2020-2030" として公表されました。官民全てのステークホルダーが目指すべき2030年までのゴールを定める10か年計画になっています。前の国家戦略を土台としつつ、広範な英国民を対象とする多数の調査研究などからのエビデンスを蓄積して、様々な有識者やステークホルダーからの提言などを踏まえて策定されました。実際に1,000以上のステークホルダーから意見聴取を行ってきたとされています。

この国家戦略では、5つの重要な政策課題を掲げて、それぞれについてターゲット層と現状の課題、2030年までに達成すべき政策目標を、具体的な数値目標とともに提示しているところが大きなポイントです。日本で今後基本方針を策定するうえでも参考になると思います。5つの重要な政策課題は、①金融の基盤、②貯蓄する国民、③借入れの管理、④債務アドバイスの強化、⑤将来へのフォーカスです。このうち、①の金融の基盤が金融教育にあたり、若年層から実施していくという目標になっています（図表2－2）。金融教育が、ファイナンシャル・ウェルビーイング達成という目標に向けた基盤と明確に位置づけられていることは注目に値します。

　MaPSによれば、ファイナンシャル・ウェルビーイングの欠如が英国の足かせになっています。1,150万人が、頼れる貯蓄を100ポンド以下しか持たない。900万人が、日々の食料品の購入や請求書の支払いのためにしばしば借金をする。2,200万人が、老後の生活設計をするのに十分な知識がないと答えている。530万人の子どもたちが、有意義な金融教育を受けていない。こうしたエビデンスに基づき、先ほどの5つの重要な政策課題を設定して、それぞれについて具体的な数値目標を伴う政策目標（アウトカムとゴール）を掲げたということです。

　5つの政策課題のうち、金融の基盤に関しては、「現在の480万人より200万人多くの子どもや若者およびその親が意義ある金融教育を受ける」ことを目標に掲げ、目指すアウトカムは、「子どもたちや若者が、自身のお金や年金を最大限に活かせる大人になるために意義ある金融教育を受けること」とされました。これは、ヒアリングを通じて、7歳から17歳の若者を対象とした調査で、学校や家庭などで何らかの金融教育を受けたことがあるとの回答は52%に過ぎなかったという指摘があったことを踏まえたものです。

　この国家戦略のもと、英国の場合は4つのカントリーで具体的な実行計画をつくっています。2022年1月にウェールズ、2月にイングランド、3月に北アイルランド、4月にスコットランドで、それぞれ公表されています。例えばイングランドの実行計画では、各施策について、ターゲット層を特定

図表 2 − 2　英国の2020年国家戦略の概要

	基盤	日常の家計管理
変革のための課題（アジェンダ）	金融の基盤	貯蓄する国民
対象	子どもや若者とその親	勤労世代の困窮層、脆弱層
測定指標と現状値	48％に当たる480万人が有意義な金融教育を受けている	対象者の 57％ に当たる1,470万人が定期的に貯蓄している
2030年までの国家目標	200万人増やす	定期的に貯蓄する人を200万人増やす
アウトカム	子どもや若者が有意義な金融教育を受けることで、お金や年金を最大限に活用できる大人になる	貯蓄の習慣を身に付け、短期的な緊急事態のために現金を蓄え、より明確な家計の将来展望を持つ
分野横断的課題		ジェンダー、

（出所）　MaPS "The UK Strategy for Financial Wellbeing 2020-2030" より筆者作成。

し、数値目標や期限に加え、各ステークホルダーの役割分担も明確にしています。教員やアドバイザーの養成、金融教育コンテンツのデジタル化などを含む実行計画を全ステークホルダー間で共有し、各省庁や民間などとの役割分担、連携による施策の遂行をMaPSが主導しています。

　日本では、先ほど紹介したように官民の様々な主体が金融経済教育を実施してきましたが、役割分担が不明確で重複もあるという指摘があり、今後設立予定の金融経済教育推進機構が司令塔となって、関係者の役割分担を明確にして官民一体となった取組みを推進していくうえで、英国の例は大変参考になると思います。

		将来を展望する
借入れの管理	債務アドバイスの強化	将来へのフォーカス
食費や支払い等にクレジットをよく利用する人	債務アドバイスが必要な人々	全ての大人
対象者の17％に当たる900万人が、食料や日々の支払い等にクレジットを利用している	対象者の32％に当たる170万人が、必要なアドバイスを享受している	対象者の45％に当たる2,360万人が、老後の計画作成に必要な理解がある
200万人減らす	200万人増やす	500万人増やす
より多くの人々が手頃な価格のクレジットにアクセスし、十分な情報を得たうえで借入れを選択するようになる	より強力かつ早期の関与により、また資金、供給、サービスがよりニーズに合致しているため、必要なときに質の高い債務相談にアクセスし、それを受けることができる	人々は、自分の将来に関与し、その後の人生において、十分な情報を得たうえで意思決定を行うことができるようになる
メンタルヘルス		

[MaPSの概要]

　先ほどから何度か出てきたMaPSは、現在の英国で国家戦略の策定・推進を担う政府外の公的機関（arm's length executive non-departmental public body）です。

　MaPSのコア機能は、①年金ガイダンス、②債務アドバイス、③マネーガイダンス、④消費者保護、⑤国家戦略策定の5つですが、現在は年金ダッシュボードの開発促進という役割も付加されています。

　MaPSのミッションは、「全ての英国民が生涯を通じてお金と年金を最大限活用できるよう、効果的な金融に係る意思決定を行うために必要なガイダ

ンスと情報へのアクセスを得られるようにすること」とされています。

　従来は、MASが金融アドバイスを担っていました。このほかにペンション・ワイズや年金アドバイザリー・サービスというほかの公的機関も消費者への年金アドバイスを行っていて、それぞれの機能に重複がありました。そこで、金融情報提供機能の一元化のため、2018年の金融ガイダンス法でこの３つを集約して、"The Single Financial Guidance Body"という新組織になりました。その後、2019年に、マネーとペンションが両方入ったMaPSに改称された経緯があります。

　MaPSでは、ウェブサイト上で消費者向けの情報ツールの総合窓口である"Money Helper"を提供しています。電話、問い合わせフォーム、ウェブ上のライブチャット機能などを通じて、専門家のガイダンスにアクセスできるようになっています。①給付、②日々のお金、③家族とケア、④住まい、⑤お金のトラブル、⑥年金と退職、⑦貯蓄、⑧仕事という８つの大項目があり、関心項目をクリックするとより詳細な中項目・小項目に移動して、利用できるツールなどが提示されます。お金に関する心配事などについて、ワンストップで必要な情報にアクセスできる仕組みになっています。

　MaPSのもう１つの重要な役割として、様々なステークホルダーとの連携があります。そのために必要な情報提供も行っていて、ウェブサイト上の"Work with us"というタブをクリックすると、立場に応じて、MaPSとの連携方法に関する情報が出てきます。例えば雇用主向けでは、雇用主が職域で提供できるサービスなどについて、MaPSとの連携に関する情報が確認できるようになっています。

　このほか、MaPSでは、"Money Guiders"という、お金に関するガイダンスを提供する人材のスキルと自信を向上させ、マネーガイダンスを効果的に提供するためのプログラムを試行的に開始していて、全国的にマネーガイダンスができる人材を体系的に養成していく機能も担っています。

⑸　今後の金融教育の注力点

　金融教育の今後の注力点としては、職域での金融教育が挙げられると思います。米国や英国では幼い頃から体系的な金融教育が行われていて、日本でも昨年度（2022年度）から高校で新しい学習指導要領が適用され、学校段階から推進しているところです。一方で、学校を卒業した社会人への対応は、各国共通の難しい課題になっています。社会人にどうリーチしていくべきかについては、ずっと議論されてきているのですが、やはり社会人が長時間を過ごす職場での教育に注力していくことが重要になります。

　日本の現状では、老後に備えた資産形成などに関する話は、これまで学校ではほとんど聞いたことがないと思います。一方で、そういう状態で社会に出て会社に入ると、「あなたの年金は確定拠出です」と言われて、いきなり運用指図をすることになったりするわけです。

　人事部向けのアンケート調査では、ファイナンシャル・ウェルビーイング戦略における金融教育の重要性について、「非常に重要」と「重要」という回答は98％である一方で、実際に職域金融教育を実施しているのは4割程度という結果になっています[9]。職域での金融教育が一番進んでいる米国関係者が回答者の過半を占める調査ですが、それでも4割程度にとどまっています。

　昨年（2022年）、OECD/INFEが「職域金融教育の開発と実施に向けた政策的アプローチの提案（Policy Handbook on Financial Education in the Workplace）」を出しています。職域における金融教育への戦略的かつ協調的なアプローチの促進、雇用主の関与への支援、従業員の参加促進、プログラムの設計・実施といった各項目について、各国の先進的な取組み事例を紹介しています。

　先進的な取組み事例として、例えばカナダでは、金融消費者庁を中心に、

9　HR Research Institute（2023），"The State of Employee Financial Wellness 2023"

財務省、生命保険協会、州の金融・消費者サービス委員会など、多くの公共部門、業界団体、消費者、専門家で構成する「職場のための金融リテラシー・ワーキング・グループ」をつくって、職域での金融教育に関する議論を進めていることが紹介されています。

また、香港でも、やはり規制当局、雇用主団体、NGO、学界、市場関係者の代表者が参加する「社会人のための金融教育諮問グループ」がつくられています。

英国でも、職場とファイナンシャル・ウェルビーイングや、メンタルヘルスとファイナンシャル・ウェルビーイングに焦点を当てたグループがつくられているほか、オーストラリアでも、職場のメンタルヘルス・プログラムに金融教育を組み込むためにメンタルヘルス団体と連携した取組みが進められています。

現在、各国とも職場での金融教育に力を入れており、日本も岸田政権のもと、新しい資本主義実現会議で決定した「資産所得倍増プラン」で、職域での資産形成支援の強化を掲げています。

2　重要性を増すファイナンシャル・ウェルビーイング

(1)　なぜ今ファイナンシャル・ウェルビーイングなのか

「ウェルビーイング」という言葉は、最近、健康・ヘルスケア関係でよく聞くのではないかと思います。改めてウェルビーイングとは何かを考えると、「心身が健康で社会的にも満たされている状態」と言えます。世界保健機構（WHO）憲章前文の定義では、「身体的、精神的、社会的に全てが満たされた状態」とされています。世界幸福度調査などで知られる米国のGallup社が提唱するウェルビーイングの構成要素は、①キャリア、②ソーシャル、③ファイナンシャル、④フィジカル、⑤コミュニティの5つとされていて、ファイナンシャルもその1つに位置づけられています。

よく老後資産形成が重要課題とされますが、将来だけではなく、現在も経済的に資金・資産面の不安がなく、選択の自由があり、満足していることがファイナンシャル・ウェルビーイングではないかと思います。ただ、必ずしも一律の定義があるわけではなく、使用する主体によって多様な意味を包含する言葉です。米国では、消費者金融保護局が2015年に公表した"Financial well-being: The goal of financial education"で、「現在および継続的な経済的債務を十分に果たすことができ、経済的な将来に安心感を抱くことができ、生活を楽しめるような選択ができる状態」としています。英国では、2020年の国家戦略で、「安心感と自己管理能力。今日の支払いができ、不意の出費に対処でき、金融面で健全な将来への道筋が立っていること。すなわち、自信と能力がある状態」としています。

　先ほど、OECDの「ハイレベル原則」で、金融教育の目的はファイナンシャル・ウェルビーイングの向上であると明記されていると紹介しました。2022年に公表された「G20/OECD金融消費者保護ハイレベル原則」の改訂版におけるOECDの実務上の定義では、ファイナンシャル・ウェルビーイングは「客観的・主観的な要因に基づき、自分の現在と将来の財政を管理し、安心感を持ち、自由であること」とされています。これまでの日本の金融教育では、ファイナンシャル・ウェルビーイングという概念はあまり意識されてこなかったと思いますが、そのため金融教育への理解が人によって異なる面もあったのではないかという印象を持っています。今後は日本でも、個人のファイナンシャル・ウェルビーイング向上という目的を共有した取組みが重要になってくると思います。

　最近、特に米国や英国では、雇用主が従業員のファイナンシャル・ウェルビーイングを支援する取組みが広がっています。幸福感とも関係する極めて個人的な問題を企業が支援する背景に、人的資本経営を重視する最近の傾向があります。これまで、企業にとって給与はコストで、人材は資源と捉えられ、「ヒューマン・リソース（Resource）」という言葉が使われてきましたが、最近は、「ヒューマン・キャピタル（Capital）」という言葉を使って、人

材を資本として捉え、その価値を最大限に引き出すことで、中長期的な企業価値の向上につなげる経営のあり方が重視されています。

　従業員のファイナンシャル・ウェルビーイングが重視されるようになった背景の1つとして、経済的な不安、金銭的ストレスによる従業員の心身や仕事への影響が顕在化してきたということが挙げられます。例えば米国では、社会人になっても学資ローンを抱えて生活に苦労している人が増えています。学資ローンの日々の支払いに困っている人は、老後資産形成を考える余裕はあまりないと思います。また、直近ではコロナ禍の影響で、ファイナンシャル・ウェルビーイングが下がった人が多いことも背景の1つです。ファイナンシャル・ウェルビーイングが高いほど生産性や企業に対するエンゲージメントが高まることを示す研究結果も多く出されています。米国では、職域DCの401(k)と投資教育による退職準備支援が中心だったのですが、近年は、短期的な家計管理支援や緊急資金援助なども含め、より包括的な従業員のファイナンシャル・ウェルビーイング向上施策が広がってきています。

　日本でも、例えば2022年5月に公表された経済産業省の「人的資本経営の実現に向けた検討会」の報告書の中で、「社員の健康状況を把握し、継続的に改善する取組を、個人と組織のパフォーマンスの向上に向けた重要な投資と捉え、健康経営への投資に戦略的かつ計画的に取り組む。その際、社員のWell-beingを高めるという視点も取り込んでいく」ことが大事だとされています。ここでも「Well-beingは、多義的であり、社員一人一人の価値観や働く目的が異なる中で、その意味するところも人それぞれである」「経営陣は、中長期的な企業価値の向上につなげる観点からWell-being を捉え、それを高めるために、個々の企業の状況に応じて、多様な人材が能力発揮できる環境の整備や、自律的なキャリア形成の促進等の試行錯誤を重ねる」とされています。従業員のウェルビーイング向上が、エンゲージメントや生産性の向上を通じて企業業績や企業価値の向上につながることが期待されています。

　「資産所得倍増プラン」でも、第四の柱として「雇用者に対する資産形成

の強化」が掲げられていて、「企業による雇用者への資産形成を強化することが必要である」「世界では、人々の幸福を目指すうえで心身の健康のみならず、企業を通じた経済的な安定を支援する取組が広まりつつある。我が国においても雇用主による雇用者の経済的な安定の向上に向けた取組を推進することが求められている」との記載があります。

また、今年（2023年）の３月期以降に企業が提出する有価証券報告書では、人的資本を含むサステナビリティ情報の開示が義務づけられました。

今後、企業では、従業員が自律的にファイナンシャル・ウェルビーイングを高めていくための仕組みとして、多様化するニーズに対応できる制度と、それを活用するための知識・判断力を養う機会の提供を両輪で進めていくことが重要になってくると思います。

海外の調査では、企業のファイナンシャル・ウェルビーイング・プログラムの効果として、従業員の生産性向上、従業員の満足度、従業員の確保・定着などが多く挙げられています（図表２−３）。ファイナンシャル・ウェル

図表２−３　ファイナンシャル・ウェルビーイング・プログラムの効果

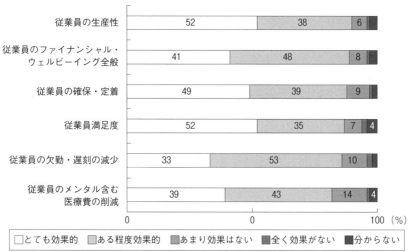

（出所）　Employee Benefit Research Institute "2022 EBRI Financial Wellbeing Employer Survey" より筆者作成。

ビーイング・プログラムの内容面では、例えばファイナンシャル・プランニング、投資教育セミナー、金銭管理の基本ツール、学費の払い戻しや補助、ファイナンシャル・カウンセリング、生活支援金など、現在から将来にわたる金融面の安心のための多様な選択肢が提供されています。

⑵ ファイナンシャル・ウェルビーイングに関する米国の先進事例

　最後に、米国の先進事例を紹介します。米国では、1980年代以降、従業員の医療費負担や生産性の低下が重要な経営課題となり、1990年代からは、従業員の健康や幸福感の向上を考慮したウェルネス戦略をとることが業績向上につながるという健康経営（ウェルネス経営）の考え方が広がりました。

　さらに、コロナ禍でファイナンシャル・ウェルビーイングが悪化した従業員が増加しました。金銭面のストレスを抱えた従業員が生産性の高い仕事をすることは難しく、それに対する支援が企業の経営戦略上、重要になってきています。研究結果でも、金銭面のストレスがメンタルヘルスの悪化につながり、生産性低下や欠勤につながって、それにより企業収益を大きく毀損しているというエビデンスが多数提示されています。

　こうした中、最近では、メンタルヘルスケアやウェルネスプログラムが実施され、これらが従業員のエンゲージメント向上、優秀な人材の獲得や流出防止といった効果を生み、企業業績・企業価値向上につながることが期待されています。また、こうした取組み強化の背景として、投資家による企業の人材戦略の重視と開示強化によるあと押しも挙げられます。これまでは、企業の財務諸表上の建物や機械といった有形資産が企業価値の向上につながるという考え方だったのですが、今や企業価値の源泉の8割は無形資産であると言われています。こうした中で、無形資産に関する情報発信が全くないと企業価値を評価できないという投資家の声が高まるとともに、無形資産の中核である人的資本に関する企業戦略を投資家が重視する流れができてき

ました。

　2017年には、米国の大手アセットオーナーを中心に構成する人的資本管理連合が、人的資本に関する定性的・定量的な開示を企業に求めるように米国証券取引委員会（Securities and Exchange Commission：SEC）に請願しました。そうした投資家の声を受け、SECは、2020年4月に、従業員と顧客の健康とウェルビーイングを守る取組みを含む情報開示を要請しました。また、2020年8月にはRegulation S-K（非財務情報に関する規則）を改定し、人的資本に関する情報開示を上場企業に求めています（同年11月施行）。日本の有価証券報告書に当たる、「Form 10-K」と呼ばれる年次報告書で開示が求められる人的資本情報は、従来は従業員数だけでしたが、それに加えて、重要性の観点から、人材の確保や育成に係る施策・目標などの開示も求められるようになりました。この規定はプリンシプル・ベースなので、具体的な開示項目は企業の任意になるのですが、こうした取組みが進んできています。一方で、投資家からは、横比較を可能にするためにも、定量情報を含むより詳細な規定を求める強い要望があり、SECが近くまた規則の改定案を公表すると見られています。

　法制化の動きも進んでいます。米国の連邦議会で審議中の「人材投資の開示に関する法案（Workforce Investment Disclosure Act）」が世界で注目されているのですが、企業に開示を求める8項目うちの1項目に「従業員の健康・安全・ウェルビーイング」が入っています。

　こうした一連の動きがある中で、米国では人的資本情報の開示が進んできています。調べてみると、Form 10-Kを提出している企業のうち、"Financial Wellness"または"Financial Wellbeing"いずれかの記載は、2011年頃から少し見られましたが、2020年にプリンシプル・ベースでの開示が求められてから急増しています（図表2-4）。業種別に見ると金融事業者が多いのですが、商業や資本財、医薬品・バイオテクノロジー、ソフトウェアサービスなど広範な業種でこうした開示が行われています。

　米国企業の開示書類から、ファイナンシャル・ウェルビーイング支援の取

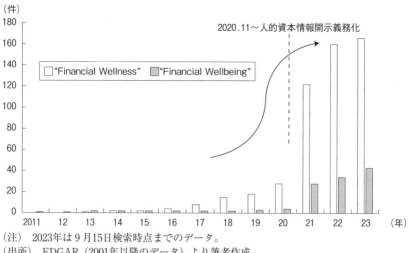

図表2－4　"Financial Wellness"または"Financial Wellbeing"の記載があるForm 10-Kの件数の推移

(注)　2023年は9月15日検索時点までのデータ。
(出所)　EDGAR（2001年以降のデータ）より筆者作成。

組み事例を紹介します（図表2－5）。PayPalは、米国のビジネススクールのケーススタディに取り上げられるくらいウェルビーイングの取組みが進んでいる企業です。法定開示書類であるForm 10-Kの人的資本の項目で、従業員の身体的、精神的、経済的なウェルネスをサポートするリソースやプログラムで従業員の全体的なウェルネス増進に注力していることを明記し、「従業員のウェルネス」という小項目で、ファイナンシャル・コーチング、従業員ファイナンシャル・ウェルネス・イニシアチブ、社内測定・評価手法といった具体的な取組みを紹介しています。任意開示書類のGlobal Impact Reportでもこうした取組みを記載しています。ほかにも多くの企業が、「ウェルビーイング」や「報酬・福利厚生」などの小項目で、取組みを記載しています。

　金融機関は率先して開示しているところが多く、例えばBank of Americaは、Form 10-Kの人的資本の項目で、柔軟な福利厚生の提供による従業員の身体的、精神的、経済的ウェルネス支援を掲げています。また、アニュア

図表2－5　自社従業員のファイナンシャル・ウェルビーイング支援事例

企業名	記載箇所と内容
PayPal	【10-K】身体的、精神的、経済的ウェルネス支援プログラムで従業員の全体的なウェルネス増進に注力。ファイナンシャル・コーチング、従業員ファイナンシャル・ウェルネス（EFW)・イニシアチブ、社内測定・評価手法等。従業員の寄付等への上乗せ支援。
	【Proxy Statement】（上記に加え）寄付上乗せで2022年は社員が世界4,000以上の非営利団体を支援。
	【Global Impact Report】EFWイニシアチブが従業員のファイナンシャル・ウェルネス向上に貢献と従業員調査で判明。株価変動影響軽減のインセンティブ・プラン全額現金支給。ファイナンシャル・ウェルネス助成金を時間給従業員にも配布。ウェビナー、１対１の退職プランニング、ツール等で、ファイナンシャル・コーチングと教育を世界中の社員に提供。
Bristol Myers Squibb	【10-K】「リビング・ライフ・ベター」戦略で、身体的、精神的、経済的なウェルビーイング支援プログラムを世界中で展開。財務管理セミナー、ツール、授業料払い戻しプログラムなど。
	【ESG Report】「グローバル・ファイナンシャル・ウェルビーイング」グローバルで多様な働き手の個人的なファイナンシャル・ゴール達成を支援する金融教育等。障害手当、税制優遇医療貯蓄／フレキシブル支出口座、子弟への奨学金、慈善寄付への寄付金上乗せ。
Marriot International	【10-K】米国従業員と家族に、医療保険、ワーク・ライフ・サポート手当等を提供。米国外でも、地域ごとに包括的な報酬・福利厚生プログラムを提供。「TakeCareプログラム」は、従業員の身体的、精神的、経済的なウェルビーイングをサポートするツール／リソース。
Warner Bros. Discovery	【10-K】従業員のファイナンシャル・ウェルビーイングを支援する商品とサービス：生命保険、傷害保険、障害保険、割引特典、ファイナンシャル・プランニング・ツール、米国の401(k)、20カ国以上での退職金／年金プラン、従業員株式購入プラン。

（出所）　各社の開示書類より筆者作成（下線は筆者によるもの）。

ル・レポートでは、「ファイナンシャル・ウェルネス」に1ページを割いて取組みを紹介しています。専門家アドバイスへのアクセス、ファイナンシャル・プランニング・ツール、就学支援、家族計画費用償還プログラム、従業員救済基金など色々紹介していて、それぞれについて定性的な情報だけでなく、定量的な情報も出している点が進んでいると思います。

　Goldman Sachsは、Form 10-Kのほか、人的資本に特化したレポートを出していて、金融教育などのリソースを含むファイナンシャル・ウェルビーイング支援の詳しい情報を掲載しています。Morgan Stanleyも、Form 10-Kのほか、ESGレポートで「グローバルに働く社員と家族の身体的、精神的、経済的なウェルビーイングを最重要視する」として、具体的な取組みも紹介しています。

　一般より金融リテラシーが高い従業員が多いと思われる大手金融機関でも金融教育を提供しているのは意外かもしれません。私が以前従事していた投資銀行部門では、忙し過ぎたり、規則上の制約があったりしたため、自分の資産運用は積極的にしていない人も少なくなかったので、会社が提供してくれる制度やガイダンスは便利で安心感があると思います。

　企業の取組みが進む中、ビジネスとしてのファイナンシャル・ウェルビーイング支援も広がっています。Goldman SachsやMorgan Stanleyなどの大手金融機関は、富裕層向けウェルス・マネジメントビジネスの潜在的顧客の早期獲得を視野に入れながら、有力企業の経営者やスタートアップの役職員向けに、本業のリソースやノウハウを活かして、ファイナンシャル・プランニングや株式報酬プランなどのファイナンシャル・ウェルビーイング支援サービスを提供しています。このほか、フィンテックやデジタル・ソリューションを手掛ける新興企業などが、包括的なウェルビーイング・ソリューションの一環として、企業向けにファイナンシャル・ウェルビーイング施策を提供している例も出てきています。

　以上、本日は、金融教育とファイナンシャル・ウェルビーイングに関し

て、グローバルな枠組みと海外の先進事例を紹介させていただきました。

質疑応答

Q 学校での金融教育には効果があるという研究がある一方で、効果がないという研究もあると認識しています。効果がないという見解に対しては、どのようにお考えでしょうか。

A 学校での金融教育の効果については確かに両論あります。その背景として、まず金融教育の効果測定が非常に難しい点が挙げられます。既存の研究では、評価の対象となる金融教育の対象や内容、評価の基準となる金融知識や金融行動の尺度が様々なので、金融教育全般の効果の有無を論じることは難しく、どういう対象・内容の金融教育をどのように実施すればどのような効果が見られるかという分析が重要になります。

実施前後の知識を比較する研究が多いですが、金融教育の効果としては知識にとどまらず金融行動の改善につながることが期待されています。しかし、資産も金融行動の機会も少ない学生の行動変容を何で測るかは難しい問題ですし、社会に出てからの行動を確認するには長期間の追跡調査が必要となり、その間の経験による影響を排除する難しさもあります。

また、単発の教育では効果が限定的です。米国の事例で紹介したように、包括的なライフプランや将来の人生のゴールといった全体感の中で、家計管理、生活設計、適切な金融商品の選択などと順を追って体系的に積み上げていくことが重要だと思います。学校での金融教育というと、学生にギャンブルのような投資を教えるのかという誤解もありますが、投資については各人のライフプランに基づく資産形成の考え方や、必ず儲かるものではなくリスクがあることもしっかり教えることが重要です。

Q 学校での金融教育について、教員の能力不足が課題になっているという記事を読んだことがあります。英国での教員向けの金融教育の推進

について、具体的に教えてください。

A ご指摘のとおり、教員の養成は、日本でも海外でも大きな課題になっています。日本では、中学校・高等学校の教員へのアンケート調査で、学校で金融教育を実施するうえで難しいと感じる点として、約半数近くの方が「教える側の専門知識不足」を挙げていたという結果も出ています。金融広報中央委員会や日本証券業協会などが教員向けのセミナーなどを実施していますが、回数には限界があります。

英国では、ウェールズで試行された教員研修プログラム "Teacher Training Pathfinder"（研修を受けた教員がほかの教員に研修を実施するカスケード・トレーナー・アプローチと、eラーニング・アプローチの2本立て）の成果を踏まえて、これを英国全土に拡げることが、国家戦略の実行計画に組み込まれています。イングランド、スコットランド、北アイルランドのカントリーごとに、対象人数（例えばイングランドでは40万～45万人）などの数値目標や達成年度を定め、教育省、高等教育機関、教員、研修提供者などの関係者が連携して取り組む計画です。今年（2023年）春に教員研修を開始し、来年（2024年）秋までに評価と次のステップを計画するPDCAのプロセスで、継続的に改善しながら進めていくことが想定されています。

第 3 章

金融広報中央委員会の歴史と
金融経済教育の課題

山田　桂志（2023年10月25日）

講師略歴

2000年日本銀行入行。業務局、金融機構局、フランクフルト事務所、システム情報局、日本郵船株式会社への出向、政策委員会室などを経て、2022年7月より現職。

　ゲスト講師 3 人目は、日本銀行情報サービス局金融広報課長で、金融広報中央委員会事務局主任企画役を兼務されている山田桂志さんにお越しいただきました。

　山田さんは、役職名のとおり、日本銀行の金融広報のほか、日本の金融経済教育推進を中心的に担っている金融広報中央委員会の活動も担当されています。

　現在、金融経済教育推進機構の創設に向けて、関係省庁と日本銀行・金融広報中央委員会との連携が重要になっており、講義計画を考える過程で、キーパーソンである山田さんの講義は欠かせないと思い、ご登壇をお願いしました。

　金融広報中央委員会は、非常に歴史のある組織で、これまでも何度か転換期がありましたが、今、過去最大の転換期を迎えていると言えると思います。こうした重要な局面で、金融経済教育の関係者と今後の課題などについて議論されている山田さんのお話から、金融経済教育に関する幅広い知見を得られると思います。今回の講義では、日本銀行の地下金庫に保管されていた貴重な史料も披露していただきます。

日本銀行の情報サービス局で金融広報課長をしております山田です。本日、東大の大学院で講義をさせていただけるということで、身に余る光栄です。

　情報サービス局という部署は、国民の皆さんに向けた広報活動をしておりまして、その中でも私たちは金融教育や金融広報という形で、国民の皆さんの金融リテラシーの向上のために様々な活動を行っています。

　金融広報中央委員会という組織には、あまりなじみはないかもしれませんが、今日はその約70年間の歴史について話をさせていただこうと思います。今回、皆さんに紹介する内容は、おそらく今日を逃すと二度と聞くことはないと思います。なぜなら、来年になると、金融広報中央委員会は組織がなくなることが予定されているからです。現在国会で継続審議中の法案（「金融商品取引法等の一部を改正する法律案」）[1] で、金融経済教育推進機構という新しい組織に移管・承継することが予定されています。

　今日は、私の話を聞いていただきながら、皆さんにも考えていただきたいテーマが3つありますので、あらかじめお伝えしておきたいと思います。

　1つ目は、金融庁は、なぜこの新機構構想に日本銀行・金融広報中央委員会を参画させようと思ったのかです。金融庁のねらいはどこにあるのかということです。

　2つ目は、金融庁の新機構構想に対して、日本銀行はどのように反応したかです。日本銀行はどのように思って、どのように行動したのかということです。

　3つ目は、金融経済教育を普及させる、あるいは国民の金融リテラシーを高めるために、国民にどのようなメッセージを送るとよいかについて、少し考えていただきたいと思います。必ずしも正解があるわけではありません。皆さんが金融庁や日本銀行の職員になったつもりで考えてみてください。

1　第212回国会（臨時会）で2023年11月20日に成立。

1　貯蓄増強中央委員会（1952年〜1988年）

　金融広報中央委員会は、その前身が1952年に発足した貯蓄増強中央委員会で、国民の皆さんに貯蓄を奨励する組織でした。ただ、時代変化とともに、名称と活動内容を変化させて今に至っています。

　早速ですが、貯蓄増強中央委員会の歴史から振り返っていきたいと思います。歴史の勉強をされたときに聞いたことがある話も出てくると思います。

(1)　終戦直後の「救国貯蓄運動」

　まず、戦後間もない1946年2月、政府は「金融緊急措置令」を発動します。「預金封鎖」と言われる強硬な措置がとられました。「新円切替え」とも言われています。これは、5円以上の日本銀行券を強制的に銀行などの金融機関に預けさせて、既存の預金とともに封鎖して、生活費や事業費などの本当に必要な目的に限って新しい銀行券による払出しを認めるものです。このタイミングで新しい銀行券に切り替わるということです。古い銀行券はもう使えなくなりますので、強制的に貯蓄が進むことになります。

　そのうえで、1946年12月、いわゆる「傾斜生産方式」がとられ、石炭と鉄鋼の増産に向けて国内の資材・資金・労働力を集中投下することで、経済の復興が図られました。

　その際、戦後処理のための財政赤字を主因とするインフレの収束を企図して、政府主導で戦後初の国民運動とも言える「救国貯蓄運動」が展開されました。これは、当時、大蔵省の銀行局長であった福田赳夫さんが名づけたと伝えられています。貯蓄の推進によって個人消費を抑制し、それによってインフレの収束を図るものです。「預金封鎖」と言われるようなことをしていましたので、通貨の信認を回復させるための啓蒙活動を行いました。また、その際、預金の優遇措置や預金増加目標額を設定しました。毎年、国全体の預金増加目標額と東京都の預金増加目標額を掲げて、それを達成できるよう

に頑張るという運動を展開していました。

　こうした中、利子を付ける代わりに抽選で景品が当たる福徳定期預金が創設されました。景品の特賞はミシンです。1等（甲賞）はサッカリンという人工甘味料、2等（乙賞）は木綿縫糸（3匁）、3等（丙賞）は絹のタオルまたは手拭い、4等（丁賞）は拾円で、空くじなしという、なかなかお得な定期預金でした。当時、配給制度で入手しにくいものを、預金していただいた代わりに配布するものでした。いきなり余談になりますが、福徳定期預金は、今で言うと、どの銀行が取り扱ったか分かりますか。答えは、みずほ銀行です。今もみずほ銀行は宝くじの当せん金の支払いを行っていますよね。もともと、みずほ銀行は、第一勧業銀行、富士銀行、日本興業銀行が統合してできた銀行で、第一勧業銀行は第一銀行と日本勧業銀行が合併してできた銀行だったわけですが、この日本勧業銀行が戦後、宝くじやこの福徳定期預金というような事業を扱ってきたということです。

　当時、岡山県で撮影された写真を紹介します（図表3−1）。左側の写真には、路面電車に「救國貯蓄強調旬間」と書かれています。このように、皆さんの目に付くように宣伝していました。右側の写真では、日本銀行岡山支店の職員が、戦後に国から払下げを受けた軍用トラックに乗り込み、スピーカーで貯蓄の重要性を訴えながら町中を回っています。このトラックには「インフレの波に流すな汗の金」という標語が書かれています。これは、国民の皆さんから標語を募集して、当時、1等になった標語です。その下に

図表3−1　1947年の岡山県（写真提供：日本銀行金融研究所アーカイブ）

は、なんと「貯蓄極楽」と書かれています。

(2) 貯蓄増強中央委員会の発足

そして、1952年4月に、現在の金融広報中央委員会の前身である貯蓄増強中央委員会が発足しました。発足時の声明では、サンフランシスコ平和条約の発効を受けて、「名実ともに独立国家としての地歩を築き、経済基盤の充実発展を促進するためには、全国民が一致して倹約貯蓄につとめ、資本の蓄積をはかることが喫緊の急務である」とされています。民間の各団体の力を結集することで、貯蓄運動の中核体をつくるという構想に基づくものです。

発足の翌月（1952年5月）から「独立記念特別貯蓄運動」が始まったのですが、活動方針が3つありました。1つ目は、倹約貯蓄の美風を興すこと。2つ目は、実際に預貯金の増強に努めること。3つ目は、国民の貯蓄は経済再建の根底をなすものであることを啓蒙認識させること。日本経済の再建・発展のためにみんなで頑張っていこうという当時の世相を反映していると思います。

貯蓄増強中央委員会の初代会長は渋沢敬三さんです。戦時中の第16代日本銀行総裁で、のちに大蔵大臣も務められました。来年（2024年）発行される新しい1万円札の肖像になっている渋沢栄一さんのお孫さんに当たる方です。ほかのメンバーも、経済団体、金融団体、マスメディアのトップの方々が名を連ねていて、監査委員は、日本商工会議所の会頭と生命保険協会の会長に務めていただいていました。これは71年間ずっと変わらず、実は今年もこの2団体に監査委員を務めていただいています。

ここで、日本銀行の地下金庫に眠っていた当時のポスターを紹介します（図表3－2）。私の背丈くらいある、かなり大きなポスターの写真です。左側は、「独立記念特別貯蓄運動」のポスターです。「独立の基礎を貯蓄で」というスローガンで、国民の皆さんに貯蓄を奨励しているものです。右側は、「独立記念第2次特別貯蓄運動」のポスターで、「みなさん一日十円は貯蓄し

図表 3 － 2　1952年の貯蓄運動ポ
スター（金融広報中央
委員会所蔵）

ましょう」「企業は資本を充実しましょう」と書かれています。

⑶　輸出振興・外貨節約の貯蓄運動

　次に、1957年に行われた、輸出振興と外貨節約に重点を置いた貯蓄運動を
紹介します。1954年から1957年にかけて、「神武景気」と呼ばれる景気拡大
期がありました。設備投資や消費といった国内需要の高い伸びに支えられた
景気拡張で、好景気が続いた結果として、輸入が増加していきました。輸入
代金はドルで支払いますので、国際収支が赤字化して、外貨準備が減少して
いくことになります。

　そうすると、円からドルへの交換が難しくなると見通されてきます。当時
は 1 ドル＝360円の固定相場制でしたが、固定相場維持のために国際収支の
赤字を無視できなくなることは「国際収支の天井」と言われます。好景気が
続いて、経済・金融政策のかじ取りにあたって、この「国際収支の天井」が

図表3−3　1958年頃の日本銀行本店外観と貯蓄運動ポスター（金融広報中央委員
　　　　会所蔵）

「貯蓄で安定　輸出で発展」

意識されるようになり、日本銀行は金融引締め策を実施しました。政府も
「国際収支改善緊急対策」を発表して、財政投融資の繰延べによって、景気
の過熱を抑えようとしました。

　それに即応して、貯蓄増強中央委員会では、「貯蓄で安定　輸出で発展」と
いうスローガンで、輸出振興と外貨節約に重点を置いた貯蓄運動を展開しま
した（図表3−3）。1958年当時の日本銀行の外観を見ると、そのスローガン
が書かれた横断幕を掲げています。右側のポスターは、相当直截的ですが
「あなたの節約で輸入をへらし　あなたの貯蓄で輸出をふやす」というスロー
ガンが書かれています。こうして外貨を稼いでいきましょうということで
す。

　その後、日本の経済力や日本製品の競争力が向上して、逆に輸出が伸びて
いくことになるのですが、日本のこうしたスタンスが海外から批判されるこ
とになります。

⑷　高度成長期の貯蓄運動

　高度成長期となり、景気はどんどん拡大していきました。1960年12月に、当時の池田勇人内閣が「国民所得倍増計画」を閣議決定しました。当時は、「消費美徳論」や「消費革命」と言われていて、国民の生活意識も、自分の生活を大事にして、どちらかと言うと楽しむ方向に傾斜していきました。そして、「三種の神器」と言われた洗濯機、冷蔵庫、白黒テレビが、各家庭に急速に普及していきました。

　こうした中で、貯蓄増強中央委員会は、やはり貯蓄も大切だという活動を展開しました。1961年度の活動方針では、「発展しつつあるわが国経済の長期的な成長力の根元としての貯蓄が、いぜん重要な役割を有していることを強調するとともに、国民各層に対し家計の健全化を通じ生活の安定向上をはかるよう計画貯蓄をすすめる」とされています。

　このときの貯蓄運動の特徴は、これまでの上位下達的な方針の伝達というよりも、話し合いの活動ということで、実際に対面で話をして国民に貯蓄の大切さを浸透させようというものでした。当時の会長は、岡崎嘉平太さんという全日本空輸（ANA）の社長でもあった方でしたが、のちに、できるだけ地方に出かけて貯蓄を実行している人々に会って、貯蓄の実績が上がるようにしたと振り返っておられます。

　当時は、実質成長率が10％を超える状況でしたので、所得の急増に伴って貯蓄も大幅に増加していきました。インフレを背景とする高金利や、「マル優」と呼ばれる少額貯蓄非課税制度の拡充も貯蓄増強をあと押ししました。

⑸　石油ショックと省エネ時代の貯蓄運動

　田中角栄内閣による「日本列島改造」ブームの中、1973年、第1次石油ショックが発生しました。日本は、「モノ不足」「狂乱物価」と呼ばれる厳しい状況に直面しました。みんながスーパーに並んでトイレットペーパーを買

いまくる写真を皆さんも見たことがあると思います。

　当時、総需要抑制のための強力な金融財政施策が実施されて、経済の速やかな安定と正常化の実現を図ることが緊急の課題とされました。これに対して貯蓄増強中央委員会は、①消費の抑制と貯蓄の実践が物価上昇に強力な抑制効果を発揮すること、②生活安定の見地から、国民一人一人が今一度生活を見直し、健全で合理的な生活態度を徹底し、物もお金も大切にする必要があることを重点的に訴える「物価抑制特別運動」を展開しました。

　このとき、定期預金金利は、日本銀行の金融引締め策もあり、ピーク時に7.75％まで上がっていました。当時は定期預金金利の上限を日本銀行が決めていました。

⑹　貯蓄増強中央委員会が果たした役割

　ここまでの話を一旦まとめさせていただきます。

　この時代までに貯蓄増強中央委員会が推し進めてきた貯蓄運動は、その時々の政府の経済・財政政策および日本銀行の金融政策の目的や方向性、すなわちインフレの抑制、資本の蓄積、輸出の振興、消費の抑制、外貨の節約ないしは外貨の獲得とおおむね整合的でした。とりわけ、「貯蓄それ自体の奨励」を至上命題として推し進める活動は、広く国民にも受け入れられ、「貯蓄運動の黄金時代」と言ってもよいと思います。

　この結果として、国民に広く貯蓄の重要性について認識を浸透させることができました（図表3－4）。貯蓄率は、右肩上がりで上昇していきました。1974年には23％で、先進国でも圧倒的な高水準に達する貯蓄大国となりました。また、間接金融主体の金融仲介方式の中で、預金の増大は融資の拡大を通じて日本の産業の急速な発展に資する役割を果たしました。

　国全体、国民全体に貯蓄が大切だということが何となく刷り込まれていたような気がします。私が子どもの頃の記憶ですが、例えばお年玉をもらうと、やはり定期預金をしていました。そして、通帳の金額が毎年増えていく

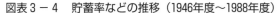

図表 3 - 4　貯蓄率などの推移（1946年度〜1988年度）

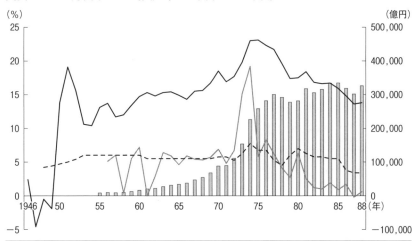

（出所）　内閣府「国民経済計算」、日本銀行「定期預金の預入期間別平均金利」・「経済統
　　　　計月報」より筆者作成。

のが何となくうれしいという感覚が子どもながらにありました。そうした感
覚が、おそらく日本に広く浸透していたのではないかと思います。定期預金
金利（1年）は、当時、5％前後ありましたので、定期預金をしていれば容
易に資産が増えていく時代でもありました。

⑺　貯蓄増強中央委員会の活動内容の変化

　1978年に第2次石油ショックが発生しました。このあたりから、貯蓄増強
中央委員会の活動内容が少し変化していきます。当時は、日本銀行による予
防的な金融引締めに加え、企業も省エネ化によって優れた適応力を発揮した
ことで、日本では、ほかの先進国に先んじて、第2次石油ショックに対する
経済の調整が相対的に円滑に進みました。
　一方で、2度にわたる石油ショックの発生など経済環境の変化が激しく

なったことを受けて、国民の間では、経済全般についての理解を深め、情報を選別することの必要性が意識されるとともに、長期生活設計への関心が高まり、経済・金融全般に関する知識・情報に対するニーズが高まっていきました。

こうした状況を受けて、1981年には、「経済、金融、通貨等に対しての正しい知識、情報の提供」が、貯蓄増強中央委員会の活動の重点項目になりました。そして、1983年以降、①金融経済情報のサービス、②生活設計の勧め、③金銭教育の普及が活動の3本柱になりました。貯蓄運動と銘打ってはいるのですが、国民の皆さんに金融経済教育に関する情報を提供したり、生活設計をお勧めしたりする活動になりました。

当時の貯蓄増強中央委員会は、テレビやラジオを通じて広報活動を積極的に行っていました。テレビ番組で、日本銀行総裁や学者の先生方に経済の解説をしていただくということも行っていたようです。

2 貯蓄広報中央委員会（1988年〜2001年）

(1) 貯蓄広報中央委員会への名称変更

貯蓄増強中央委員会は、1988年4月に最初の名称変更が行われることになるのですが、その時代背景から紹介します。

まず、外圧によって政府の貯蓄優遇制度を含む日本の貯蓄奨励・重視のスタンスが問われることになりました。1980年代入り後は、貿易黒字が拡大しました。それと相まって、諸外国からは、個別品目ごとに輸入促進や市場開放が求められるようになり、1980年代半ばには、米国を中心に内需拡大政策の実施や国内規制の改革が求められるようになりました。

特に米国からは、日本の高貯蓄が批判されました。要は日米の貿易不均衡の要因になっているということで、日本の貯蓄は多過ぎ、消費は少な過ぎるという批判です。日本人が貯蓄を減らし、もっと物を買えば、日本の輸入は

増加して、日本の産業の輸出依存度は低下するでしょうということです。当時、米国のシュルツ国務長官は、安倍晋三元総理のお父様に当たる安倍晋太郎外務大臣との会談で、「日本の貿易黒字が減らないのは高い貯蓄性向が国内の消費を停滞させ、完全雇用を維持するために、輸出超過となりやすいところに構造的な問題がある」と指摘しました。

　先ほど紹介したとおり、実際、日本では、消費を節約することで輸入を減らして、貯蓄を増やすことで輸出を増やすという運動を行っていました。これがうまくいき過ぎたために貿易摩擦が生まれ、米国を中心に日本への批判が高まったということです。

　そして、1985年9月には「プラザ合意」によって、ドル高是正のために各国は外国為替市場で協調介入を実施しました。翌1986年4月には、前川春雄元日本銀行総裁が座長を務めた研究会（国際協調のための経済構造調整研究会）が取りまとめた、「前川レポート」と呼ばれる報告書が中曽根康弘総理に提出されました。この「前川レポート」では、「国際協調型経済を実現し、国際国家日本を指向していくためには、内需主導型の経済成長を図るとともに、輸出入・産業構造の抜本的な転換を推進していくことが不可欠である。……これらの実施にあたっては、税制を含む財政・金融政策の役割も重要であり、特に貯蓄優遇税制については、抜本的に見直す必要がある」とされ、貯蓄優遇税制が名指しで批判されました。

　こうした時代背景を受けて、貯蓄運動に縮小感・後退感を示す必要が出てきました。具体的には、1988年4月に、大蔵省の貯蓄推進本部が廃止されます。これは、先ほど国際収支の大幅赤字対策の話がありましたが、そのときに、当面の一時的措置ということで大蔵省がつくった組織です。先ほど紹介したポスター（図表3－2）を見ると、貯蓄増強中央委員会のほかに、「大蔵省・日本銀行」とも書かれています。当時は大蔵省も日本銀行と一緒に貯蓄運動を行っていたのですが、この頃から日本銀行単独になります。

　このような経緯の中で、大蔵省の貯蓄推進本部の廃止と同じ1988年4月に、「貯蓄増強中央委員会」から「貯蓄広報中央委員会」に名称変更が行わ

れました。当時の声明文では、「『貯蓄増強』という言葉は、現在の貯蓄運動の内容にそぐわなくなってきている。当中央委員会は、活動の実態がより正しく理解され、貯蓄運動が一層の高まりと効果を挙げるため、活動の実態に相応しい名称に改めることが適当と判断した」「現在の当中央委員会の活動内容は、わが国の社会・経済情勢の変化に伴って、かつての『貯蓄それ自体の奨励』に重点を置いたものから、『貯蓄に関する金融・経済情報の提供、合理的な生活設計の勧め、児童・生徒に対する健全な金銭感覚の教育』等を中心とする貯蓄広報活動に変わってきており、これらを通じ貯蓄の重要性に対する理解を深めることを目指している」とされています。活動内容にあわせて名称変更すると説明したということです。

　貯蓄広報中央委員会の活動は、消費や資産形成も視野に入れた合理的な生活設計づくりを目指す幅広い広報活動を展開するものでした。貯蓄一辺倒ではなくなり、活動の3本柱は、①金融経済情報のサービス、②生活設計の勧め、③金銭教育の普及とされました。当時のリーフレットには、「暮らしは、バランス。」「賢く蓄えて、楽しく遊ぶ。これがいちばん！」と書かれていました。バランスよく生活していきましょうという活動になっていったということです。

⑵　金融自由化の進展

　1990年代に入ると金融自由化が進展します。先ほど、定期預金金利の上限は日本銀行が決めていたと説明しましたが、1993年6月には定期預金金利の完全自由化により、銀行が自ら決めてよいことになりました。また、1993年4月には銀行・信託・証券の相互参入、1994年10月には預金金利の完全自由化と、一連の改革が行われました。そして、1996年11月には、第1次橋本龍太郎内閣が掲げた6つの改革の1つとして、フリー・フェア・グローバルをスローガンとする「日本版金融ビッグバン」が提唱されました。これにより、証券総合口座の導入、投資信託の銀行窓口販売開始、FX取引の誕生に

つながる外国為替業務の完全自由化、株式売買委託手数料の完全自由化、銀行の証券子会社の業務範囲規制撤廃、ファイヤーウォール規制の緩和などの金融システム改革が進められました。さらに、2001年には、「金融商品の販売等に関する法律」によって、顧客への説明義務の徹底が図られました。

こうした金融自由化を受けて、金融イノベーションが進み、様々な金融商品が提供され、1990年代後半になるとインターネット取引もできるようになりました。一方で、1990年代後半には金融機関の破綻が相次ぎます。金融危機の時代です。三洋証券、北海道拓殖銀行、山一證券、日本長期信用銀行、日本債券信用銀行などの金融機関が相次いで破綻しました。国民にとって、資産運用の自由度が高まったときに、こうした金融危機が起きてしまいました。「投資は自己責任」というフレーズを聞いたことがあると思いますが、資産運用の自由度が高まる反面、結果に対して自己責任が求められるようになりました。

こうした中で、中立・公正な立場からの金融関連の知識・情報の提供に対する国民のニーズが増大していきました。これが現在の金融広報中央委員会への名称変更につながっていきます。

3 金融広報中央委員会（2001年〜）

(1) 金融広報中央委員会への名称変更

2000年6月の大蔵省の金融審議会の答申（「21世紀を支える金融の新しい枠組みについて」）で、金融分野における消費者教育の重要性が指摘されました。

具体的には、「消費者が主体的に商品を選択し、そのメリットを享受していくためには、消費者が金融の仕組みや取引ルール等に対する知識を深め、多数の選択肢の中でその商品がどのように位置づけられているかを理解するよう努めることが基本である」「貯蓄広報中央委員会・都道府県貯蓄広報委員会のネットワークを活用して、消費者教育を体系的・効率的に実施するこ

とが重要である」とされました。貯蓄広報中央委員会は、金融に関する消費者教育の主な担い手として、中立・公正な立場から質の高い広報活動を行うということが国からも期待されました。

　こうした背景があり、2001年4月に、「貯蓄広報中央委員会」から「金融広報中央委員会」に名称変更が行われました。「金融広報中央委員会規約」では、第1として「金融広報中央委員会……は、都道府県金融広報委員会、政府、日本銀行、地方公共団体、民間団体等と協力して、国民に対し中立公正な立場から金融に関する広報又は消費者教育活動を行い、もって国民経済の健全な発展に資することをその目的とする」とされています。「金融に関する」は、「広報」と「消費者教育」の両方にかかっています。金融に関する広報と金融に関する消費者教育が、金融広報中央委員会の活動の2本柱になったということです。

　金融システム関係では、2005年4月のペイオフ全面解禁が大きな出来事でした。先ほど言及した1990年代後半の金融危機の時代には、一時的な措置として、金融機関が破綻しても預金は全額保護されていましたが、ペイオフの全面解禁によって、定期預金や利息の付く普通預金などの「一般預金等」であれば、預金者1人あたり、1金融機関ごとに合算され、元本1,000万円までと破綻日までの「利息等」のみが保護されることになりました。金融広報中央委員会は、この年を「金融教育元年」と位置づけて、特に学校における金融教育の推進に重点を置いた活動を展開していきました。

　2007年2月には、「金融教育プログラム」を作成・公表しました。これは、全国の学校の先生方に金融教育を行う際の体系書として使っていただくためのものです。金融教育の目的・内容、年齢層別の目標、学校の授業で金融教育を効果的に進めるための方法や実践事例を取りまとめています。

⑵　金融広報中央委員会の活動内容

　ここからは、金融広報中央委員会と都道府県金融広報委員会の活動を紹介

します。各都道府県には各々金融広報委員会があり、金融広報アドバイザーによる出前講座や金融・金銭教育研究校に対する金融教育の実践サポートなどを実施しています。

　金融広報アドバイザーによる出前講座は、コロナ禍の影響もあって、なかなか件数は伸びていませんが、2022年度は日本全国で3,453件でした。ニーズに応じて、オーダーメイドの講座を展開しているのですが、ニーズが多かったテーマは、「生活設計」が908件、「家計管理」が520件、「金融取引の基本」が693件の順です。「貯蓄から投資へ」に関連する「資産形成」をテーマとする講座は197件で、全体の6％程度にとどまっています。「その他」が862件と多いのですが、そこではお小遣い帳の付け方、中学生・高校生に対する巣立ち教育、消費者トラブルの防止策など、上記のカテゴリーに属さない様々なテーマを扱っています。

　金融・金銭教育研究校というのは、小学校・中学校・高校で金融教育を実践する方法を研究していただくために、手を挙げていただいた学校に資金面の支援をしていくものです。

　このほかにも、イベントとして、中学生・高校生を対象とする作文・小論文コンクールを実施しています。昨年度（2022年度）の応募実績では、中学生が5,113名、高校生が2,255名でした。私も審査員として、日本銀行総裁賞の選考を担当しました。

　金融広報中央委員会は、金融経済教育推進会議の事務局も務めています。金融経済教育推進会議は、2013年4月に金融庁内に設置された金融経済教育研究会が公表した報告書の中で、金融経済教育の推進にあたって「金融広報中央委員会のネットワークを活用し推進していく場……を設置することが適当である」とされたこと受けて、学者の先生方、金融教育の担い手になっている経済団体・金融団体、金融庁や消費者庁などに参画していただき、設置されたものです。それ以降、金融広報中央委員会がハブとなって、各官庁・団体との連携や効果的な金融経済教育活動を推進しています。

　この金融経済教育推進会議の主な成果を紹介します。まず、2014年に「金

融リテラシー・マップ」をつくりました。最低限身に付けるべき金融リテラシーを、年齢層別に体系的かつ具体的に定めたスタンダードです。これは金融教育の担い手をはじめ、金融教育の関係者の拠り所となっているものです。新たに設立予定の金融経済教育推進機構でも、教育内容はこの金融リテラシー・マップに基づいて展開する方針が示されています。金融広報中央委員会としては、この方針に賛同しています。

2019年には「コアコンテンツ」をつくりました。金融広報中央委員会が実施している大学連携講座15回分の授業の内容を、1回90分に凝縮したかなり密度の高い金融リテラシー啓発用の共通教材です。

2021年には、eラーニング講座「マネビタ」をつくりました。受講者の皆さんにも、興味があればぜひ見ていただければと思います。「官庁や業界団体の夢のコラボ」ということで、オールジャパンで取り組んでいます。参画してくださっている団体をここに書いていますけれども、金融庁、消費者庁、金融広報中央委員会、金融経済教育推進会議の委員団体が名を連ねています。そして、今年（2023年）10月の新講座からは厚生労働省にも参画いただいています。これは非常に大きな一歩です。

例えば、金融庁が動画をつくると必ずNISAの宣伝になります。金融庁はNISAの宣伝をすることが仕事なので当然なのですが、金融庁の方はiDeCoには言及しません。だから、金融広報中央委員会としては、どうしても厚生労働省に入っていただきたかったのです。中立的な活動をするためには、NISAだけでは不十分なのです。税制優遇制度を説明するときには、NISAとiDeCoをセットで説明することが重要です。これが中立的な活動の重要なところだと私は思っています。消費者である国民からすると、バランスよく情報を得たいわけです。必要な情報をバランスよく提供するために、関係団体が協力してつくっているところがこの教材の一番のミソで、まさに中立・公平な立場でつくられているものです。

⑶　貯蓄広報中央委員会への名称変更後の経済情勢

　また一旦ここでまとめさせていただきます。

　貯蓄広報中央委員会に名称変更したあとの経済情勢を見ると、かなり厳し
い時代でした。バブル経済の崩壊、金融危機の発生、潜在成長率の低下、デ
フレマインドの広がりなど「失われた20年」とも言われる低迷期でありまし
た。成長率は低位で推移していますし、インフレ率（GDPデフレーター）は
ゼロを下回っています（図表3－5）。

　日経平均株価を見ても、バブル期のピークでは3万8,915円まで上がって
いましたが、一時7,000円台に下落することもありました。資産形成の面で
は、成功体験が乏しい時代と言えるかもしれません。低成長下で物価が上が
らないので、そうした経済環境のもとでは、株式や外債といったリスク資産
を敬遠して、元本保証のある預金を保有することが合理的な選択であるとい
う判断が、多くの国民の深層心理に根づいていたということなのかもしれま
せん。私の大学時代の先輩も、「何もしないのが一番いい」と言っていたこ
とを覚えています。そうした判断があながち間違いでもないというか、合理
的な時代でした。

　2013年以降は、アベノミクスが始まり、その効果もあって株価は上昇に転
じます。外国為替相場も円安基調をたどりました。この頃に資産形成を始め
た若い世代には、成功体験が積み上がっているはずです。この世代を中心
に、資産形成に対する前向きな機運の高まりが見てとれます。さらに、最近
では物価が上昇し始めてきています。物価上昇率が高まる中、預金のみを保
有することが合理的な選択とは言えない状況になってきています。

　こうした中で、国民の間で、NISAやiDeCoなどの認知度向上とともに、
長期・積立・分散投資の有効性についての理解を広げていくことが重要に
なっています。長期の資産形成を行うにあたって、投資を始めようと思われ
ている方が、まず手始めにやっていただくとよいのは、やはり長期・積立・
分散投資です。これをやっていると、相場がよくなると、当たり前ですがう

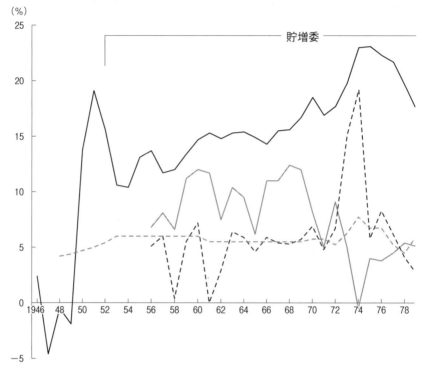

図表3－5　貯蓄率などの推移（1946年度～2012年度）

（出所）　内閣府「国民経済計算」、日本銀行「定期預金の預入期間別平均金利」・「経済統

　れしいですよね。儲かっているからうれしいわけです。逆に相場が悪くなる
とどうかと言うと、これもうれしいのです。ここがミソです。安く仕入れて
高く売ることが重要ですから、相場が悪くなったら安く仕入れられるので、
うれしいということです。相場に一喜一憂することなく、平穏な気持ちで安
定的に資産形成に取り組むには、この長期・積立・分散投資がお勧めです。
　今、「人生100年時代」とも呼ばれる超長寿社会を迎えています。人々のラ
イフスタイルや価値観は多様化していて、長く生きることを前提に、個々人
の実情にあわせて、資産形成を含めたライフプランを立てることが求められ
ています。国民の皆さんの関心も高まってきています。一方で、SNSなどを

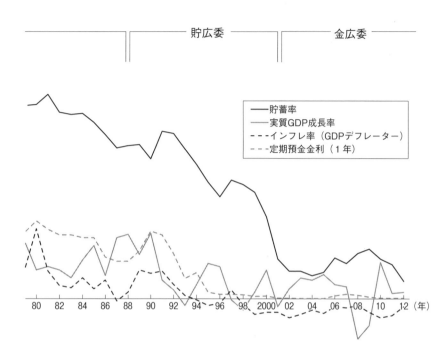

貯蓄率
実質GDP成長率
インフレ率（GDPデフレーター）
定期預金金利（１年）

80　82　84　86　88　90　92　94　96　98　2000　02　04　06　08　10　12　(年)

計月報」より筆者作成。

きっかけとする金融トラブルも多く見られています。うまい儲け話に関する
広告動画も多く投稿されていると思います。こうした話に騙されない消費者
力を身に付ける必要性も高まってきています。特に、昨年（2022年）、成年
年齢が引き下げられたこともあり、若者を消費者トラブルから守らなければ
という社会全体の意識の高まりも見られています。

4　「資産所得倍増プラン」と日本版MaPS構想

　ここからが、いよいよ今日の講義のメインテーマです。昨年（2022年）5

月5日、岸田総理がロンドン・シティでの講演で、「『資産所得倍増プラン』を進めていく」とお話しされました。このとき、私はまだ金融広報課におりませんでしたので、これがのちに私の人生に大きな影響を与えるものになるとは全く思っていませんでした。

　これを受けていち早く動いたのが、証券会社の業界団体である日本証券業協会です。金融広報中央委員会や金融経済教育推進会議の主要なメンバーでもあります。マネビタの講師も日本証券業協会の方に担っていただいており、非常に緊密に協力しながら金融経済教育の活動をしている、金融広報中央委員会にとって重要なパートナーです。

　日本証券業協会が約2か月で体系的な提言書をまとめられて、昨年（2022年）7月20日に公表されました。すごいスピードだと思います。その一部に「積立投資教育に特化した日本版MaPSイメージ」というものがあります（図

図表3－6　日本証券業協会による日本版MaPS構想

1.(2)②積立投資教育に特化した日本版MaPSイメージ

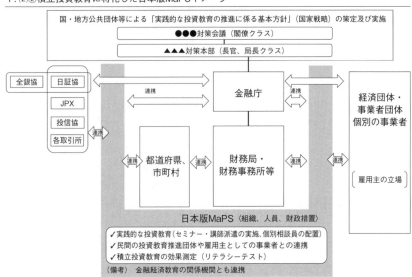

（出所）　日本証券業協会「中間層の資産所得拡大に向けて～資産所得倍増プランへの提言～」（2022年7月20日）

表3－6）。MaPSが何かというのは前回の講義でご説明があったと思います。一言で言うと、日本でもMaPSをつくってほしいという提言です。

　具体的には、日本証券業協会も投資教育に努めているけれど、現場では株式や投資信託の販売目的と受け止められて敬遠されるので、国が新しい組織をつくり、金融庁・財務局や地方公共団体などが連携して、中立的な立場から、セミナー、講師派遣、個別相談などを通じて投資教育を行ってほしいというものです。ここに金融広報中央委員会は出てきていませんが、日本証券業協会からはこの構想のご説明をしていただきました。

　金融庁としては、日本証券業協会の提言のとおり投資教育に特化した機構をつくることも１つのアイデアであったと思いますが、実際には、金融経済教育推進機構の立上げに向けて、日本銀行と金融広報中央委員会にも声がかけられました。なぜ金融庁から声がかけられたのか、皆さんに考えていただけたらと思います。私も正解は分かりません。金融庁には、日本銀行・金融広報中央委員会と連携することにどのようなメリットがあったのでしょうか。何かねらいがあるはずです。何か思い付くことはありませんか。

（学生）　自信はないのですが、全く新しく機構を立ち上げるよりも、貯蓄増強中央委員会からの歴史を経て、今活動している金融広報中央委員会が持っているアーカイブやデータを利用して金融経済教育を推進してほしいという考えがあったのではないかと思います。

　ありがとうございます。金融広報中央委員会の歴史を使うということですね。それが正解であれば、そんなに素敵なことはないと思います。

　今発言していただいたとおり、おそらく何かを活用しようと考えているのだと思います。私も本当に答えは分からないので、仮説ですが、金融広報中央委員会は地方のネットワークを持っていて、金融広報アドバイザーが全国に500人いますので、全国展開するなら、金融広報中央委員会と一緒に新機構を立ち上げるのが一番手取り早いと考えた可能性はあると思います。もう

1つの仮説は、先ほどご発言いただいた内容とほぼ同義ですが、金融広報中央委員会は、約70年間にわたって活動してきていて、金融業界の利益とは独立して、中立・公正な立場から金融に関する広報や消費者教育活動を行ってきています。金融広報中央委員会が守ってきた中立・公正性や歴史を含めて、新機構が中立的な組織ということを担保できると考えた可能性もあると思います。

　守屋先生、何かほかに考えられることはありますか。

（守屋）　私も正解は分からないのですが、金融広報中央委員会には、日本証券業協会の提言にあるような投資教育だけではなく、消費者教育なども含めて、リソースやノウハウがあります。専門家を集結すると言っても、日本でそうした人材は限られています。これまで金融経済教育に携わってきた方たち全員に関与してもらうということが一番効率的ですし、金融庁の担当者も、最短で新機構を立ち上げることができる方法を考えたのではないかと思います。

　ありがとうございます。それでは、もう1つ考えていただきたいと思います。日本銀行は、金融庁の提案に対してどのように反応したでしょうか。日本銀行の職員だったらどう受け止めるか、何か思い付く方はいらっしゃいますか。

（学生）　日本銀行の職員としては、日本銀行が中心となって金融経済教育を推進したいと考えると思うのですが、全国に支店を持っているとか、中立・公正であるという日本銀行のブランドだけが使われてしまうのではないかという懸念はあったのではないかと思います。

　ありがとうございます。日本銀行としては、地方での活動がおろそかにならないようにしたいという気持ちがあります。新機構になることはよいのだ

けれど、これまで日本銀行が大切にしてきた地方のネットワークや草の根の活動、これらは新機構になっても大切にしてもらいたいと考えています。

　また、日本銀行そして金融広報中央委員会の立場としては、新機構のもとでも中立性と公正性がしっかりと確保されて、資産形成だけではなくて、家計管理や生活設計、消費者教育なども含めて、金融経済教育全般をバランスよく推進することが大切だということを、繰り返し、関係者の皆さんにお伝えしています。

5　金融経済教育の課題と金融経済教育推進機構の設立方針

　次に、現下の金融経済教育の課題を紹介します。昨年（2022年）の秋から、金融庁が金融審議会の下に設置した顧客本位タスクフォースなどの場で、金融経済教育を充実させる観点からの議論が積み重ねられています。その中での重要な指摘を紹介します。

　1つ目は、国際的に見ても日本の金融リテラシーの水準は高いとは言えず、金融経済教育が広く国民に行き届いているとは言えないという指摘です。

　2つ目は、金融経済教育の分野別に見ると、限られたリソースを、お金の役割や家計管理・金融トラブルの防止などの基礎的な内容に優先的に配分していることから、投資や資産形成などに十分には対応しきれていないという指摘です。

　3つ目は、金融経済教育の対象としては、企業などにおける職域での取組みを強化するべきであるという指摘です。実は、これまで金融広報中央委員会や地方の金融広報委員会は、企業向けに講師派遣をしていませんでした。企業を支援するのは中立性に反するという考え方があったのですが、方針転換して、今年（2023年）の夏からは企業にも講師派遣ができるようにしました。これは当たり前のことだと私は思っていまして、働いている人はお金を

稼いでいるわけで、家計の主な担い手です。その人たちに金融経済教育を届けることがむしろ重要なのではないかということで、新機構になる前から方針転換することにしました。

　4つ目は、金融経済教育の推進にあたっては、資産形成だけでなく、家計管理や生活設計などのほか、消費生活の基礎や社会保障・税制度、金融トラブルに関する内容も含めて、広範な観点から金融リテラシーの向上に取り組むべきであるという指摘です。これは、まさに日本銀行も思っていることです。顧客本位タスクフォースの議論では、複数の先生方が、この点が重要だと重ねて指摘されていて、これが中間報告にも反映されました。

　こうした議論を経て、「資産所得倍増プラン」が昨年（2022年）11月に取りまとめられました。その柱の1つに「金融経済教育の充実」が掲げられ、官民一体となった金融経済教育を戦略的に実施するため、新たに金融経済教育推進機構を設立し、金融広報中央委員会の機能を移管・承継する方針が示されました。

　そして、今年（2023年）1月、金融広報中央委員会は臨時総会を開き、この政府の方針に賛同し、その実現に向けて協力していくことを基本方針とすることについて決議しました。今年（2023年）6月の金融経済教育推進会議では、金融庁の幹部の方から「機構が提供する教育の内容については、家計管理や生活設計、適切な金融商品の選択や資産形成、あるいは消費者の生活の基礎や金融トラブルの未然防止といった、国民の金融に関する活動の幅広い分野をカバーする必要がある」というご発言がありました。公の場で金融庁の幹部からこのようなご発言をいただいて、非常にありがたく、心強く思いました。

　関連法案の国会審議では、衆議院の財務金融委員会の附帯決議に「『適切な金融サービスの利用等に資する金融又は経済に関する知識』には、資産形成だけではなく、金融広報中央委員会が従来扱ってきた家計管理・生活設計や消費者被害防止等も含まれ、その知識を習得し、『これを活用する能力の育成を図るための教授及び指導』は、金融経済教育推進会議作成の金融リテ

ラシー・マップを基本としたものを通じて行われるものであること」という一文が盛り込まれ、全会一致で決議されました。金融経済教育推進機構が、投資教育だけに特化するような組織になってほしくないと多くの方が思っているからこそ、国会議員の先生方を通じて、こうした附帯決議がなされたと思っています。

6　金融経済教育の方向性

　最後に、金融経済教育の方向性について話をしたいと思います。前回（2023年10月18日）の講義で、ファイナンシャル・ウェルビーイングのお話があったと思います。米国や英国では、金融経済教育が国家戦略になっていて、金融経済教育の目的は、ファイナンシャル・ウェルビーイングと位置づけられています。

　ファイナンシャル・ウェルビーイングについて、米国では "can feel secure" "is able to make choices that allow enjoyment of life" と表現されています。英国では "is about feeling secure and in control" "can pay the bills today, can deal with the unexpected" と表現されていて、端的には "confident and empowered" とされています。

　OECDは "Financial resilience" という概念を示して、"the ability of individuals or households to resist, cope and recover from negative financial shock" と説明しています。

　これらを日本語で表現すると、①日々または月々の支払いが不安なくできる、②ライフプランの実現のため、あるいは人生を楽しむために、自らの意思でお金の支払いをすることができる、③子どもの教育、車や住宅の購入などの大きな支出や、病気、けが、事故、災害などのリスクに対して十分な備えがある、④適切に情報収集を行い、自らの判断によって、金融商品を購入したり、金融サービスを使いこなしたりできるということだと思います。

　このファイナンシャル・ウェルビーイングの概念を何とか国民の皆さんに

理解していただいて、金融経済教育を受けたほうがよいと思ってもらいたいと考えています。ファイナンシャル・ウェルビーイングの内容を一言でかみ砕いて表現するために、「国民一人一人が、人生を自分らしく、豊かに暮らしていくために、お金について〇〇〇ことを目指しています」と説明する場合に、「〇〇〇」に当てはまる適切な表現を皆さんと一緒に考えたいと思っていたのですが、講義の終了時間が来てしまいました。"feel secure" "confident" "resilient"、これらを日本語に直訳してもピンと来ないと思います。皆さん、もしよいアイデアがあったら守屋先生を通じてご連絡いただけたらと思います。

［学生から提出されたアイデア］
・「お金について『智慧を涵養していく』ことを目指しています」
・「お金について『正しく理解し活用することができる』ことを目指しています」
・「お金について『自信を持って自己管理ができるようになる』ことを目指しています」

質疑応答

Q 諸外国と比較しても日本では金融リテラシーが低いという調査結果があり、こうした状況を打破するためにも、昨年度（2022年度）からの新しい学習指導要領に基づく高校での金融教育の実施は、とても有効な解決策の1つだと思っています。ただ、やはり学校の先生方も金融のプロではなく、内容にはどうしても限界が存在してしまうと思います。そこで、講義でご紹介いただいた「マネビタ」や各金融機関が行う金融経済教育のように、国民が自ら金融経済教育に参加できる場を整備していくことも大切だと思うのですが、いかがでしょうか。

A ご指摘のような「場」の整備は非常に重要だと思います。

　金融経済教育の「場」を整備してくためには、私たちのような金融経済教育を行っている民間団体が、政府や地方公共団体と協力していくことが不可欠だと思います。現在、国会で審議中の法案では、国民の安定的な資産形成の支援に関する施策を国全体として総合的・計画的に進めていくため、政府が国家戦略としての「基本方針」を策定するとされています。この「基本方針」では、関係する国の機関、地方公共団体、民間団体などの連携・協力に関する項目も盛り込まれることが予定されています。今後、こうした「基本方針」に沿って、ご指摘のような「場」の提供を含めて、官民で一体的に金融経済教育を推進していくことが重要だと考えています。

　紹介した「マネビタ」は、ご指摘のような日本の状況を打破していくためにも、有益なコンテンツが盛り込まれていると考えていますので、ぜひ金融経済教育の担い手を含む多くの方に知っていただき、活用してもらいたいと思っています。

Q 暗号資産も人気の投資対象であると考えます。一方で、講義でご紹介いただいた「マネビタ」では、暗号資産に関する講義は見当たりませんでした。金融広報中央委員会は、中立的な立場をとられているとのことでしたが、暗号資産に対するご見解を伺います。今後、暗号資産についても「マネビタ」に入れる予定はあるのでしょうか。

A ご指摘のとおり、暗号資産も、投資もしくは投機の対象となっている実態があると認識しています。

　一方で、暗号資産については、その経済的な価値を評価する基準が定まっていないという現状をしっかり理解する必要があると考えており、これをきちんと伝えていくことも金融経済教育における重要な課題と認識しています。

　現状、「マネビタ」に暗号資産を取り上げている個別の項目はありませ

んが、金融広報中央委員会が運営している「知るぽると」というウェブサイトでは、暗号資産（仮想通貨）について触れているページもありますので、ご参照ください。

　いずれにしても、今後の金融経済教育の中で、こうしたことをより効果的に伝えていくためにはどのような方法が適切か、引き続き関係者とよく検討していきたいと思います。

第 4 章

顧客と金融事業者をつなぐFPの役割

白根 壽晴（2023年11月 8 日）

講師略歴

住友電気工業株式会社、税理士登録、CFP®資格認定などを経て、株式会社エフピーインテリジェンス代表取締役。2002年日本FP協会理事。2012年より現職。

講師紹介

　ゲスト講師4人目は、NPO法人日本ファイナンシャル・プランナーズ協会（日本FP協会）理事長の白根壽晴さんにお越しいただきました。

　今回は、前々回から続いている金融リテラシー関係の講義の締めくくりとなります。

　昨年（2022年）策定された「資産所得倍増プラン」では、「中立的なアドバイザー」がキーワードの1つになっています。来年（2024年）、新たに創設予定の金融経済教育推進機構では、この「中立的なアドバイザー」を認定し、リスト化していくことが想定されています。そしてファイナンシャル・プランナーの方々は、この「中立的なアドバイザー」の担い手として、今非常に注目されています。

　こうした中で、日本FP協会トップの白根さんに「貯蓄から投資へ」を実現していくことが期待されている実務家の立場からのお話を伺うことで、政府の取組みについて、より多角的に理解を深めることができると思います。また、今回の講義は、将来、学生の皆さんが家計管理や生活設計を考えていく場面で有意義なお話も多く伺うことができる機会になると思います。

皆さん、こんにちは。本日の講義を担当いたします日本FP協会理事長の白根壽晴です。どうぞよろしくお願いします。大切な講座の１コマをファイナンシャル・プランニング、ファイナンシャル・プランナーのご理解のためにいただき、光栄に存じます。

　今日の講義では、「ファイナンシャル・プランニング」「ファイナンシャル・プランナー」と言っていますと、それだけで時間がかかりますので、どちらも「FP」とさせていただきます。ファイナンシャル・プランニングの話なのか、あるいはファイナンシャル・プランナーの話なのかは、文脈からご理解いただけると思います。

　日本FP協会は1987年11月に設立され、今年（2023年）で36年目の事業を行っています。1987年には、「ブラックマンデー」と呼ばれる世界同時株安が起き、あっという間に株価が二十数％下がりました。その際、136人の金融関係者が集まり、日本もこれから厳しい時代を経験することになるので、ライフプランをしっかりと確立することが必要な時代になるという考えに基づいて、日本FP協会が設立されました。

　日本経済はバブル崩壊から「失われた30年」とも言われ、日本人の平均年収は総じて横ばいです。GDPも30年前から大きく伸びていません。日本人の実質平均年収は、購買力平価ベースで見ると過去30年で４％しか増えていません。年率0.1％にもならず、日本人の実質平均年収は過去30年ほとんど伸びなかったということです。一方で、米国の実質平均年収は48％増えています。OECD38か国の平均でも実質平均年収は33％増えています。日本はデフレ経済でもあったので、物価変動を考慮しない名目ベースに直してもほとんど伸びはありません。

　こうした中で、日本では過去20年以上、「貯蓄から投資へ」と旗振りをしてきました。ところが、いまだに日本の家計金融資産約2,115兆円の過半は預貯金として眠っています。これをリスクもあるけれどリターンも考えられる投資に振り向けることで資金を循環させ、日本経済の再生と国民生活の向上につなげようとしているのが「貯蓄から投資へ」です。「投資」という言

葉にネガティブな要素があるとすれば、「貯蓄から資産形成へ」という言葉を使ってもよいと思います。そして、国民の皆さんの金融リテラシーを向上させて、最終的には経済の発展と生活の向上につなげようとしているのが、岸田政権が昨年（2022年）取りまとめた「資産所得倍増プラン」であり、その背景にある「新しい資本主義」の考え方だと思います。今日は、その中で日本FP協会や実務家としてのFPは何ができるのか、顧客と金融事業者をどうつないでいくのかといったことを紹介していきます。

1　FPに求められる役割

　FPが国家検定になっていることをご存じですか。厚生労働省が労働省の時代から技能検定試験を実施してきました。「技能」という言葉から分かると思いますが、もともとはブルーカラーの検定試験でした。一方で、20年ほど前からホワイトカラーの生産性を向上させるための技能検定も必要ではないかということで、FP技能検定が2002年から実施されています[1]。3級、2級、1級とありますが、合格者の累計は20年間で280万人を超えました。年間約40万人が受検していて、あと1～2年で累計300万人を超えようとしています。3級は、学生の皆さんが就活のために資格を取っておきたい、あるいは自分の将来を考えるにあたってFPを知っておきたいということで勉強する方が多いです。学生の皆さんは勉強に慣れていることもあり、合格率は80％程度です。FPの裾野を広げる意味で、FP技能検定が果たしている役割は非常に大きいと思います。

　FP技能検定の合格者約280万人のうち約21万人が日本FP協会の会員で、そのうち半分の10万人強が金融事業者の職員の方です。残りの約10万人が「独立系」と呼ばれる方、あるいは一般の事業会社の人事や総務の方です。最近は公務員の方も多いです。消費者相談や防災などの分野で仕事をされて

1　FP技能検定は、一般社団法人金融財政事情研究会と日本FP協会の両機関による複数指定試験機関方式で実施されている。

いる国家公務員や地方公務員の方で、住民サービスのためにFPの勉強をされる方も多いです。

　それでは、まずFPが必要とされている背景を紹介します。「失われた30年」と言われるように日本の経済成長が停滞してきて、年収もほとんど伸びない中で、閉塞感を感じている方が多いと思います。つい最近、ドルベースの日本のGDPはドイツに抜かれて4位になる見込みであるとIMFが発表しました。インドが肉薄していますから、来年（2024年）には5位になる可能性もあります。私が皆さんの年代の頃は、高度成長から安定成長に移った時代で、今日より明日のほうが明るくなる、未来は明るい、豊かになるということが何となく予感できましたが、今は非常に不透明で閉塞感に包まれていると思います。

　そのため、一般の生活者は、将来が不安で現在の暮らしを楽しむ消費支出ができず、節約・倹約してしまいます。そうすると、子どもの成長期でないと体験できないような旅行や社会体験の機会が奪われてしまうことにもつながります。家計が節約・倹約すると、企業は将来の見通しがつかず、設備投資を抑制してしまいます。家計・企業それぞれの判断は合理的でも、経済全体としては収縮経済になり、「合成の誤謬」でますます経済成長を抑制してしまいます。これを打破しなければいけないということで、政策を総動員しているわけですが、家計にも改善の余地があると思います。

　FPは、家計の将来不安を払しょくするためにライフプランをしっかりと提供し、キャッシュフロー表（CF表）をつくります。これは、年間の収支見通しを30年、40年という時間軸でつくるものです。学生の皆さんは20代前半の方が多いでしょうから、そこから40年先を見据えれば現役時代をカバーできます。もちろんCF表に入力したとおりになるとは限りませんが、今予見できる収入と支出でどの程度の資産形成ができるかを見通すことができます。例えば、子どもの教育費がかかる40代後半から50代にかけては厳しいけれど、その後は子どもが独立して余裕が生まれるといった見通しがつくようになります。

こうして将来を見える化・可視化できることが、FPの一番大きな付加価値だと思います。将来を見える化・可視化できれば、漠然とした不安にさいなまれるのではなく、具体的な課題はどこにあり、どのような対策を打つべきかを考えていくことになります。例えば不必要な保険を見直すなど、無駄な支出を削減して家計管理がしっかりしてきます。それにより将来に希望が持てるようになり、最終的には経済の再生にもつながっていくことになります。そうしたことを生活者の皆さんとの相談の中で理解してもらうことが、FPに期待される役割であると思います。

　もう1つの背景として、民主党政権時代に「新しい公共」という理念が示され、国や自治体だけの対応では様々な制約がある中で、予算を活用してNPOやNGOなどが行政サービスを補完する取組みを支援する動きが出てきました。FPの活動は、例えば災害直後の復旧・復興の場面では役に立ちませんが、災害対応が一段落ついたあとの生活再建の段階では必ず家計管理や資産形成の必要性が出てきます。そうした場面でFPが活動できる余地は大きいと思っています。

　国も、このようなFPの役割を踏まえて、新たに創設する金融経済教育推進機構でFPに中核的な役割を担ってもらいたいと期待されたのだと思います。

2　「顧客本位の業務運営に関する原則」とFP

　金融機関には、顧客本位の業務運営が求められています。金融庁が2017年3月に「顧客本位の業務運営に関する原則」を公表して、7つの原則を示しました。

　1つ目は、顧客本位の業務運営のための方針を作成して公表してくださいという原則です。そして、2つ目の自分たちの利益ではなくて顧客の最善の利益を追求してくださいという原則と、3つ目の利益相反したときは適切な管理をして顧客本位を実現してくださいという原則が2本柱と言えると思い

ます。顧客の最善の利益を追求することは金融のプロフェッショナルとして当然のことですし、自社の利益と顧客の利益が相反関係にあれば顧客利益を優先することも当たり前の話です。

　これらを実現するために、あと4つの原則があり、そのうち3つは、手数料を分かりやすくしてください、重要な情報は漏れなく説明してください、顧客のリスク許容度に合ったサービスを提供してください、という原則です。そして、FPに一番関係がある原則が「従業員に対する適切な動機づけ」です。金融商品の販売額で勤務評価・人事考課をすると無理な販売が起きるかもしれません。そうではなく、例えば顧客満足度で仕事ぶりを評価するとどうなるでしょう。売上高や手数料収入だけでは測れないもの、つまり、本当にその提案で顧客の資産運用・資産形成がうまくいっているのかどうか、顧客がそれに満足しているのかどうか、それらを評価対象として重視していけば無理な販売は抑制されると思います。

　法令遵守も重要ですが、顧客本位の業務運営で一番重要なところは、私どもの見解では、相談に対応する職員が十分なスキル・能力を持っているかどうかであると思います。陳腐化した能力や情報でお客様の相談対応ができるはずはありません。最近では「人的資本経営」と言いますが、人的資本としての従業員の能力やスキルを伸ばしていくことにどれだけ資本投下しているかを評価していくことで、最終的には顧客本位の業務運営の実現につながっていくと思います。こうしたことを完璧に実施できていれば、投資経験があまりない高齢者に複雑な金融商品を売ってしまうという悪しき事例は生じ得ないです。このような事例に対しては、金融庁が行政処分を行っています。やはりどこかに問題があって、世の中にはいまだに顧客本位ではない業務運営が存在しているということを理解していただけると思います。ぜひ、同じようなニュースが出てこない時代になってほしいと思います。

3 CFP®認定者の倫理原則

　顧客本位の業務運営と日本FP協会におけるFPの業務運営の関係を「CFP®認定者の倫理原則」をもとに説明します。CFPは"Certified Financial Planner"の略です。公認会計士はCPAで"Certified Public Accountant"の略です。同じように"Certified"という表現を使っています。

　"Financial Planning Standards Board"（FPSB）というFPの世界の国連のような機関があります。現在25か国・地域のほか２か国が準加盟で入っていて、ここでCFP資格の国際認証基準を策定しています。日本FP協会の実務家の資格のうち、一番ランクの高い資格はCFPで、次にAFP（Affiliated Financial Planner）です。先ほど技能検定の話をしましたが、２級レベルがAFP、１級レベルがCFPです[2]。

　技能検定と日本FP協会の資格のどこに違いがあるかと言うと、技能検定は、試験が実施されたときに一定レベルの知識・スキルがあれば合格で、合格証が出ます。ただ、その後のフォローはありません。制度が変わっても、自分で勉強しない限り知識は陳腐化していきます。日本FP協会の資格は、２年間の資格更新制を採用しているので、２年ごとに一定の研修を受けて単位を取得して資格更新しないと、資格はサスペンデッドになります。現在は約21万人が日本FP協会の会員として年会費を払ってくれていて、年間60億円ぐらいの事業費で活動していますが、その中で資格更新制も運用しています。技能検定の合格者は、合格した事実の記録は残っていますが、その後のフォローはありません。これでは顧客本位の業務運営ができるわけがありません。そのことを今、日本FP協会は強く訴えています。顧客本位を実現するのであれば、資格更新制を採用しなければなし得ないと思います。昔の知識でお客様の相談に乗ってよいのかということを徹底的に訴えています。

2　正確には、CFP®認定者は期限なく、CFP®試験全６課目合格者は合格日の翌々年度末まで、それぞれFP技能検定１級の学科試験が免除され、実技試験の合格のみで１級の資格取得が可能となる。

倫理原則の第1原則は「顧客第一」です。顧客利益を最優先させてくださいということで当たり前です。第2原則は「誠実性」です。これは原則に従う誠実性で、手続や法令遵守も含めて誠実に対応してくださいという趣旨です。

　この「誠実性」は抽象的で少し分かりにくいのですが、これを具体的に担保していくための原則が第3原則以下です。第3原則は「客観性」で、科学的なデータに基づいて提案をしてくださいというものです。日頃から情報やデータをしっかり蓄積して、それに基づいて提案をすることが「誠実性」を実現する1つの方法だということです。

　第4原則は「公平性」で、専門家と一般の生活者とは情報のギャップがあります。「情報の非対称性」と言いますが、金融商品の知識やライフプランに関する考え方にも情報格差がありますから、この非対称性をなくすというものです。

　具体的には、お客様が最適なFPを選択できるように、自分がどこから収入を得ているかを開示します。例えば、金融商品の販売でコミッション（販売手数料）を得るとすれば、利益相反の可能性があります。私が勧めた金融商品をお客様に買っていただくことによって私にコミッションが入ってくるとしたらどうでしょう。手数料の高い商品を売りたくなるかもしれません。

　「コミッションは一切もらいません」という実務家もいて、米国では主流になってきています。「私は提案だけです。この商品はどこでも買えますので、買ってください。私は提案に対して報酬をもらいます」とはっきり伝えられれば、お客様は安心しますよね。

　ハイブリッドな方法もあって、「私はこういう提案をします。これはどこでも買えますので、どこで買っていただいてもいいです。ただ、私のところでお買い上げいただくと、私に500ドルのコミッションが入りますので、本来は報酬として1,000ドルいただくところ、500ドルで結構です」と伝える方法もあります。

　こうしたことは、はっきりさせるべきだと思いますし、それに応じてお客

様も専門家を選べばよいと思います。1か所で相談や金融商品の購入までできるなら、そのほうが便利だと思う人もいるでしょうし、利益相反のことを考えたら別のところで自分の判断を入れて買いたいという人もいるでしょうから、お客様にFPが得る収益の仕組みをはっきりと示す必要があります。

第5原則は「専門家意識」です。これは専門家として模範的な態度で行動するというものです。最近はドレスコードもだいぶ緩やかになってきていますが、やはり期待される役割があるわけですから、「きちんとした人だな。この人だったら信頼できそうだな」と思っていただけるようにすべきということです。特に重要なのは非言語コミュニケーションです。言葉や文字から得る印象についてだけでなく、目で見える情報、声の質や大きさ、話のスピードやトーンといった非言語の部分も含めた研修が必要だと考えています。

第6原則は「専門的力量」で、プロフェッショナルとしての力量が高くなければ顧客本位のサービス提供はできないので、当然勉強は続けてくださいというものです。第7原則は「秘密保持」で、これも当たり前です。そして最後の第8原則は「勤勉性」です。プロフェッショナルであれば一生勉強だというものです。

こうしたことを継続していくことでFPのレベルが上がり、お客様との接点が増えていくと思います。FPはこれらの原則に則り日々の努力を続けています。

4 日本FP協会の役割

ここからは、顧客と金融事業者との橋渡しの実現に向けて、日本FP協会として取り組んでいることを紹介します。

まず、CFP・AFPのブランド力を上げていくことです。「FP」と聞けば、大体どんなことをする人かイメージできると思います。市場調査でも約85％の人は「FP」という用語を聞いたことがあり、どんなことをする人かの想

像がつくという結果があります。この約85％の認知度に対して、「CFP」や「AFP」という３文字になると約20％まで認知度が低下します。そのため、様々な媒体で訴求活動を行っています。今の戦略では、まず「暮らし・お金の相談は日本FP協会に」とお知らせして、次に「資格更新制のCFP・AFPがいます」と二段構えの訴求を行っています。

　FPの能力の引上げにも取り組んでいます。能力や力量のことを英語で「コンピテンス」と言いますが、このコンピテンスを向上させるために、「３級の人は、技能士でとどまっていないで、日本FP協会のAFP・CFPになってください。AFPの人は、CFPにステップアップしてください」と呼びかけています。AFPからCFPになると何が違うかを一言で言うと、「聞いて分かるレベルか」「自分の言葉で伝えられるレベルか」という違いであると思います。

　FPはプロフェッショナルですから、自分が聞いて分かって安心して終わりではないのです。お客様に分かりやすく伝えられるかどうかがポイントで、そこがプロフェッショナルの力量の分かれ目です。AFPからCFPのレベルに到達するように勉強するプロセスは、聞いて分かるレベルから、プロフェッショナルとして自分の伝える力を磨き上げる過程だと思っています。聞いて分かるレベルと、自分の言葉で伝えられるレベル、あるいはお客様の理解力にあわせて内容を変えて伝えられるレベルでは、知識の質も量も10倍違うと言ってよいと思います。そこを埋めることができるかどうかが、FPが士業として、また独立した実務家として活動範囲を広げて活躍できるかどうかの分かれ目だと思います。日本FP協会はそのステップアップに力を入れています。

　約21万人のFPは全国に均等に分布しているわけではないのですが、都道府県単位で支部をつくっています。北海道はフィールドが大きいので４つの支部にして、全国47都道府県に50の支部をつくっています。それぞれのFPが地元で、ボランティア活動やプロフェッショナルとしての活動などを行っています。それを組織化するために各支部に支部長、副支部長、監事といっ

た役員を配置して、弁護士会や税理士会などと同じように、FPの普及啓発のための活動をしています。一番大きい支部は東京支部で、現在約4万8,000人の会員がいます。一番小さい支部が道南支部で、函館から長万部あたりにあるのですが約250〜260人の会員がいます。大小の支部間で1対200くらいの規模の差があるということです。それでも、全国で無料相談やセミナーをやろうと思えば大体同じレベルでできることが士業団体としての日本FP協会の強みです。金融庁にもそこを評価していただいて、金融経済教育推進機構でFPも役割を担ってほしいという展開になっているのではないかと思います。

　このほか、行政機関などとの連携も強化しています。国や自治体の予算で、FPの日当や報酬などが支給される事業が行われています。例えば、生活に困っている人が生活改善・家計改善をするための相談事業です。困っている人は相談料を支払えませんので、自治体が支払う事業が行われています。国や民間団体が出資して設立予定の金融経済教育推進機構でも、FPの日当や報酬などを機構の予算から支給するということがあるかもしれません。

5　日本経済・社会の変化とライフプラン

　ここからは、皆さんがこれから長い人生を送っていくうえで、ライフプランが必要だということを実感していただくための話になります。私が実務家として、お客様にどのような話をしているかのイメージを持っていただくため、1つの例を紹介したいと思います。本当は90分くらいかかるのですが、今日は30分程度にまとめて話をしたいと思います。

　金融事業者がお客様と相談するとき、現場では金融商品・サービスが前面に出てしまって、ベースになるお客様のライフプランの話ができていないと感じます。そこを変えないといけません。FPがお客様に寄り添い、人生100年時代を乗り切るためにはライフプランが絶対に必要だということに気付い

ていただければ、お客様が自律的に資産形成を意識されるようになると思っています。そのために、お客様が具体的な金融・投資行動に移っていけるような話ができるかどうかがポイントです。

　また、お客様は自分の暮らしやお金には関心がありますが、これはミクロの視点です。実際には、お客様のお金や暮らしは、地域経済・日本経済・世界経済の動向などのマクロの視点やトレンドの視点と関係してきます。そうした中で潮目が変わるトレンドチェンジがあるかどうかという視点も重要です。

　例えば、現在の円ドルの為替レートは1ドル＝150円台です。円高のピークはいつ頃で、いくらだったかと問われたら答えられますか。ピークは東日本大震災があった2011年10月の終わりで、1ドル＝75円32銭です。もちろん今後これを超える円高が起きないとは言えませんが、1万ドルの原油を輸入して、1ドル＝75円台の時代は75万円でドル建ての買掛金を払えました。1ドル＝150円台の現在は1万ドルの買掛金には150万円を支払う必要があります。こうして見ると物価が上昇基調にある背景はすぐに分かりますよね。日本の輸入量を通貨シェアで見ると、円建ての輸入はごく僅かでドル建てが約74％です。日本は、例えば石油、天然ガス、小麦、大豆など色々なものを輸入していますが、国際取引では基軸通貨であるドル建てが多いです。それが約74％のシェアを占めているので、円安は日本の物価に影響してきます。こうしたマクロやトレンドも含めて、お客様に理解してもらおうとする姿勢が、お客様自身のリテラシーの向上につながっていくと思います。

　その際、データに基づいた客観性を示すことで、信用を得られると考えています。

　具体的に4つの環境変化を紹介していきます（図表4－1）。「個人資産生活設計」と書いてあるところに「企業経営」という言葉を置いたら経営者セミナーになり、「相続」という言葉を置いたら資産家の相続セミナーになります。どのような方が対象であっても、周りの環境は同じですから、私たちの暮らし・お金も、企業経営も、相続や事業承継も、同じように分析する

図表 4 - 1　個人資産・生活設計を取り巻く環境変化

1．人口減少社会の課題	2．財政再建のための増税・社会保障改革
・全国の空き家1,000万戸超？のショック ・二極化する地価と不動産の価値保全 ・米国は人口増加し、日米の格差拡大 ➡円建て資産だけで大丈夫か 　　不動産の評価と処分	・国の借金1,270兆円（2023年3月末） ・社会保障と税の一体改革で給付削減 ・消費税、相続税、シニアの増税は不可避 ➡殖やす運用も取り入れる

ウクライナ戦争
資源価格の高騰・円安　➡　個人資産
生活設計　⬅　社会経済活動の停滞
景気低迷の長期化

3．将来のインフレへの備え	4．金融制度改革の恩恵を資産設計へ
・資源価格（原油、穀物など）の乱高下 ・食料自給率38％でこれからも大丈夫か ・アジアやアフリカ諸国の人口爆発は続く ➡インフレ抵抗力のある資産 　　金融商品の分散	・貯蓄から資産形成への流れは続く ・資産設計にNISAやiDeCoを活用する ・2,115兆円の個人金融資産の潜在力 ➡国策も考慮した資産設計 　　（資産所得倍増プランなど）

（出所）　筆者作成。

ことができます。

［人口減少］

　1つ目の環境変化は人口減少です。日本の人口は2008年をピークに15年間減り続けています。人口が減少すれば不動産は使われなくなります。全国に住宅が何軒あって、そのうち何軒が空き家になっているかという調査が5年に1度行われます。2018年10月1日に行われた調査では、全国の空き家は約850万戸で、空き家率は約14％でした。今年（2023年）10月1日にも調査されていて、いずれ空き家は1,000万戸を超えると予想されています。この統計は来年（2024年）4月頃に公表されます[3]。特に不動産分野では大きな影響があるものなので、注目しておくとよいと思います。

3　2024年4月30日に公表された総務省「令和5年住宅・土地統計調査」の速報集計結果によれば、空き家数は900万戸で過去最多。

日本の世帯数はどれくらいでしょうか。人口は日本人だけで約1億2,000万人で、世帯数は約5,400万世帯です。これに対して住宅は約6,400万戸あって、約1,000万戸が空いているということです。これからのライフプランで住宅は買ったほうがいいのか、借りたほうがいいのかという話があります。一人っ子が多くなれば、その子がパートナーと一緒になれば両親の家が余ることになります。そうした時代に無理して住宅ローンを組んで住宅を買う必要があるのかという指摘もあります。

加えて、これから地価が二極化していくと、不動産で資産価値を保全していくのは難しくなります。日本では不動産で財産を築いた人が多いです。日本で財産を持っている人のことを「金持ち」と言います。漢字で書くと金を持っていると書くけれども、日本の金持ちは、キャッシュリッチの人は少なくて、土地資産家が多いのです。IPOで企業を上場させればキャッシュリッチになりますが、現在70代くらいの人は、経済成長に伴って不動産で財産を増やした人が多いです。そうした不動産の価値が下がり続けているのでどうしたらいいか、不動産投資信託（Real Estate Investment Trust：REIT）に変えたほうがいいかという質問も受けます。人口減少が激しい地域の不動産を持っているよりは、上場していて株式のようにいつでも取引できるREITで持っていたほうが、部分的な所有にはなりますが、流動性は高いという考え方もあります。例えば東京駅の目の前の丸ビルはREITの物件になっています。

一方で、米国では人口が増加しています。現在約3億3,000万人です。今後4億人まで増えるとも言われています。そうなれば日米で経済規模も人口規模も差が開いていくことになります。そうした中で、円建て資産を持っているだけでいいのかという疑問もあります。GPIFの現在の運用資産は半分が外貨建て資産です。個人の資産運用でもそうしたポートフォリオがあってよいと思います。

日本の人口減少について、国立社会保障・人口問題研究所の公表データでは、今年（2023年の1月1日現在）で日本人が1億2,242万人、外国人が307万人です。昨年（2022年）、日本人の人口は75万人減りました。一方で、外

国人は19万人増えました。日本で一番人口が少ない都道府県は鳥取県で54万人です。隣の島根県が２番目に少なくて65万人です。そのほか、少ない順に、高知県68万人、徳島県71万人、福井県74万人、山梨県79万人、佐賀県80万人となっています。昨年（2022年）、日本人は１年間で75万人減っているので、１つの県の全人口が減少しているという規模感です。今後は１年間あたりの減少人数も増えていき、ピークでは年間90万人から100万人の減少が見込まれています

　日本のGDPの約６割は個人消費が占めていますので、日本人が減少すると非常に厳しい状況が続くと見込まれます。全体として少しずつ減少しているので、あまり危機感がないのだと思います。ただ、こうした現実をどう受け止めていくかは、皆さんのこれからのライフプランにも影響を及ぼしてきます。

[財政]

　２つ目の環境変化は財政です。国債残高は約1,100兆円ですが、借入金などのほかの負債も含めると国の借金は現在約1,270兆円です。財政再建の議論は避けて通れません。

　今年度（2023年度）の国の予算は、約78兆円の収入に対して支出は約114兆円で、不足分の約35兆円は借金として上積みされます。

　約78兆円の収入のうち、約69兆円が税収です。残りの約９兆円が国有財産の売却による収入や日本銀行からの納付金などの税外収入です。コンセッションとして、国が管理する空港の運営権を民間に売却するなどの対応によって税外収入も確保してきていますが、IMFの公表資料では、日本は断トツの借金王です（図表４－２）。

[インフレ]

　３つ目の環境変化はインフレです。資源価格の乱高下は続いています。日本の食料自給率は現在約38％です。1965年の食料自給率は約73％でした。食

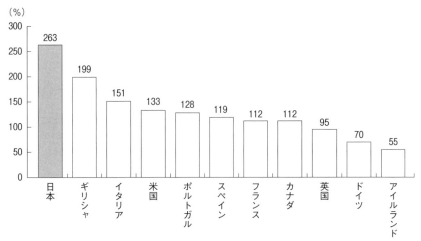

図表4－2　一般政府のグロス債務残高の対名目GDP比率（2021年）

（注）　一般政府は、中央銀行・地方政府・社会保障基金の合計。
（出所）　IMF"General government gross debt Percent of GDP"より筆者作成。

料自給率はカロリーベースで計算します。日本人は、例えば成人男性が1日

体温を保って血液を循環させて生きていくためには約1,800キロカロリーの

基礎代謝が必要です。1,800キロカロリーの38％は国産品で摂れますが、

62％は輸入品で摂っていることになります。もちろん、男女差や体格差で基

礎代謝は違いますが、一般的には必要なカロリーの38％分しか自給できてい

ないということです。今後の世界情勢の変化次第で食品を安く輸入できない

状況になれば、基礎代謝を賄えないことになりかねません。

　インフレに関連して、ドル建ての原油価格は乱高下しています（図表4－

3）。原油は1バレルという単位で取引されます。バレルは英語で樽という

意味です。ペンシルバニアで原油が産出されたときに、シェリー酒の樽に詰

めたので、バレルという取引単位になり、1バレル＝約159リットルです。

原油価格は現在1バレル＝約78ドルですが、乱高下が激しいです。これは金

融市場が動揺したときのグラフと似ていると思います。2008年9月15日に

リーマンショックが起きた際、需要が蒸発したと言われ、原油価格は短期間

図表 4 - 3　原油価格の推移

（米ドル）

（出所）　IMF "Primary Commodity Prices（Crude Oil WTI）" より筆者作成。

で暴落しました。回復するときは、少し時間をかけて回復しています。金融市場が動揺した場合も、同じようなケースが多いです。つまり、何らかのショックが起きたときには、価格が短期間で大きく下落しますが、実際には実需がありますから、少しずつ戻ってきます。戻ってくるときは時間がかかるということを経験的に読み取っていれば、慌てる必要はありません。ただ、一般の生活者は、金融商品の価格が暴落すると動揺して損を確定させてしまうことが多いです。こうしたグラフを見慣れていて、実需があるのだから価格は少しずつでも戻ってくることをリテラシーとして理解していることが重要です。

　国連が発表している水不足の危険度地図を見ると、インドや中国など人口が多い国で水不足が懸念されています（図表 4 - 4）。サウジアラビア、エチオピアあたりも人口が多いです。これらの国々で水不足が起きるということは、飲み水の問題だけではなくて、穀物の生産や畜産もできなくなり、こうした国々でも輸入が増加することが予想されます。インドや中国は資金力が

図表 4 － 4 　 1 人あたりの再生可能な水資源量（単位：㎥、2013年）

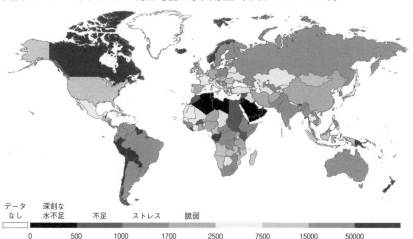

データ なし	深刻な 水不足	不足	ストレス	脆弱	

0　　　　500　　　1000　　1700　　　2500　　　7500　　15000　　50000

（出所）　国際連合「世界水発展報告書2015（The United Nations World Water Development Report 2015)」

ありますから、日本は買い負けてしまうおそれもあります。日本は、これまでのように世界から豊富な食料や畜産加工品などを安く買うことができた時代から、中国やインドを上回る高い価格を提示しないと輸入できない時代となっていくことが予想できると思います。

［資産形成］

　4つ目の環境変化は資産形成の流れです。国の政策として「資産所得倍増プラン」が出てきました。家計金融資産は現在約2,115兆円です。30年前、日本の家計金融資産は約1,000兆円でした。30年間で約2倍になりました。これは喜ばしいことですが、米国の30年前の家計金融資産は約2,000兆円です。現在は円安も要因の1つではありますが、換算すると約1京3,000兆円です。約6.5倍に開いてしまいました。やり方を変えればもっと豊かになれるだろうということで、国の方針が出てきているわけです。

　日本は、もはや貿易立国ではなく、金融・投資立国になっています。これ

図表 4 - 5　国際収支状況

（単位：億円）

	2017年度	2018年度	2019年度	2020年度	2021年度	2022年度
貿易・サービス収支	40,397	− 6,514	− 13,548	2,571	− 64,202	− 232,005
貿易収支	45,338	5,658	3,753	37,853	− 15,432	− 180,276
輸出	782,801	802,487	746,694	683,635	856,373	996,750
輸入	737,463	796,829	742,941	645,782	871,805	1,177,026
サービス収支	− 4,941	− 12,172	− 17,302	− 35,282	− 48,770	− 51,729
第一次所得収支	205,331	217,704	215,078	194,709	290,083	356,276
第二次所得収支	− 21,733	− 17,352	− 14,817	− 27,821	− 24,360	− 29,977
経常収支	223,995	193,837	186,712	169,459	201,522	94,294

（出所）　財務省「国際収支状況」より筆者作成。

は財務省の国際収支統計を見れば明らかです（図表 4 - 5）。貿易収支は輸出・輸入による収支で、サービス収支には、日本と外国との間における特許権などの取引や、旅行者の往来、最近ではクラウドサービスの収支などが含まれます。

　第一次所得収支が投資で日本が得たお金です。投資収支と覚えてください。日本から外国に投資して得た配当などから、外国から日本への投資に対して日本から外国に支払った配当などを差し引いたものが第一次所得収支です。第二次所得収支はODA（政府開発援助）関係です。

　経常収支が日本と外国との取引の総決算です。簡単に言うと、経常収支がプラスであれば、日本国内にお金が貯まっていき、マイナスになると日本国内からお金が減っていくということです。近年、日本の経常収支はずっと黒字で、昨年度（2022年度）は約 9 兆4,000億円です。経常収支が黒字ということで、日本の国際的な信用は保たれていると考えられています。これが赤字になると、日本売りで株安・債券安・円安のトリプル安が起きかねません。

　昨年度（2022年度）の貿易・サービス収支は約23兆円の赤字ですので、経常収支の黒字は投資収支で約35兆6,000億円を稼いだことによるものです。日本の食料自給率は約38％で、エネルギー自給率も約13％ですから、これか

らも貿易は必要ですが赤字が続く可能性が高いと思います。日本は成熟した債権国として、英国や米国がたどったように、金融・投資立国となっています。

　岸田政権が打ち出した資産運用立国は、これをあと押ししていくものです。海外の資産運用業者を日本に呼び込みつつ、日本人の「貯蓄から投資へ」を円滑に推進して、金融・投資立国のための基盤を確固たるものにしていくものと言えると思います。

　そこに、顧客と金融事業者をつなぐFPの役割があります。私たちは実務家として、お客様が個人であれば家計管理や資産形成のために、経営者や企業であれば事業計画のためにCF表をつくるなどご相談に対応してきています。日本が金融・投資立国に向けてその歩みを確実なものにしようとしているこのタイミングで、FPのこうした仕事には大きな社会的意義があると思っています。

6　人生100年時代のライフプラン

　皆さん、「人生100年時代」という言葉は聞いたことがあると思います。2016年に『LIFE SHIFT』、日本語訳で『100年時代の人生戦略』という本が出版され、ベストセラーになりました。作者はリンダ・グラットンとアンドリュー・スコットというロンドン大学大学院の教授です。この本の中に、2007年生まれの日本人の子ども、つまり現在16歳くらいの高校生の半数は107歳まで生きるという医学的な予測があります。これをもって「人生100年時代」と定義しています。

　そうだとすると健康で長生きしなければいけませんが、実際には日本人の平均寿命と健康寿命の間には差があります。なるべくこの差が生じないようにすればよいのですが、そのためにも、職業寿命、資産寿命、消費生活寿命という３つの寿命を伸ばす必要があります。

　まず、経済成長率が低迷する中で必要な資産形成を行っていくためにも、

職業寿命を伸ばす必要があります。

　また、形成した資産をすぐに使い込むのではなく、うまく取り崩していくことによって、資産寿命を伸ばすことも必要です。インフレ率は足もとで約３％ですが、飲食費や宿泊費はかなり上昇していて、生活実感としては10％くらいの物価上昇ではないでしょうか。インフレ率が２～３％だとしても、それを上回る運用利回りがないとお金の価値は目減りしていきます。GPIF（年金積立金管理運用独立行政法人）の過去約20年の運用利回りの実績は、賃金上昇の影響を除いた実質ベースで3.59％です。個人でも実質４％程度の運用利回りを目標にするとよいのではないかと思います。

　消費生活寿命は、社会的・人的な接点が生き甲斐や張り合いの原点になるという考え方に基づいて、消費生活を支える気力・体力・認知能力を維持できる期間です。そのためにも皆さん、アイデンティティを持ってください。「自分は何者で、この人生において何をしたいのか」ということをしっかり考えることが重要です。私も、ついこの間、皆さんくらいの年齢だったつもりですが、１年１年があっという間に過ぎていきます。

　これから皆さんが生きていく時代にはライフステージがたくさんあります。これまでは「３ステージモデル」と言われてきました。20代前半までの教育の期間、20代前半から65歳くらいまでの労働・仕事の期間、そして65歳以降の老後の期間の３ステージです。ただ、これからはマルチステージモデルになります。

　今こうして勉強されている人もいますし、社会に出るのに少し時間がかかったり、あるいは自分探しの旅に出たりする人もいます。自分探しの旅に出る人は「エクスプローラー」と言われます。働き始めたあとリスキリングやリカレント教育のために専門的なスキルを身に付けたり、大学院に戻ったりする期間もあります。働き方も多様化していて、副業・兼業を認める企業が増えてきました。月曜から金曜は企業で仕事をして、土日は自分のスキルを活かす仕事をし、時々頼まれれば夜間に別の仕事もする、というように３種類の仕事をすることもあり得ます。こうした人は「ポートフォリオワー

カー」と言われます。初めは企業に入ってスキルを身に付けて、得意分野を
つくってから独立して個人事業主になる人もいます。こうした人は「イン
ディペンデントプロデューサー」と言われます。

　皆さんも、人生を自分でプロデュースしてください。環境に押し流された
り、流行に押し流されたりするのではなく、自分の人生ですから、自分は何
者で、何をしたいのかを考えてください。いきなり天職に出会う人は少ない
です。色々なことにぶつかりながら天職にたどり着く人が多いと思います。

7　FPのスキルとコンテンツ

　ここからは、FPのスキルやコンピテンスの話になります。本題からは少
しそれるかもしれませんが、皆さんの今後の参考になると思いますので紹介
します。

　まず、非言語コミュニケーションについて、その重要性は統計で分析され
ています。50年前のアルバート・メラビアンという人による心理学の研究で
は、話の伝わり方の55％はビジュアル効果とされています。表情、仕草、態
度が非常に大きなポイントになります。次に影響力が大きいのはオーディオ
効果で38％です。声のトーン、音質、元気の有無とか、資料内容などはコン
テンツ効果ですが、その影響力は7％しかありません。

　これを踏まえると、プロフェッショナルとしてプレゼンテーションをする
ときは、最初の1分が勝負です。登壇して「皆さん、こんにちは。今日はこ
ういう話をします」と話し始めるときのビジュアルとオーディオでほぼ勝負
がつきます。皆さんがどこかで話をする機会を与えられて緊張するときは、
最初の入口を突破できれば、あとは大丈夫だと思います。ぜひそうしたト
レーニングをしてください。

　次は、FPが仕事を獲得していくためのマーケティングの話になります。
フィリップ・コトラーというマーケティングの大家が提案した「STP理論」
と言われる理論があります。STPは、Segmentation（市場の細分化）、Tar-

geting（ターゲット層の抽出）、Positioning（ポジショニング）の３つの頭文字を取ったものです。

FPのマーケットを所得階層別に区分し、超富裕層や富裕層に区分される約149万世帯をターゲットにする考え方があります。日本の世帯数は約5,400万ですから、小さなマーケットですが、業務の効率はよいかもしれません。年収127万円以下の人は相対的貧困層に区分されますが、最新の統計で日本の相対的貧困率は15.7％です。相対的貧困層に区分される、お金に困っている人は日本に約2,000万人います。FPがこうした人をお客様とするときは、報酬などをお客様からもらうのではなく、予算を伴う国や自治体の事業の中で対応していくことになります。

このほかにも、ニッチなマーケットはたくさんあります。例えば、日本人の２人に１人はがんに罹患して、３人に１人はがんで亡くなります。これからはがんと一緒に生活していく時代ですから、がん患者や難病患者に徹底的に寄り添うことに特化してライフプランを提供する元看護師のFPもいます。自衛官だけをお客様にする自衛官OBのFPもいます。自衛官は退職年齢が早いので、自身の実体験も踏まえて自衛官からの相談に対応しています。

FPは、漠然とした将来不安に対して具体的な課題を抽出して、対策を提案できるという大きな役割を担っていると思いますし、その期待に応えていきたいと思っています。皆さんが期待した話になったかどうか分かりませんが、私からの話は以上で終わります。どうもありがとうございました。

> **質疑応答**

Q 個々の家計と経済全体との間に合成の誤謬が生じるように、個々の金融事業者と金融業全体との間にも合成の誤謬の問題が生じるおそれがあると考えます。具体的には、個々の金融事業者は、金融業全体の利益のために「顧客本位の業務運営に関する原則」などを守るのではなく、自分

たちの利益を優先した経済合理的な行動をとるおそれがあると思いますが、どのようにお考えでしょうか。

A 原則やコンプライアンスというよりも、価値観が重要だと思います。最近はウェルビーイングや人的資本経営が重視されていますが、経営者としてのウェルビーイングは何かと言うと、企業が儲かるだけではなく、自分や家族、従業員が幸福感を感じることだと思います。現場の営業職員が顧客本位の業務ができなくて、忸怩たる思いでお客様に接しているとしたら、決して経営者もウェルビーイングではないはずです。そのあたりは日本全体の意識が変わらなければいけないと思います。

Q これまで、ライフプランや資産形成の相談といえば、自身が口座を持っている金融機関に相談することが普通であったと思います。ここ数年、金融機関の店舗が閉鎖され、相談も予約制が導入されるなど、身近な相談機会が減少しており、またネット銀行やネット証券に口座を持つ人も増えていると思います。そうした動きが進展する中で、従前は金融機関が担っていた市民への情報提供や相談といった役割をFPが代替していく動きはあるのでしょうか。

A 日本FP協会も実務家のFPも、そうした隙間を埋めるところに役割があると考えています。まだまだ発信力が弱いので、「FPにはどこに行けば会えるのか」と言われることも多いのですが、例えば日本FP協会のウェブサイトでは、無料相談の会場を紹介していますし、身近なFPを検索できるシステムもあります。金融経済教育推進機構ができたら、こうしたシステムも利用して、一般の生活者がもっとアクセスしやすい環境をつくっていきたいと思います。

Q 市民のFPに対する信用を高めることが、資産形成を促すにあたっても大事だと思います。FPが信用を損なうような行為をしてしまった場合は資格を剥奪するような制度もあるのでしょうか。

A あります。残念ながら毎年のように除名処分が出ています。倫理原則をブレークダウンした業務基準規程があり、原則や規程に違反した人に対しては、最も厳しい処分として除名があります。きちんと自主規制が機能していることは、金融経済教育推進機構へのFPの関与が求められている理由の1つだと思っています。

Q 日本FP協会の会員の技能の維持向上を図るための更新制度について、FPの業務の性質上、経済状況や国の政策によって助言すべき内容などが時々に変わる面があると思います。そのための知識のアップデートも相当しっかりしたものでないと、更新制度が形式的なものになってしまうおそれがあると思うのですが、更新時には、どの程度実質的な知識のアップデートが図られているのでしょうか。

A それは非常に難しいところがあります。更新のために必要な研修時間をあまり過大にすると、資格を維持できなくなる方が増えてしまう面もあり、適正時間がどの程度かは悩ましいところです。

CFPには2年間で30時間の勉強を求めています。内容面では倫理・コンプライアンスを含む3課目以上の単位取得を求めています。オールラウンドで何でも分かる専門家は、「専門家」という以上なかなかいません。FPにもそれぞれ得意分野があります。自分の強みを活かしながら、広い間口で相談に乗っていくことがFPの特徴の1つです。T字型の知識体系で、間口は広い一方で得意分野を持って自分が得意とする分野で顧客本位の業務ができるようにしていくことも重要です。

1時間でも足りなければ、資格は容赦なくサスペンデッドになります。30時間で足りるかどうかは、最後はマーケットであるお客様が判断されると思います。非違行為や不正行為がなくても、知識レベルやブラッシュアップが足りなければ、FPとして淘汰されていくはずです。日本FP協会としては、時間の問題だけではなく、自らの得意分野をどれだけブラッシュアップしているかにも関心を持っています。

第**5**章

株式市場の魅力向上策
——上場会社の企業価値向上に向けた取引所の取組み

池田　直隆（2023年11月15日）

講師略歴

2005年株式会社東京証券取引所入社。上場審査部を経て、2010年より現職。市場区分の見直し、コーポレートガバナンスの充実に向けた検討、スタートアップ育成に関する制度整備など、東証の上場制度全般に係る企画業務を担当。

　ゲスト講師5人目は、東京証券取引所上場部企画グループ統括課長の池田直隆さんにお越しいただきました。

　今回の講義から、インベストメントチェーンの関係者の方々に順次お話を伺っていきます。今回は、資本市場そのものである株式市場の魅力向上に向けた東京証券取引所（東証）の取組みをご紹介いただきます。

　上場会社にとって会社法や金融商品取引法は非常に重要な法律ですが、実務の世界はそうした法律の規定だけを知っているだけでは分からないことも多く、東証の上場規則などで決まっているルールも相応にあります。それは裏を返せば、資本市場の課題に対して、東証がルールや運用を見直すことで対応できるケースも相応にあるということだと思います。実際に、東証では資本市場の課題を踏まえた多くの取組みを実施されていますので、池田さんから最近の取組みをご紹介いただきます。

東京証券取引所の池田と申します。よろしくお願いします。私は、2005年に新卒で東証に入社しまして、2010年からはずっと上場部の企画グループという部署で資本市場のルールメイクの仕事に携わっております。

　今日は皆さんが聞いたことがある話を中心に紹介すると一番イメージがつきやすいと思いますので、例えば昨年（2022年）の市場区分の見直しやコーポレートガバナンス・コード、政府が力を入れているスタートアップ支援などについて、東証が取り組んでいることを網羅的に、なるべくかみ砕いて説明したいと思います。今後、皆さんが社会で仕事をされる際に、直接・間接にかかわることが多いと思いますので、少しでもイメージをつかんでいただければと思います。

　はじめに、今日の話の前提となる金融商品市場の役割について紹介します。

　金融商品市場の当事者は、投資家、上場会社、そして金融商品市場を運営する取引所です。東証は、日本経済の持続的な発展に寄与していくことを目指して株式市場を開設・運営しています。株式を売買する場を提供することで、現在約3,800社ある東証の上場会社とその会社を応援する投資家とを結び付けています。

　上場会社は、投資家から資金調達して事業を拡大させ、企業価値を向上させていくことを目指しています。上場会社が事業を発展させて利益を出すと、リターンが投資家に分配されますので、投資家である国民の資産形成に寄与します。それにより再投資が加速され、上場会社が更なる企業価値の向上を目指すというサイクルをうまく循環させることで、日本経済の持続的な発展に寄与していくことが取引所の役割です。そして、こうしたサイクルを実現していくために必要なルールをつくっていくことが取引所の重要なミッションの１つになっています。

1 市場区分見直し

(1) 見直しの概要

　各論に入ります。まず、市場区分の見直しの概要を紹介します。皆さん、昔から市場第一部・第二部やマザーズといった市場区分を聞いたことがあると思います。昨年（2022年）4月から、それをプライム、スタンダード、グロースという3つの市場区分に再編しています。旧市場区分では、市場第一部、市場第二部、マザーズのほかにJASDAQというマーケットもありました。以前、東証とは別に大阪にも証券取引所があって、そこで運営していたマーケットがJASDAQでした。大阪の証券取引所と東証が合併したときに、JASDAQをそのまま残した経緯があり、東証が運営する市場が一部、二部、マザーズ、JASDAQに区分されていました。

　市場第一部は、何となく日本を代表するような上場会社が集まっているマーケットというイメージが強いかもしれません。一方で、新興企業向けのマザーズがありました。JASDAQもルーツは新興市場です。そうした中で、それぞれの市場の役割が曖昧になっているのではないかという指摘がありました。上場会社は、それぞれの市場で企業価値向上に努めていくのですが、それぞれの市場の役割が曖昧なままでは、なかなかうまくいきません。そうした経緯があって昨年（2022年）4月に3つの市場区分に再編しました。

　「プライム」と聞くと、市場第一部の延長で、やはり日本を代表する上場会社が多いというイメージを持たれると思います。「スタンダード」は、標準的な上場会社というイメージで、「グロース」は、ベンチャー企業というイメージを持たれる方が多いと思います。おおむねそのとおりなのですが、もう少しコンセプトを詳しく説明します（図表5−1）。

　プライム市場は、海外投資家が約7割を占めるマーケットになっていて、グローバルに発展しています。海外の機関投資家の投資対象になるような、グローバル水準を目指す上場会社をターゲットにしているマーケットがプラ

図表５－１　新しい市場区分

プライム市場	スタンダード市場	グロース市場
高い流動性とガバナンス水準を備え、グローバルな投資家との建設的な対話を中心に据えた企業向けの市場	公開された市場における投資対象として十分な流動性とガバナンス水準を備えた企業向けの市場	高い成長可能性を有する企業向けの市場

（出所）　東証作成。

イム市場です。例えば、海外の機関投資家は巨額の資産を運用していますので、一定程度の規模がない会社の株式はなかなか投資対象にはなりません。そのため、プライム市場は、比較的流動性が高く時価総額が大きい会社を対象としています。

　一方で、日本の上場会社はそうした会社ばかりではなく、例えば、日本各地で地域に根差した事業を行いながらしっかりと収益をあげている会社もあります。スタンダード市場は、このように上場会社として必要な条件を備えた会社に上場してもらえるマーケットとして開設しています。

　グロース市場は、マザーズ市場の延長ですが、端的に言うと、ベンチャー企業のための市場です。これから発展していくスタートアップ企業に上場していただいて、どんどん成長してもらうためのマーケットと位置づけて運営しています。

　３つの市場区分それぞれの特性にあわせて上場ルールをつくり、それぞれの区分に適した上場会社に企業価値の向上に取り組んでいただくことを目指しています。

　市場区分の再編前は、市場第一部に約2,100社が上場していましたが、現在のプライム市場の上場会社数は約1,600社です。約500社が市場第一部からスタンダード市場に移行しました。昨年（2022年）の市場区分の再編時には、「市場第一部からスタンダード市場に格落ちする上場会社が何社出るのか」といった記事が雑誌などによく掲載されました。結果として約500社が

スタンダード市場に移行したわけですが、これは、ただ単にクラス替えをしたのではなく、どの市場に所属することが自社にとって一番適しているかということをそれぞれの上場会社に検討していただいた結果です。例えば、企業規模は大きいけれども、必ずしもグローバル目線ではなくて、国内で着実に企業価値を高めていきたいと考えている会社も多いです。そうした会社はスタンダード市場に移行しています。東証としては、どの市場で成長していくことがよいのかを自社の特性にあわせて各社で検討していただくことが重要と考えています。

　抽象的な説明だけではイメージが湧かないと思いますので、プライム市場とスタンダード市場の時価総額上位の会社をいくつか紹介します。プライム市場には、例えばトヨタ自動車、三菱UFJフィナンシャル・グループ、ソニー、キーエンス、日本電信電話（NTT）、ファーストリテイリング（ユニクロ）といった会社が上場しています。一方で、スタンダード市場にも、例えば日本マクドナルドや東映アニメーションといった会社が上場しています。事業規模が大きいからプライム市場で、小さいからスタンダード市場というわけではなくて、各社が自社の特性を踏まえて自ら市場を選択されています。

⑵　市場区分見直しのフォローアップ

　市場区分の見直し後、東証に「市場区分見直しのフォローアップ会議」を設置しました。会社法に詳しい学者の先生、上場会社の経営者、エコノミスト、投資家の方などに参加いただいて、上場会社に対して、企業価値の向上に向けた自律的な動機づけとなる枠組みをどのようにつくっていくべきかという議論を進めています。

　具体的なメニューは大きく４項目あります。１つ目は「資本コストや株価への意識改革・リテラシー向上」です。端的に言うと、プライム市場とスタンダード市場の全ての上場会社を対象に、投資家から調達した資金をどう活

かして事業を拡大していこうとしているのかを投資家に示して、それをブラッシュアップしていただきたいというメッセージを東証から発信しています。2つ目は「投資者との対話の実効性向上」です。株式市場では、上場会社と投資家が色々な対話をして企業価値を上げていくことが重要ですので、対話をより一層推し進めていこうとしています。3つ目は「コーポレートガバナンスの質の向上」で、4つ目は「英文開示の更なる拡充」です。

これらの4項目それぞれについて実際に取り組んでいることを順に説明します。

2　資本コストや株価への意識改革・リテラシー向上

(1)　上場会社の現状

東証では、上場会社に資本コストや株価を意識した経営を進めていただくための方策を検討していますが、その前提となるファクトをいくつか紹介します。

最初に、東証として今後どのようなマーケットを目指していくべきかを議論するときに使用しているデータを紹介します（図表5-2）。海外の主要な株式市場と比較したときに、日本の株式市場がどのようなポジションにあるかを示すものです。横軸が各市場の上場会社数で、縦軸が各市場の上場会社の時価総額の中央値です。円の大きさは各市場の上場会社の時価総額の合計を表しています。これを見ていただくと、市場第一部では、上場会社数は多めでしたが、個々の上場会社の規模は海外の主要な株式市場と比較すると小さめで、時価総額の中央値は500億円程度でした。プライム市場を見ると、上場会社数が少し減少した一方で、時価総額の中央値は少し上昇して、全体として左上にシフトしています。

今後どのようにマーケットを運営していくべきかを考えるときに、プライム市場の上場会社数をもっと厳しく絞っていくべきではないかという意見も

図表 5 − 2 　時価総額（中央値）と上場会社数の分布

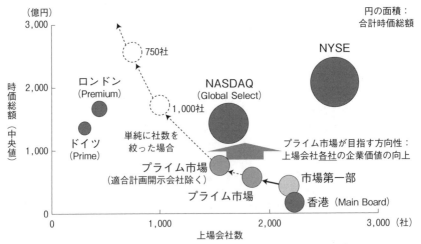

（注）　東証（旧市場）は2022年4月1日時点、その他は2022年7月1日時点のデータ。
（出所）　各取引所の公表資料などより東証作成。

よく聞かれます。そうしたことを推し進めた場合、時価総額が低い上場会社から外れていきますので、図表5−2の破線の矢印のように時価総額の中央値は上昇しますが、円の大きさ（上場会社の時価総額の合計）は大きく変わりません。東証では、そうした数ありきの議論ではなくて、図表5−2の太い上向きの矢印の方向性を念頭に、個々の上場会社の企業価値を向上させて、日本の株式市場をより大きくしていくためには、どのような取組みを進めていくべきかを日々議論しています。

　課題として、例えばPBR（株価純資産倍率）という指標を見ると、昨年（2022年）7月時点でプライム市場の上場会社の約半数がPBR1倍割れという実態があります。PBR1倍割れについては、色々な評価の仕方がありますが、端的に言うと、会社の純資産に対して、株価（時価総額）が1倍以上に評価されていないということで、解散したほうがいいのではないかと言われてしまう水準です。そうした上場会社がプライム市場の約半分で、TOPIX500という指標を構成する時価総額が大きい上位500社で見ても約4

割の上場会社がPBR1倍割れという状況です。一方で、米国のS&P500の構成銘柄のうちPBR1倍割れの上場会社は5％程度にとどまっています。

もう1つ、ROE（自己資本利益率）についても紹介します。これは、会社が資本を効率よく活用して収益をあげているかを確認する指標です。一般的には、目安として8％程度が必要ではないかと言われています。ただ、プライム市場の上場会社のうち半分弱、TOPIX500の構成銘柄のうち約4割が、8％未満になっています。一方で、米国や欧州ではROE8％未満の上場会社はかなり少ない状況です。

これらの指標から、株主の資本をうまく活用して収益をあげ、マーケットから評価されているかどうかという視点で見ると、日本の上場会社はなかなか評価されていないことが分かります。東証のフォローアップ会議では、上場会社の経営者に、もう少し投資家目線に立ってどのような事業展開が考えられるかを検討していただく必要があるのではないかという議論が行われました。こうした議論を踏まえ、東証は、今年（2023年）3月にプライム市場とスタンダード市場の上場会社を対象に、次に説明する要請を行いました。

⑵　上場会社への要請内容

上場会社への具体的な要請内容をなるべくかみ砕いて説明します。

ポイントの1つ目は、単に売上げや利益水準を意識するだけでなく、資本コストや資本収益性を意識した経営を実践していただきたいとお願いしている点です。日本の上場会社は、伝統的に、利益水準がどれくらいか、自社が業界内で何位くらいかを意識することが多いのですが、それだけではなくて、株主から提供された資本を効率よく経営に活かすことを意識していただきたいとお願いしています。

ポイントの2つ目は、研究開発投資、人的資本投資、設備投資などの持続的な成長につながる投資を推進していただきたいとお願いしている点です。例えば、収益があがっていなくてもやめられずにずっと続けている事業を続

けていてもよいのか、事業ポートフォリオの見直しを検討するなど、経営資源の適切な配分を検討していただきたいとお願いしています。

　ポイントの3つ目は、こうした要請内容を踏まえて、各社の経営上の課題を取締役会でしっかりと検討していただきたいとお願いしている点です。具体的には、上場会社の取締役会で投資家からどの程度のリターンを期待されているかを把握し、それを上回る収益をあげていくための計画をつくり、その計画を投資家に示して対話をしていただきたいと考えています。

　上場会社には、現状分析、計画策定・開示、取組みの実行という一連のサイクルを継続的に回していただきたいとお願いしています。

⑶　上場会社の対応と投資家の反応

　東証からの要請を受けた上場会社の対応状況と投資家の反応を紹介します。

　今年（2023年）3月の要請を受けて、7月時点で、既にプライム市場上場会社の約3割が要請に対する取組みを開示しています。特にPBR1倍未満の上場会社の開示率が高く、また時価総額が大きい上場会社ほど開示率が高い傾向にあります。PBR1倍未満の上場会社については、メディアの報道でもかなり課題が指摘されていましたので、対応している上場会社が多くなっています。

　上場会社の対応状況を業種別に見ると顕著な特徴があることを確認できます（図表5－3）。横軸が各業種のPBRの水準の平均で、縦軸がその業界の中で要請に対する取組みを開示している会社の比率です。例えば銀行業は全体としてPBRの水準が低い業種で、多くの上場会社が開示を進めています。一方で、情報・通信業、サービス業、小売業といったPBRが相対的に高い業種では開示率はまだ低いです。東証としては、PBRが高い上場会社も含めて要請を踏まえた取組みをお願いしたいと考えているので、こうした業種別の傾向も見ながら今後の対応を検討していきたいと思っています。

図表 5 － 3　業種別の開示状況（プライム市場）

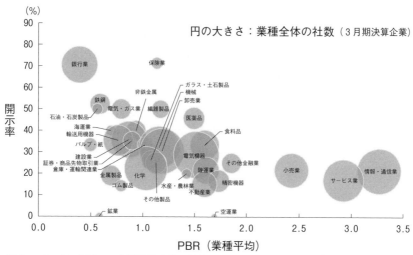

(%)

円の大きさ：業種全体の社数（3月決算企業）

開示率

PBR（業種平均）

(注)　プライム市場の3月期決算企業が対象。開示率には検討中と開示している企業を含む。

(出所)　2023年7月14日時点のコーポレート・ガバナンスに関する報告書などより東証作成。

　要請に対する取組みを開示している上場会社は、中期経営計画や決算説明資料の中で具体的な取組みに言及している例が多いです。取組みの内容としては、成長投資、株主還元の強化、サステナビリティへの対応、人的資本投資、事業ポートフォリオの見直しなどが多くなっています。PBR 1 倍割れかつROE 8 ％以上の上場会社では、投資家に自らの取組みをしっかりと理解してもらうためにIR（Investor Relations）の強化を掲げる会社も多いです。

　次に、上場会社のこうした取組みに対する投資家の反応を紹介します。新型コロナ明けという事情もあるかもしれませんが、今年（2023年）3 月の東証から上場会社への要請後、多くの海外投資家が続々と来日し、東証にもお越しいただきました。日本のマーケットが今後どのように変わっていくかについて、多くの方に関心を持っていただいています。

　特に海外投資家からは、今回の東証の要請内容はこれまで投資家として日

本の上場会社に伝え続けていたもので、正しい方向へ向かっているとの評価をいただいています。例えば米国の会社では、経営者の報酬が株価や時価総額に連動して設定されていて、株価を意識しながら経営されることが多いのですが、日本の会社では、米国のように株価を意識して経営を行うインセンティブが低いことも、これまでなかなか取組みが進まなかった背景としてあるのだと思います。

このほかにも、上場会社との対話の中で収益性や事業ポートフォリオなどに関する成熟した議論が増えたという評価や、前向きな変化を感じるという評価が、国内外の投資家から多く寄せられています。

一方で、課題を指摘される投資家も多いです。例えば、PBR1倍超であれば関係ないと誤解している経営者もいるので、そうした方にも引き続き要請の趣旨をしっかりと伝えていくことが重要という指摘があります。また、東証が積極的にリードしてきた経営者の好事例を示せば経営者の意識も変わっていくのではないかという指摘や、規模が小さい上場会社はリソースが足りないので、サポート体制が必要ではないかという指摘もあります。

投資家の関心は、東証の要請内容の実効性に移っています。上場会社の対応状況を見える化し、要請に対する取組みを行っていない上場会社にもその必要性を意識していただくことで、よいサイクルをつくることが必要とも指摘されています。

全体としては、海外投資家を中心に、上場会社に対する東証の要請内容への注目が非常に高まっている一方で、日本の上場会社が実際に変わっていくためには色々なサポートを行っていく必要があるのではないかという指摘をいただいている状況です。

⑷ 今後の取組み

こうした投資家の反応も踏まえて、東証では、上場会社における資本コストや株価を意識した経営の実現に向けた取組みの検討・開示をさらに促進し

ていきたいと考えています。

　具体的には、取組みを進めている上場会社を投資家に周知し、その取組み
をあと押しするため、来年（2024年）１月15日から、要請に対する取組みを
開示している上場会社の一覧表を公表することを予定しています[1]。積極的
に取り組む上場会社を投資家に示してあと押ししていくために、各社の対応
状況を見える化していきたいと思っています。地味な施策と思われるかもし
れませんが、例えば、外資系の証券会社がレポートで取り上げたり、海外の
経済誌にも掲載されたりと、結構注目していただいています。一覧表の公表
が上場会社の取組みの促進につながることを期待しています。

　このほかにも、投資家の視点を踏まえた取組みのポイントや、投資家から
高い支持が得られた取組みの事例についても、上場会社の規模や状況に応じ
ていくつかのパターンを取りまとめて、来年（2024年）１月を目途に公表し
たいと考えています[2]。上場会社は約3,800社あり、規模も様々です。特に
規模が小さな会社はリソースも限られますので、上場会社の担当者からも、
対応の検討の参考になるものを示してもらいたいという声をいただいていま
す。そうした声も踏まえて、事例の公表を検討しています。

3　投資家との対話の実効性向上

　上場会社が自らの取組みを投資家に示し、投資家からのフィードバックを
受けるなど、上場会社と投資家が対話をしながら、企業価値を高めていくこ
とが理想的なマーケットの姿ですので、こうした対話の実効性を向上させて
いくための方策についても、東証で議論しています。

　今日は簡単な紹介にとどめますが、最近はこの対話のあり方に関する議論

1　東証は、2024年１月15日に、「資本コストや株価を意識した経営の実現に向けた対
　応」に関する開示企業一覧表の公表を開始しており、以後、毎月末の状況に基づき翌月
　15日を目途に更新。
2　東証は、2024年２月１日に、投資者の視点を踏まえた「資本コストや株価を意識した
　経営」のポイントと事例を公表。

が行われていることを覚えておいていただければと思います。上場会社向けにはコーポレートガバナンス・コードが、機関投資家向けにはスチュワードシップ・コードが策定され、上場会社と投資家が対話をしていく際の参考として「投資家と企業の対話ガイドライン」が策定されています。上場会社と投資家がしっかりと対話をしていく必要があると言われて久しいのですが、中身はなくても無理にでも対話をしようと、上場会社も投資家もお互いにストレスを感じているという指摘もよく聞かれます。

　このため、東証で議論を進めて、今後、お互いに実効性のある対話が進むよう、上場会社の取組みの好事例や投資家の目線などを紹介していきたいと考えています。

4　コーポレートガバナンスの質の向上

(1)　コーポレートガバナンス・コードの概要

　次に、コーポレートガバナンスの質の向上について紹介します。

　「コーポレートガバナンス」と聞くと、何となくリスクを回避したり、不祥事を防止したりするための体制というイメージが湧くかもしれません。もちろんそうした面もあるのですが、本質的には会社の持続的な成長と中長期的な企業価値の向上を目指すものとして位置づけられています。

　東証では、上場会社向けにコーポレートガバナンス・コードを策定しています。詳細はこのあと触れますが、色々な原則を定めていて、それを参考にしながら上場会社に中長期的な企業価値の向上に取り組む体制を整えていただこうとしています。

　金融庁では、機関投資家向けにスチュワードシップ・コードを策定しています。これは、機関投資家による上場会社との建設的な対話を通じて上場会社の持続的な成長を促すことを目的とするものです。

　また、金融庁では、「企業と投資家の対話のガイドライン」も策定してい

ます。これはコードではないのですが、上場会社と投資家が対話をする際
に、どのような事項について重点的に議論すれば建設的な対話となるのかを
ガイドラインとして示しているものです。

　これらを3本柱として、上場会社の持続的な成長と中長期的な企業価値の
向上を促していくことが、コーポレートガバナンスの全体像と言えると思い
ます（図表5－4）。

　今日は、これらのうち東証が策定したコーポレートガバナンス・コードに
ついて詳しく解説します。コーポレートガバナンス・コードは、東証と金融
庁が共同事務局を務める有識者会議での議論を経て、2015年に上場規則の一
部として策定され、その後、2018年と2021年に改訂されています。

　コーポレートガバナンス・コードでは、金融商品取引法や会社法などの法
律の規定とは異なり、これをすると違反とか、これをしなければならないと
いったルールではなく、こうすべきであるという原則が定められています。
各原則の表現も比較的抽象的で、幅広い解釈の余地を与えるものになってい
ます。

　上場会社が置かれている状況は会社ごとに異なりますので、各原則をどの
ように解釈・適用すべきかについては、形式的な文言にとらわれずに、各原

図表5－4　コーポレートガバナンス・コードとスチュワードシップ・コード

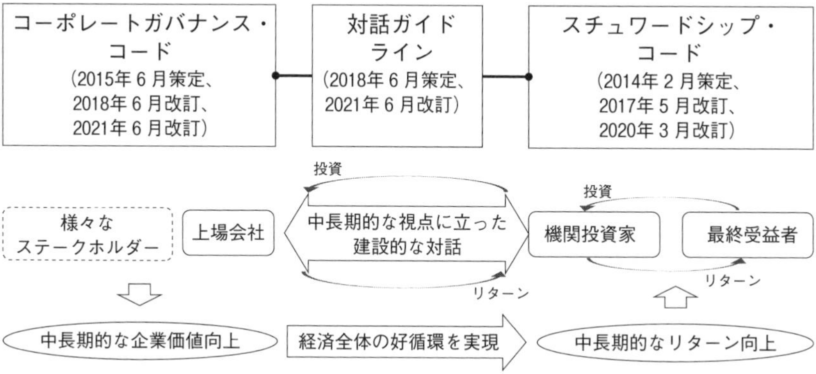

（出所）　東証作成。

則の趣旨や自社の状況を踏まえてまず各社が判断します。そして、各社の対応の妥当性を投資家に評価していただく枠組みになっています。こうした枠組みのことを「プリンシプルベース・アプローチ」、あるいは「原則主義」と呼んでいます。

　また、上場会社が、各原則を実施するか、または実施しない理由を説明するかを選択して、投資家に示すことを求めています。各原則について、より優れた代替的な手法が存在する場合には、その内容を投資家に示すという対応も可能な枠組みになっています。こうした枠組みのことを「コンプライ・オア・エクスプレイン」と呼んでいます。

　原則は全部で70〜80くらいあります。個々の原則の内容の説明は細かくなるので差し控えますが、大枠としては、①株主の権利・平等性の確保、②株主以外のステークホルダーとの適切な協働、③適切な情報開示と透明性の確保、④取締役会等の責務、⑤株主との対話の5本柱で構成されています。上場会社には、それぞれの柱の中にある個々の原則について、コンプライ・オア・エクスプレインを求める枠組みになっています。

　直近の2021年のコーポレートガバナンス・コードの改訂で盛り込まれた内容を簡単に紹介します。2021年は3年に1度の定期的な見直しのタイミングでした。改訂に向けた議論を行っていた当時は、新型コロナの感染拡大のほか、DX（デジタルトランスフォーメーション）や気候変動といった社会・経済環境の急変に対応していくためにどのような内容を盛り込むべきかが大きな話題となっていました。また、東証に新たにプライム市場を創設することを踏まえ、プライム市場の上場会社には、海外投資家が期待するような、より高い水準のガバナンスを求める必要があるのではないかといった議論が行われていました。

　そうした議論を踏まえて、2021年の改訂では、例えばプライム市場上場会社については、取締役会の機能発揮のため、独立社外取締役を3分の1以上選任するという内容を盛り込みました。会社の経営陣から独立した立場で、その会社がしっかりとした経営を行っているかを監視するのが独立社外取締

役で、海外の上場会社では取締役会の半数くらいを構成しているのですが、日本はまだまだそこまでの状況になっていないことを踏まえて対応したものです。また、取締役会レベルだけでなく、上場会社の管理職クラスの中核人材における多様性確保の観点から、女性・外国人・中途採用者の登用についての考え方や自主目標の設定を促す内容も盛り込んでいます。このほか、気候変動が地球全体の課題になっている中で、気候変動対応の開示について質と量の充実を促す内容も盛り込みました。

⑵　上場会社の取組み状況

　上場会社における実際のコーポレートガバナンスの改善状況を紹介します。

　市場第一部の上場会社で、独立社外取締役を３分の１以上選任している会社は2018年時点で約３割でした。コーポレートガバナンス・コードに選任を促す内容が盛り込まれた結果、プライム市場の上場会社で、独立社外取締役を３分の１以上選任している会社は９割超となっています。これは、海外投資家からは大きな進展という評価を受けていると思います。一方で、独立社外取締役を過半数選任している上場会社は、年々増えてはいますが２割弱にとどまっています。数だけ増やせばよいというものでは全くないのですが、少しずつ進展はしている状況です（図表５－５）。

　また、プライム市場の上場会社の女性役員の選任に関する努力目標を今年（2023年）10月に施行しました。これは、内閣府の女性活躍に関する有識者会議で示された内容を東証の上場規則で実現したものです。

　具体的には、2025年を目途に女性役員を１名以上選任するよう努めるほか、2030年までに女性役員の比率を30％以上とすることを目指すとしています。また、こうした目標を達成するための行動計画の策定を推奨しています。義務ではないのですが、推奨する事項としてプライム市場の上場会社に示しています。

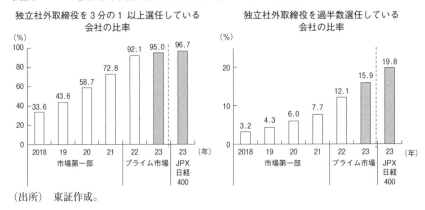

図表 5 - 5　独立社外取締役の選任状況（2023年 7 月時点）

独立社外取締役を 3 分の 1 以上選任している
会社の比率

（出所）　東証作成。

　こうした対応の背景には、日本の上場会社は女性役員の選任・活躍が海外と比べて進んでいないので、日本の上場会社への投資を検討するときに、そこで引っかかってしまうという海外投資家からの指摘がありました。グローバルな投資家の投資対象となるプライム市場の上場会社には、女性役員の選任に努めていただく必要があるということで、今回の上場規則の改正につながりました。

　実態を見ると、女性役員が 1 人も選任されていないプライム市場の上場会社は、2017年・2018年頃は約 6 割ありましたが、現在は 2 割弱まで減少しています。一方で、2030年までの目標である女性役員比率 3 割以上の上場会社は約 3 ％にとどまっていますので、これから 7 年程度でどのように進展させていくかが重要になっています。

　これまでのコーポレートガバナンス改革では、形式的な体制整備も進んでいない中で、まずは形式を整えることを進めてきて、独立社外取締役や女性役員の数も徐々に増えてきました。形式は整ってきましたが、それをどう実質化していけるかが今後の課題になっています。金融庁が「資産所得倍増プラン」を踏まえて今年（2023年） 4 月に公表した「コーポレートガバナンス改革の実質化に向けたアクション・プログラム」では、「改革の趣旨に沿っ

た、実質的な対応をより一層進展させることが肝要であり、形式的な体制を整備することのみによってその十分な成果を期待することはできない」とされています。また、「コーポレートガバナンス・コードの更なる改訂については、形式的な体制整備に資する一方、同時に細則化により、コンプライ・オア・エクスプレインの本来の趣旨を損ない、コーポレートガバナンス改革の形骸化を招くおそれも指摘されている」とも言及されていて、これからは原則をさらに細かくしていくというよりも、ここまで整ってきた体制をいかに中身のあるものとして進化させていくかという方向性で議論が進められています。

5　英文開示の充実

英文開示の充実についても、簡単に紹介します。

日本の株式市場では、海外投資家による投資がかなり増えてきています。こうした状況を踏まえると、英語での情報開示が非常に重要で、プライム市場の上場会社で何らかの情報を英語で開示している会社は約97％に達しています。

一方で、海外投資家へのアンケートの回答では、最近の日本の英文開示について改善を評価する声も相応にある一方で、英文資料の公表タイミングが遅い、英文開示が不足しているという指摘も7割強あります。

マーケットはリアルタイムで動いているにもかかわらず、日英の情報開示のタイミングに差があると、海外投資家は、その分出遅れてしまうことにもなります。そもそも英文開示がなければ分からないこともあります。情報の非対称性があり、不利な立場に置かれることが日本の上場会社への投資行動に影響すると指摘する海外投資家も多いので、特にプライム市場の上場会社には、英語での情報開示をもっと進めていただきたいと考えています。

開示書類は色々あり、上場会社もどれを英文開示すべきか悩ましいと思いますので、東証として、どのような情報をどのようなタイミングで英文開示

すべきかを義務化していくことも含めて議論を進めています。

6　グロース市場の状況と今後の展望

　プライム市場とスタンダード市場を中心に東証の取組みを紹介してきましたが、ここからはグロース市場の状況を紹介します。グロースの市場は、端的に言うと、スタートアップ企業のためのマーケットです。グロース市場は、新規株式公開（Initial Public Offering：IPO）、すなわち新規上場においてメインのマーケットになっています。

　非上場の段階で大きくなってプライム市場に直接上場する会社は珍しく、スタートアップ企業として創業して、一定程度大きくなったタイミングでグロース市場に上場し、その後にさらに成長してプライム市場に移行していくという会社が多いです。

　イメージを持っていただくためにグロース市場の上場会社をいくつか紹介します。今年（2023年）10月末時点で最も時価総額が大きいのは、ビズリーチを運営しているビジョナルという会社です。二番目は会計ソフトを提供しているフリーという会社です。ベンチャー企業という観点では、例えば、月への物資輸送に挑戦しているispaceという会社や、医薬品の新規開発に取り組んでいるステムリムという会社もグロース市場に上場しています。

　「ユニコーン」という言葉を聞いたことがあると思います。一般的には、上場時から時価総額が1,000億円以上あるような会社が「ユニコーン」と呼ばれています。米国の上場会社は、上場時から時価総額が大きい会社が多く、上場時の資金調達額は平均で数百億円単位にのぼります。一方で、日本の上場会社は米国と比較するとかなり時価総額が小さく、上場時の資金調達額も平均すると10億円程度と米国と比較してかなり小さいことが特徴です（図表5-6）。マザーズ市場やグロース市場への上場時の資金調達額の中央値は約6億円となっているほか、時価総額100億円以下で資金調達額10億円未満のIPOが約56％となっています。こうした状況も見つつ、日本のスター

図表5－6　IPO時の時価総額・資金調達額

年	マザーズ		（参考）米国	
	平均 時価総額	平均 資金調達額	平均 時価総額	平均 資金調達額
2017	83億円	8億円	1,834億円	260億円
2018	163億円	23億円	1,934億円	300億円
2019	151億円	13億円	3,546億円	420億円
2020	101億円	10億円	4,996億円	450億円
2021	159億円	14億円	4,583億円	458億円

（注）　IPO時の時価総額は公開価格ベース。米国（NASDAQ・NYSEが対象）の各年平均はJ. Ritter教授（フロリダ大学）の"Initial Public Offerings: Underpricing"より1ドル＝120円で換算。
（出所）　東証作成。

トアップ企業をどのように成長させていくかについては、政府の議論でも大きなテーマとなっています。

　また、IPOで株式を保有することになる投資家のうち8割以上が個人投資家であることも日本の特徴の1つです。上場時の時価総額が小さいので、機関投資家の投資対象になりにくいということです。上場後の株式の売買状況や保有状況を見ても、グロース市場では個人投資が多くなっています。

　上場時には、新たに株式を発行することで新規に資金調達して成長していく「公募」という方法もありますが、例えば経営者やベンチャーキャピタルが保有していた株式を売り出して、ほかの投資家に保有してもらう「売出し」という方法もあります。一般的にスタートアップ企業はIPO時に資金調達して会社を大きくしようとするはずです。もちろん資金調達を目的としてIPOをしている面はあるのですが、新規の資金調達額よりも売出し額のほうが大きいIPOが近年増加しています。「上場ゴール」という言葉もありますが、上場で経営者が保有していた株式を放出して終わりというIPOが増えていると指摘されています。

マザーズ市場やグロース市場に上場した会社の上場後の成長を確認するために時価総額の推移を見ると、平均値で見ると一定の成長が実現している一方で、中央値では高い成長は見られず、半数前後の会社が上場時の時価総額を下回る状況となっています。上場後10年以上経過していて時価総額が40億円未満の会社も約４割ある状況です（図表５－７）。

　スタートアップ企業は、一般的にはどんどん成長投資をしていく会社ですので、上場時の資金調達だけで成長に必要な投資を全て賄えるわけではなく、上場後も新たに資金調達して成長投資をしていくことが想定されます。ところが、上場後に公募増資を実施したグロース市場の上場会社は、実は約14％にとどまっている現実があります。上場後10年以上経過した会社に限っても、公募増資を実施した会社は３割弱にとどまります。資金ニーズがないという指摘もありますが、スタートアップ企業の成長を促す観点からよく考えていく必要がある論点だと思います。

　こうしたデータも見ながら、グロース市場についての最近の議論を紹介し

図表５－７　上場後経過年数別の時価総額分布

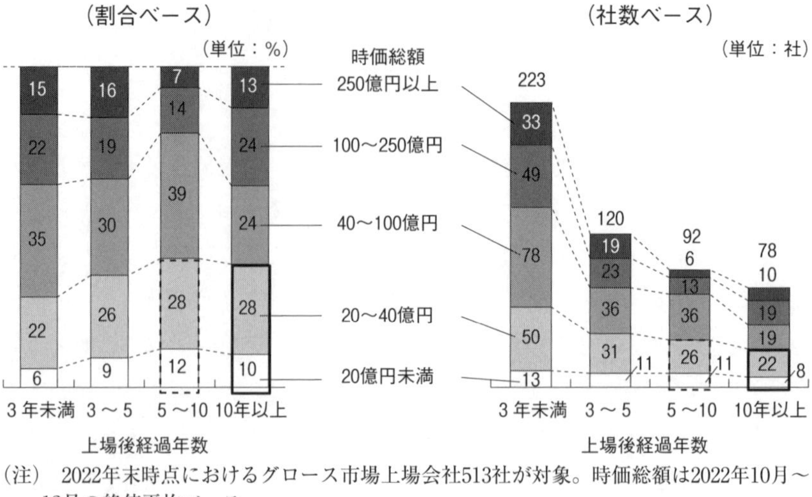

（割合ベース）　（単位：％）　　　時価総額　　　　（社数ベース）（単位：社）

（注）　2022年末時点におけるグロース市場上場会社513社が対象。時価総額は2022年10月～12月の終値平均ベース。
（出所）　東証作成。

ます。プライム市場やスタンダード市場で資本コストや株価を意識した経営を促していくための対応は既に始めていますが、グロース市場をどのようによくしていくかは現在検討中ですので、どのような議論をしているかを紹介します。

スタートアップ育成に関する最大の課題は、やはり、どうスケールアップしていくかにあり、日本では本格的に成長するための投資が足りていないのではないか、既存の株主のエグジットのための上場になってしまっているのではないかといった論点について考えていく必要があります。また、グロース市場は機関投資家の参加が少ないので、機関投資家にも入っていただいて、上場会社が大きく成長していける環境を整えていくことが必要ではないかという論点や、上場会社も自らの成長ストーリーを積極的に示して、投資家の理解を得ることが重要ではないかという論点もあります。また、米国のように役員・従業員に成長のインセンティブを与えるために株式報酬の導入を促進すべきではないかという論点もあります。

スタートアップ企業は、創業後、非上場の段階である程度大きくなってから上場するという段階を踏みますので、創業からグロース市場への上場までには時間がだいぶかかります。政府では、非上場の段階でスタートアップ企業にどのように資金供給をしていくかという課題についても議論されています。スタートアップ支援の議論は今後も進んでいくと思いますので、最近のマーケットのトピックとして覚えておいていただくとよいと思います。

全体的な話は以上です。残りの時間でご質問があればいただければと思います。

質疑応答

Q 上場会社にとっては、プライム市場でグローバルな投資家目線にさらされながら活動したほうが収益の確保につながると思うのですが、プ

ライム市場からスタンダード市場に移行する上場会社は、具体的にどのような事情やニーズがあって移行を決めているのでしょうか。

A それは非常によく聞かれる質問で、大きく2つのパターンがあります。

市場区分の見直しで、グローバルな投資家の投資対象となるためにプライム市場の上場維持基準を引き上げましたので、それに適合するのが難しい上場会社はスタンダード市場に移行しています。

一方で、プライム市場の上場基準も満たしているけれど、スタンダード市場のほうがあっているという上場会社もあります。そうした上場会社がどういう理由でスタンダードに移行しているのかということがご質問の趣旨だと思いますが、例えば、海外投資家の投資対象になっておらず、国内の株主が多い上場会社も結構あります。事業自体も海外展開していないのであれば、無理にプライム市場に上場して、例えば英文開示をしても、あまり見る人がいないということになりかねません。また、経営資源は限られていますので、プライム市場への上場維持のために管理部門などにリソースを割くくらいなら営業や経営企画に注力したいという上場会社もあります。そうした上場会社は、プライム市場の上場基準を満たしていても、スタンダード市場に移行することがあります。

市場第一部からスタンダード市場への移行を選んだことで株価が下がった上場会社はありません。上場会社が市場の選択理由をしっかりと示せば、マーケットは冷静に受け止めるということだと思っています。

Q 市場第一部では株主数が2,200人以上でなければ新規上場できませんでしたが、プライム市場の上場基準では株主数800人以上と大幅に減少しました。これに伴い、コスト削減のために株主優待をやめる会社も出てきていると思います。株主優待目当てに株式を購入する個人投資家が投資をやめる可能性があり、新たに投資を始める人にとっても投資の魅力の低下につながると思います。政府が「貯蓄から投資へ」を進めていこうと

する中で、矛盾しているのではないでしょうか。

A 株主数に関する上場基準をよくご存じですね。ご指摘の市場第一部の株主数2,200人という基準は、国際的に見ても異常に高かったので調整した面はあるのですが、例えば流通株式時価総額の上場維持基準は、市場第一部では10億円でしたが、プライム市場ではそれを100億円に引き上げています。プライム市場の上場基準は、全体として見れば市場第一部の上場基準と比較して決して緩和しておらず、むしろ厳しくなっていると捉えていただければと思います。

そのうえで、株主優待については、東証の親会社である日本取引所グループ（JPX）も、実は優待をやめますと表明しています。個人投資家の中には優待がうれしいから投資する方もいるかもしれませんが、優待は機関投資家には魅力がなく不平等感があります。そうした中で、株主還元のあり方は、株主と向き合って決めるべきであるという指摘がよくあります。これまで何となく続けてきた優待についても、本当にそれがよいのかということについて、上場会社がよく考え始めているのだと思います。優待をやめるのは一概に悪いことではなく、株主への適切な還元のあり方を上場会社が考えていく時代になっていると捉えていただくとよいと思います。

Q プライム市場の上場会社がTOPIXの対象になっていると認識しています。例えばプライム市場の上場会社数に上限を定めると、競争が起きて全体として企業価値が向上するのではないかと思うのですが、そうした対策は現実的ではないのでしょうか。

A プライム市場については、数を絞るという話もありました。ただ、ある市場区分に所属する上場会社の数を減らしても、所属する市場が変わるだけなので、必ずしも当落線上で大きな競争が起きるとは限らないと思います。市場区分は、対象になる上場会社の特性を示していて、企業価値の向上を図ってもらうための１つの仕掛けですので、数だけに着目した

議論は必ずしも適当ではないと思います。

　一方で、TOPIXなどの指数は、色々な使い方があると思います。TOPIXのほかにも、JPXプライム150という、プライム市場の中でも収益力が高い上場会社を集めた指数も最近つくっています。また、JPX日経400という指数もあります。そうした指数の構成銘柄になれるかどうかが上場会社の経営改善のインセンティブになる面もあると思います。市場区分という上場ルールと指数をうまく組み合わせながら、上場会社の企業価値の向上につながる仕組みを設計していくことが重要と考えています。

Q コーポレートガバナンス・コードの目的は企業価値の向上にあると思います。一方で、ダイバーシティの確保やサステナビリティをめぐる課題への対応といった項目は、企業価値の向上の視点ではなく、ESGの視点から盛り込まれているように思います。企業価値向上とESGの関係についてご教示ください。

A 気候変動などのサステナビリティ関係の課題は、地球全体として取り組まなければいけないので、やらされている、対応はコストであるといった捉えられ方をされることも多いと思います。ただ、コーポレートガバナンス・コードでは、サステナビリティ関係の課題も、今後の収益機会をどう確保していくべきかという観点からしっかりと検討していくべきであるという趣旨で記載されています。そのような観点で今から検討していかないと、中長期的な収益機会の確保に大きな影響を及ぼす可能性もありますので、上場会社にもそのように捉えていただきたいと思っています。

Q コンプライ・オア・エクスプレインについてお伺いします。コンプライもしたくないし、エクスプレインもできないという会社が、それらしい内容を開示してごまかすといったことも生じ得るのではないかと思います。一方で、ソフトローなのでエンフォースメントも難しいと思うのですが、対策はあるのでしょうか。

A よく指摘される論点です。コーポレートガバナンス・コードには、資本コストを意識して、資本収益性を高める取組みを考えて実行していくべきという趣旨の原則も含まれていて、その原則については、9割以上の上場会社が「コンプライ」と言っています。ただ、現実を見るとPBR1倍割れやROE8％未満の上場会社が多いことは先ほど紹介したとおりです。「コンプライ」と言いつつ、中身が伴っているのかはなかなか評価が難しい面があります。また、「エクスプレイン」と言いつつ、対応しない理由について説明するのではなく、「どう対応するか検討中です」としている上場会社もあります。それではエクスプレインになっていません。本当に検討中であれば次の年には何かアクションを起こすはずですが、ずっと検討中になっている上場会社もあります。

　東証として改善に向けた働きかけを行うことはありますが、コーポレートガバナンス・コードは、こうした上場会社の姿勢を最終的に評価する主体は投資家であるという前提で定められています。上場会社がコンプライ・オア・エクスプレインを適切に行っていない場合には、投資家がアクションを起こすことを期待する枠組みになっています。

第 **6** 章

企業年金・個人年金制度と国民の資産形成

海老　敬子（2023年11月22日）

講師略歴

2001年厚生労働省入省。医療保険、介護、子ども・子育て支援、医薬品副作用被害対策などの担当を経て、2021年9月より国民年金基金連合会においてiDeCo業務を担当。2023年10月より現職。

講師紹介

　ゲスト講師6人目は、厚生労働省年金局企業年金・個人年金課長の海老敬子さんにお越しいただきました。

　海老さんが担当されている政策は、「貯蓄から投資へ」に向けた幅広い論点にかかわっています。例えばiDeCoなどの確定拠出型の年金制度は、NISAと同様に、家計にとって重要な資産形成ツールの1つと位置づけられており、金融リテラシーの向上などの論点にかかわります。一方で、確定給付型の企業年金制度では、「アセットオーナー」と呼ばれる年金基金などが、資産運用会社と連携しながら年金受益者のために年金資産を運用していくことになりますので、政府が、2023年内の政策プラン策定に向けて今まさに検討を進めている資産運用立国に向けた議論に関係してきます。

　今回の講義では、海老さんのお話が「貯蓄から投資へ」に向けたどのような論点にかかわっているのかを意識していただくと理解が深まると思います。

厚生労働省の年金局企業年金・個人年金課長をしております海老と申します。今日は、このような機会をいただきましてありがとうございます。どうぞよろしくお願いいたします。

　簡単に自己紹介させていただきますと、私は二十数年前に厚生労働省に入省しました。これまで、労働、子ども・子育て、介護、医薬などに関する業務を担当し、今は年金を担当しているところです。厚生労働省は非常に幅広い行政分野を担当していますが、企業年金・個人年金課は、金融庁を含む金融業界の方々との接点が多く、また事業者の方々とも多くの接点がある部署です。私は、今の部署に着任する直前は厚生労働省の外部の関連団体でiDeCoの普及推進を担当しておりましたので、今日はiDeCoに対する愛情がすごく深い説明になってしまうかもしれないですが、その点はご容赦いただければと思います。

　今日は、最初に企業年金・個人年金の概況と今後の課題を紹介したあと、確定拠出年金（Defined Contribution：DC）と資産形成について紹介し、最後に、特に資産運用立国との関係で話題になっているアセットオーナーとしての確定給付企業年金（Defined Benefit：DB）について紹介したいと思います。

1　企業年金・個人年金とは

(1)　企業年金・個人年金制度の仕組み

　最初に企業年金・個人年金制度の仕組みについて説明します。

　日本の年金制度は3階建ての構造になっています（図表6－1）。1階は基礎年金である国民年金で、2階は厚生年金です。1階・2階部分は「公的年金」と呼ばれ、国民の老後生活の基本を支えるものです。3階部分は「私的年金」と呼ばれ、老後生活の多様な希望やニーズに応える役割を担う部分で、ここに企業年金と個人年金（iDeCo）があります。

　企業年金は、もともと退職金に由来します。企業は、優秀な労働力を確保

図表6－1　年金制度の設計の考え方

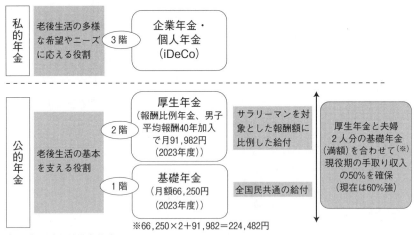

（出所）　厚生労働省作成。

するために退職金を充実させてきました。一方で、退職金は企業を辞めるときにまとめて支給するものなので、企業にとっては一時的な資金負担が大きくなります。退職金の支給額が大きくなると、資金負担を平準化し、少しずつ負担するために年金制度を導入する企業が増加してきました。

　そうした中で、企業年金を実施する場合における税制上の課題に対応した適格退職年金という制度ができました。また、2階部分である厚生年金の給付水準と企業の退職金との調整が課題になり、企業年金と厚生年金を調整する仕組みとして厚生年金基金という制度もできました。

　その後、バブル経済の崩壊で資産運用状況が悪化し、これらの制度で積立不足が拡大していきました。また、企業の経済活動環境の変化として、企業年金の積立不足をバランスシートに負債として計上する退職給付関係の会計基準が2000年4月に導入されました。さらに、雇用の流動化にも対応できる制度へのニーズも出てきました。そうした社会・経済情勢の変化を受け、適格退職年金や厚生年金基金を承継した給付建ての「DB」と呼ばれる確定給付企業年金制度や、米国の「401（k）」と呼ばれる制度を参考にした拠出建

ての「DC」と呼ばれる確定拠出年金制度が創設されました。

給付建ては、英語では"Defined Benefit"で、あらかじめ加入者が将来受け取る年金給付の算定方法が決まっている確定給付型の年金制度のことです。あらかじめ給付の算定方法が決まっているので、それを実現するために事業主が掛金の拠出と運用を行っていくものです。一方で、拠出建ては、英語では"Defined Contribution"で、あらかじめ事業主や加入者が拠出する掛金の額が決まっている確定拠出型の年金制度のことです。拠出額を加入者個人が運用した成果が将来の給付になります（図表6－2）。

DBは、適格退職年金や厚生年金基金からの移行の受け皿と位置づけられた企業年金なので、事業主が掛金を拠出することが基本です。DCには企業型と個人型があり、資産が老後所得となることを担保するため、中途引出しが原則として禁止されているなどの特徴があります。DBとDCでは、制度創設の経緯から仕組みに違いはありますが、公的年金の給付と相まって国民の老後所得の確保を図るという制度の目的は共通しています。

DBは、2001年に成立した確定給付企業年金法により創設された制度です。労使の自主性を尊重する仕組みであることがポイントです。労使合意に

図表6－2　給付建てと拠出建ての基本的な仕組み

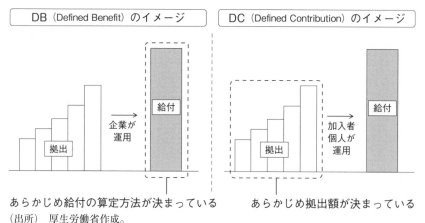

（出所）　厚生労働省作成。

基づいて規約を作成し、厚生労働大臣の承認・認可を受けて制度を実施するもので、将来の給付を事業主が約束する仕組みになっています。DBは、労使が合意した規約に基づき事業主が実施する規約型と、母体企業とは別の法人格を有する基金が実施する基金型の2つに分類されます。いずれも積立金は企業の財産から分離され、外部で積み立てられて運用される仕組みになっています。

　DCは、2001年に成立した確定拠出年金法により創設された制度です。DCのうち、企業型DCは、基本的に事業主が拠出する掛金が個人ごとに明確に区分され、掛金と運用益により給付が決まる仕組みです。DCのうち、個人型DCがiDeCoのことです。「個人型確定拠出年金」や「個人型DC」では分かりにくいので、個人型確定拠出年金の英語表記である "individual-type Defined Contribution pension plan" から「iDeCo」という愛称を付け、イデコちゃんというキャラクターもつくって普及推進を図っています。iDeCoは、個人で加入し、一定額の掛金を拠出して運用していくことで、最終的に拠出額と運用益により給付が決まる仕組みです。年金ですので、原則として60歳まで引き出すことはできませんが、ほかの用途に使うことなく確実に積み立てられる仕組みです。当初は企業年金がない方向けの個人年金として創設されたのですが、加入対象が拡大してきて、現在は国民年金の被保険者は基本的に加入できる仕組みになっています。

　iDeCoの話をしていると、iDeCoとNISAのどちらに入るとよいのかをよく聞かれます（図表6－3）。対象者は、iDeCoは原則20歳以上65歳未満で、NISAは18歳以上です。拠出限度額は、iDeCoの場合は企業年金の有無などによって金額が変わります。一番少ない方で年間14.4万円、一番多い方で年間81.6万円です。現行のNISAでは、一般NISAは年間120万円・累計600万円、つみたてNISAは年間40万円・累計800万円です。ただ、NISAは来年（2024年）1月から拡充されて、つみたて投資枠で年間120万円、成長投資枠で年間240万円となり、2つの投資枠をあわせて累計1,800万円となります。iDeCoとNISAでは、積立・運用方法は非常に似ている部分があるのですが、

図表 6 − 3　iDeCoとNISAの比較

	iDeCo	一般NISA	つみたてNISA
対象者	原則20歳以上65歳未満 （公的年金被保険者等）	18歳以上（注1）	
拠出限度額 （年間）	年間14.4〜81.6万円 （注2）	年間　120万円 累計　600万円	年間　40万円 累計　800万円
投資可能商品	投資信託、保険商品 定期預金等	上場株式・投資信託等	長期の積立・分散投資に適した一定の投資信託 （金融庁の基準を満たした投資信託に限定）
購入方法	定期的・継続的に積み立てる	自由	定期的・継続的に積み立てる
払出し制限	原則60歳まで引き出し不可	引き出し可能	
税の優遇	運用益が非課税		
	毎年の所得税や住民税が少なくなる。 受取時に支払う税金が少なくなる。	一般NISAとつみたてNISAは併用不可	

(注1)　1月1日時点で18歳以上の場合にNISA口座を開設できる。
　　　　2024年からNISAは以下のとおり変更予定。
　　　　・一般NISAは、成長投資枠となり、年間投資枠が240万円に拡大
　　　　・つみたてNISAは、つみたて投資枠になり、年間投資枠が120万円に拡大
　　　　・2つの枠は併用可能となり、簿価累計1,800万円（うち成長投資枠1,200万円）
　　　　　まで非課税で保有可能
(注2)　・国民年金のみに加入の自営業者など：68,000円／月
　　　　・公務員：12,000円／月
　　　　・専業主婦（夫）など：23,000円／月
　　　　・会社員：企業年金なし23,000円／月、企業年金あり最大20,000円／月（企業年
　　　　　金加入状況により異なる）
(出所)　金融経済教育推進会議コアコンテンツより厚生労働省作成。

一番大きな違いは払出しの制限の有無です。iDeCoは、貯蓄ではなく老後の資産形成のためのものですので、原則として60歳まで引出しができません。一方で、NISAは、柔軟に引出し可能です。税制面では、運用益はどちらも非課税ですが、iDeCoでは、掛金が全額所得控除の対象となるため毎年の所得税とか住民税が少し安くなるほか、給付時にも退職所得控除などの対象になります。税制優遇が手厚く老後の資産形成に適している一方で、引出しに制限があるiDeCoと、ライフプランに応じて柔軟な対応が可能なNISAで、目的に応じて使い分けていただくことがよいと考えています。

このほか、企業年金は実施できないものの、従業員の資産形成をサポートしたい事業主のために、中小事業主掛金納付制度（iDeCoプラス）という仕組みもあります。iDeCoプラスは、企業年金を実施していない従業員300人以下の小規模な事業主が、従業員の老後の所得確保に向けた支援を行うことができるように、事業主が、iDeCoに加入する従業員の掛金に追加的な掛金を拠出する仕組みです。2018年5月から始まった制度で、実施事業主数は昨年度（2022年度）末まで約6,000まで増加してきています。中小企業の従業員の老後の資産形成を支援する仕組みですので、さらに普及推進の必要があると考えています。

国民年金基金についても紹介します。国民年金基金は、自営業者など1階部分の国民年金のみに加入していて、2階部分の厚生年金に加入していない方が任意で加入できる確定給付型の個人年金です。iDeCoとも併用して加入することができ、2階プラス3階のような機能を備えています。掛金は性別・加入時の年齢などによって異なりますが、iDeCoの掛金と合計して月額6.8万円が拠出限度額となっています。

⑵　企業年金・個人年金制度の概況

次に、各制度の概況を紹介します。

企業年金の加入者は、以前は適格退職年金や厚生年金基金の加入者が多

かったのですが、DBや企業型DCができてからは、これらの制度の加入者が増加してきています。昨年度（2022年度）末には、企業型DCの加入者が約800万人、DBの加入者が約900万人となっています。

　iDeCoは、2017年１月に加入可能範囲を拡大して、国民年金の被保険者であれば基本的に加入できるようになりました。これを受け加入者が2017年から一気に伸びて、昨年度末（2022年度末）で約290万人となり、今年（2023年）７月には300万人を超えました（図表６－４）。iDeCoの加入者を被保険者種別で見ると、「２号加入者」と呼ばれる会社員の方々が８割強となっており、会社員の方々に多く使われている制度となっています。年齢構成別に見ると、30代、40代、50代の方が多く、40代と50代で約７割です。昨年（2022年）５月からは60歳以上の方もiDeCoに加入できるようになり、加入者全体の３％弱の約８万人が加入しています。

図表６－４　iDeCoの加入者数の推移

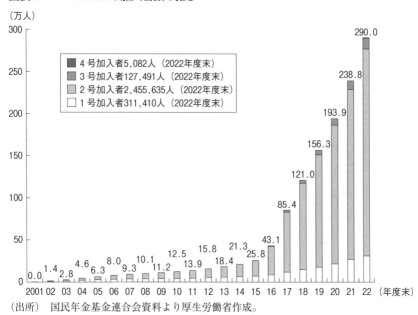

（出所）　国民年金基金連合会資料より厚生労働省作成。

DBの規約数は、制度創設後、適格退職年金や厚生年金基金からの移行によって急増し、年度ごとに見ると2011年度末がピークで約1万5,000件ありましたが、近年は減少傾向で、昨年度（2022年度）末で約1万2,000件まで減少しています。その背景として、DBからDCへ移行する企業が多くなっています。実際に、企業型DCの規約数は毎年増加しており、昨年度（2022年度）末で約7,000件です。1つの規約で複数の事業所が共同で企業型DCを実施していることもあるので、規約数と事業所数は異なります。事業所数ベースでは約4万となっています。

　企業年金の実施状況は従業員規模によって差があり、従業員規模が小さくなるほど企業年金の実施割合が低くなる傾向にあります。DBとDCをあわせて実施することも可能です。従業員1,000人以上の企業では、2013年には約5割がDBを実施していましたが、2018年には4割強に減少しました。一方で、企業型DCを実施している1,000人以上の企業は、2013年には3割強でしたが、2018年には約5割まで増えています。DBは、事業主が給付を約束して、運用の責任も全て事業主が負う仕組みである一方で、企業型DCは、運用の責任は従業員が負う仕組みであることも、最近の傾向として企業型DCが増えている背景にあると思います。

　一方で、資産額を見ると、DB、DCともに増加傾向にあります。2021年度末で、DBは約68兆円、企業型DCは約18兆円、iDeCoは約3.7兆円となっています。

　税制についても少し紹介します。掛金の拠出時は、DBもDCも事業主の掛金は全部損金算入されます。加入者の掛金は、DBの場合は生命保険料控除、DCの場合は小規模企業共済等掛金控除があり掛金の全額が所得から控除される仕組みになっています。運用時には、DB、DCともに運用益は非課税です。制度を実施している法人には、積立金に対して特別法人税が課せられる仕組みになっていますが、現在は課税停止中です。給付時には、基本的に、年金で受け取る場合には雑所得、一時金で受け取る場合は退職所得として課税されることになりますが、それぞれ公的年金等控除や退職所得控除が

あります。

　最近の主な制度改正についても概要を紹介します。2020年6月からDBの支給開始時期の設定可能範囲が65歳から70歳に拡大しました。2020年10月からは、中小事業主がiDeCoを活用する従業員を支援できるiDeCoプラスの対象も、従業員100人以下から300人以下に広がりました。昨年（2022年）4月にはDCの受給開始時期の上限が70歳から75歳に引き上げられました。また、昨年（2022年）5月からはDCの加入可能要件が拡大され、厚生年金の被保険者であれば企業型DCに、国民年金の被保険者であればiDeCoに、基本的に加入できるようになりました。

　来年（2024年）12月からはDCの拠出限度額の算定方法が見直されます。現行制度では、企業年金加入者のiDeCoの拠出限度額は、例えば、企業型DCのみを実施している企業の加入者は月額2万円、企業型DCとDBを両方実施している企業とDBのみを実施している企業の加入者は月1.2万円となっているなど、企業年金の実施状況に応じてバラバラになっています。これを公平化するため、来年（2024年）12月からは、企業年金加入者のiDeCoの拠出限度額が基本的に月額2万円に統一されます。そのうえで、企業型DCのみを実施している場合の拠出限度額が月額5.5万円であることを踏まえ、企業年金とiDeCoの拠出額の合計が最大月額5.5万円となるように、企業型DCの事業主掛金やDBなどの他制度の掛金相当額といった事業主が負担する拠出額が3.5万円を超えると、加入者のiDeCoの拠出限度額が逓減していく仕組みになります。

　最近の制度改正でDBもDCも拡充してきており、特にDCについては、多くの方が利用できるようにかなり拡充してきています。

⑶　今後の課題

　2040年を展望して社会保障について考えると、高齢者の人口の伸びは落ち着く一方で、現役世代が急減していくことが予想されています。そうした中

で、総就業者数を増加させるとともに、より少ない人手でも社会保障が成り立つようにしていくことが必要になってきます。国民誰もが、より長く、元気に活躍できるように、①多様な就労・社会参加の促進、②健康寿命の延伸、③デジタル化などのサービス改革による生産性の向上の３つが、社会保障の持続可能性の確保の前提として重要になってきます。

私的年金については、多様な働き方の中で、若いうちから継続的に資産形成を図ることができるようにしていくことや、個々の事情に応じた多様な就労と私的年金・公的年金の組み合わせが可能になる仕組みを構築していくことが今後の課題となっています。

公的年金の財政検証が５年に１回であることから、年金制度は５年に１回の頻度で見直しています。来年（2024年）末を目途に見直しの方向性を取りまとめて、2025年以降に法案を国会に提出することを念頭に、今年度（2023年度）は厚生労働省の社会保障審議会企業年金・個人年金部会で議論を進めています。

企業年金・個人年金部会の資料で示された、私的年金制度に関する今後の検討における主な視点を３つ紹介します。

１つ目は、「国民の様々な働き方やライフコースの選択に対応し、公平かつ中立的に豊かな老後生活の実現を支援することができる私的年金制度の構築」です。加入可能要件、拠出限度額、受給方法などを全体として考えていく必要があるという論点です。

２つ目は、「私的年金制度導入・利用の阻害要因を除去し、より多くの国民が私的年金制度を活用することができる環境整備」です。そもそも制度に加入しにくいと問題ですので、周知広報、手続の簡素化などを含めて、分かりやすく活用しやすい環境を整備していく必要があるという論点です。

３つ目は、「制度の運営状況を検証・見直し、国民の資産形成を促進するための環境整備」です。企業型DCは事業主が実施していて、iDeCoは国民年金基金連合会という組織が実施しているのですが、こうした仕組みの中で、国民がより資産形成しやすい環境を整備していくためにどのように取り

組むべきかという論点です。

　企業年金・個人年金部会の議論の中で、委員の方が、野球の投手にたとえながらWPPという１つの考え方を示されていたので紹介します[1]。「W」は就労延長（Work longer）で、「働けるうちはなるべく長く働く先発投手」とされています。「P」は私的年金（Private pensions）で、「就労引退から公的年金の受給開始までをつなぐ中継ぎ陣」とされています。最後の「P」は公的年金（Public pensions）で、「終身給付で人生の終盤を締めくくる抑えの切り札」とされています。老後の選択肢としてこの３つがあり、これらをどのように組み合わせていくかは人それぞれで、色々なパターンが考えられるとされています。

　例えば、DBとDCのどちらにも加入していた場合には、60歳以降の給与減はDCで補い、完全リタイアする65歳から70歳まではDBでつなぎ、70歳以降に公的年金の受給を開始するというパターンが考えられます。公的年金は受給開始時期を繰り下げると増額されます。60歳で退職金をもらいつつ、65歳までは就労と退職金で賄い、完全リタイアする65歳以降は貯蓄を取り崩して、公的年金の受給開始時期を少し繰り下げるというパターンも考えられます。65歳まで就労して十分な老後資金がある場合には、70歳までは貯金・退職金・個人年金で賄い、70歳以降に公的年金の受給を開始するというパターンも考えられます。十分な老後資金がない場合には、なるべく就労延長して、できるだけ公的年金の受給開始時期を遅らせるというパターンも考えられます。

　もちろん、人それぞれの働き方や考え方、置かれた状況によって選択肢は多種多様なのですが、単に65歳になったら公的年金をもらうという方法だけではなく、資産の組み合わせ方は様々あり、それを自ら考えていく必要があるということが議論されています。私的年金と公的年金にはそれぞれの役割がありますが、公的年金と相まって老後所得の確保を図り、多様な希望や

1　第21回社会保障審議会企業年金・個人年金部会（2023年４月12日）谷内陽一委員（株式会社第一生命経済研究所主席研究員）提出資料。

ニーズに応えていくことが私的年金の基本的な役割ですので、まさにこの組み合わせ方を考えていくことはとても大事だと思います。

2　確定拠出年金と資産形成

(1)　確定拠出年金の現状

　ここからはもう少し詳細な説明に入っていきます。まず、DCについて説明します。DCの運用商品には、預貯金や保険商品といった元本確保型の商品もありますが、国内債券、国内株式、外国債券、外国株式、バランス型などの投資信託による運用が増えてきています。

　企業型DCの資産構成割合を見ると、2021年度末で約6割が投資信託による運用となっています。年代別に見ると、特に20代から40代で投資信託の割合が高い傾向にあります。受給開始年齢が近づいてくると、できるだけリスクを抑えたいという考え方もあると思いますが、若い世代のほうがある程度リスクのある運用をされている傾向が見られます。

　iDeCoの資産構成割合を見ても、やはり約6割が投資信託による運用となっています。年齢別で若い世代のほうが投資信託の割合が高くなる傾向にあることも企業型DCと同じなのですが、iDeCoでは特に20代から30代で投資信託の割合が約8割と高くなっています。

　2016年に法改正があり、企業型DC制度を健全に運営するとともに、加入者が適切に資産運用を行うことができるようにするため、様々な環境整備を行いました。

　具体的には、まず事業主による継続投資教育が努力義務化されました。投資教育の前に「継続」が付いているのは、加入時、加入後、受給時といった一連の流れの中で継続的に投資教育を実施していくという趣旨です。従来は継続投資教育の実施は事業主の配慮義務でしたが、少し強い努力義務に変更されました。

また、運用商品の提供数の上限を35本に設定しました。運用商品がたくさんあり過ぎると選ぶことが難しくなり、かえって選ばなくなったり、１本選んだらもう考えたくなくなったりしてしまうという指摘があったことを受け、本数を厳選することにしたものです。

　もう１つの大きな改正が、指定運用方法の導入です。企業型DCに加入して、せっかく事業主が掛金を拠出してくれていても、運用商品を選ばない加入者がいます。その場合、そのまま現金で置かれたままの状態になります。それはすごくもったいないので、継続投資教育も実施していくのですが、それでも運用商品を選ばない加入者がいます。そのため、労使で協議したうえで事業主が運用方法を指定することで、運用指図を行わない加入者の運用方法を、事業主が指定した運用方法に決めることができる仕組みを導入しました。

　企業型DCにおいて事業主が果たすべき役割・責任についても紹介します。企業型DCを実施する事業主に対しては、加入者が適切に資産運用を行うことができるようにする観点から様々な規定が置かれています。例えば、先ほど紹介した継続投資教育の努力義務のほか、企業型DCの運営管理業務を委託する「運営管理機関」と呼ばれる金融機関の評価を行うことも求めています。企業型DCにおける運用商品の選定はとても大事です。運営管理機関が提供する運用商品がきちんとしたものでなければ、加入者の資産形成の妨げになりかねません。運営管理機関と協議して、加入者が真に必要な運用商品を選定していくことも事業主の責任と位置づけられています。

⑵　指定運用方法

　先ほど紹介した指定運用方法についてもう少し詳しく説明します。指定運用方法は、運用指図を全く行わない加入者の運用方法を、事業主が指定した運用方法に決めることができる仕組みです。指定運用方法を設定している事業所は全体の約４割となっています。指定された運用方法を商品構成別に見

ると元本確保型商品が約8割となっています。

指定運用方法は、まず事業主が従業員の年齢層などの加入者集団の属性を運営管理機関に伝え、運営管理機関がそれを踏まえて指定運用方法の候補となる商品を提案し、労使協議を経て決める仕組みになっています。また、運営管理機関は指定運用方法の選定理由を加入者に提示する必要があります。

具体的な指定運用方法としては、例えば、グローバルバランスファンドやターゲット・イヤー・ファンドを選定している事業所もありますし、保険や定期預金を選定している事業所もあります。同じような運用商品に見えても、運用方法などに応じて信託報酬などの手数料にばらつきがありますので、選定理由をきちんと説明していくことが重要です。

iDeCoの指定運用方法は、運営管理機関の判断で選定・提示することが認められています。実際に指定運用方法を設定したプランは70あり、このうち半数以上が投資信託などの非元本確保型となっています。iDeCoは加入者自身の意思で積極的に加入する制度でもあるので、企業型DCに比べると指定運用方法として投資信託を選定することが多い状況になっています。

⑶ 運用商品のモニタリング

運用商品のモニタリングについても簡単に紹介します。

先ほど、企業型DCにおける運用商品の選定は実施主体である事業主の責任であることに言及しました。運営管理機関を選任することも事業主の責任ですし、事業主は少なくとも5年に1回は運営管理機関を評価する仕組みになっています。一方で、運営管理機関は、事業主がサービス内容の相対的な比較を行うことができるように、自らが選択した運用方法の一覧を公表することが求められています。

2021年度に運用商品のモニタリングを実施している事業主は約8割で、運用商品のラインナップを定期的に確認している事業主は半分程度となっています。運用商品の見直しに関しては、実際に運用商品を追加した事業主と追

加することを検討している事業主をあわせて約4割、運用商品を除外した事業主と除外することを検討している事業主をあわせて1割弱にとどまっていて、まだまだ取組みを進めていく必要があると考えています。

⑷　加入者のためのDCの運用の見える化

運用の見える化も重要です。加入者が適切な運用を行っていくためには色々な情報が必要になりますので、先ほども言及したとおり、運営管理機関は運用方法の一覧を公表することが求められています。

ただ、実際の公表方法にはかなりばらつきがあります。例えばトータルリターンなどの項目に応じて上位から順番に並び替えて比較できる機能を付けて公表している運営管理機関もあります。一方で、例えばファイルをクリックするとPDFが表示されて、運用方法を比較するためには1つずつPDFファイルを表示する必要がある公表方法を採用している運営管理機関もあります。

また、運営管理機関は、毎年少なくとも1回、加入者に資産の運用状況を通知することが求められています。多数の項目を通知することが求められているのですが、加入者が関心を持って見るのは、運用結果くらいという指摘もあります。運用方法の一覧の公表方法を含め、加入者が理解しやすいように、どのように情報提供していくべきかについては、今後も様々な工夫の余地があると思います。

先ほども紹介しましたが、iDeCoの拠出限度額は、企業年金への加入の有無や事業主による掛金の拠出額によって変わってきます。このため、iDeCoの加入者が自らの拠出限度額を把握できる仕組みも用意しています。具体的には、「企業型RK」と呼ばれる記録関連の業務を行う運営管理機関があり、そのホームページを見ると、事業主による掛金の拠出額やiDeCoの拠出限度額を確認できるようになっています。

⑸　継続投資教育

　DC関係の話の最後は継続投資教育です。継続投資教育の実施率は向上してきていて、2021年度で約8割が実施済みとなっています。

　継続投資教育の具体的な手法は、集合研修、社内報や社内メールなどの定期発行物、動画視聴、ウェブセミナーが多くなっていて、特にコロナ禍以降はウェブセミナーが多いようです。ただ、例えば社内報で少しだけ投資教育関連のことが書いてあるだけであったり、セミナーの案内をしても興味がない方には参加していただけなかったりということもありますので、効果的な投資教育の実施には工夫が必要です。事前にウェブアンケートを実施して、従業員がどういうことを知りたいかを調査したうえで効果的な継続投資教育を実施している事例もあります。工夫の余地はまだまだあると思いますので、積極的に取り組んでいく必要があると思っています。

　継続投資教育の具体的な内容は、DC制度の基本的な仕組み、資産運用の基礎知識、金融商品の仕組みと特徴などが多くなっています。一方で、退職後の生活の長期化に伴って、受給に向けた老後の生活設計に関する教育の重要性が指摘されているのですが、こうした内容の教育を行っている事業主は半数程度にとどまっています。企業型DCは年金なのですが、一時金として退職金のような形で受け取る方が多く、DC資産の受給後の活用のあり方については課題があると指摘されています。このあたりもまだまだ取組みが必要な分野だと思います。新たに創設される金融経済教育推進機構が行っていく金融経済教育の中でも、企業年金やiDeCoに関する内容を盛り込んで、きちんと周知していくことも大事だと考えています。

　iDeCoについては、企業型DCの事業主と同様に、国民年金基金連合会に対して、加入者に対する継続投資教育を行う努力義務が課せられています。セミナーも開催していますし、特設サイトを開設して動画コンテンツも掲載されていますので、ぜひご覧いただければと思います。

3 アセットオーナーとしての確定給付企業年金

最後にアセットオーナーとしてのDBについて紹介します。

政府は、年内（2023年内）に資産運用立国に関する政策プランを取りまとめようとしています。アセットオーナーは、資産運用会社にお願いして資産を運用する資金の出し手ですが、運用力を強化していく必要があるのではないかという議論が行われていて、その中で企業年金としてのDBも取り上げられています。

DBのほかにも、公的年金の積立金の運用を行っているGPIF（年金積立金管理運用独立行政法人）、保険会社、大学ファンドなどが資産運用会社に資産の運用を委託するアセットオーナーとされています。アセットオーナーの1つとしてのDBについても、受益者の最善の利益を確保する観点から、様々な取組みを進めていくべきではないかと指摘されています。

DBの現状を見ると、資産規模別の制度数割合では、資産額100億円未満の小規模なDBが全体の約93％を占めています（図表6－5）。一方で、100億円

図表6－5　DBの資産規模別制度数と資産総額

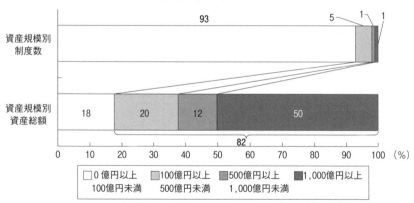

（注）運用の方法が生命保険一般勘定に限定されている受託保証型確定給付企業年金については報告様式が異なることから、集計には含まれていない。
（出所）「事業及び決算に関する報告書」より厚生労働省作成。

以上の大きな資産を保有しているDBは残りの約7％に過ぎません。この約7％のDBが、DB全体の資産総額の約82％を保有しています。DBの中でも、厚生年金基金からの移行が多い基金型よりも、適格退職年金からの移行が多い規約型のほうが資産規模の小さいところが多くなっています。

　DBでは給付が決まっていますので、拠出と運用で必要な給付額を賄う構造になっています。この給付を賄うために事業主が拠出する必要がある掛金を、予定利率を用いて計算しています。今年（2023年）10月に、一部報道で企業年金の予定利率引上げを促すべきという論調の記事が掲載されました。そこで、予定利率と運用の関係についても紹介します（図表6－6）。運用実績が予定利率を上回った場合には、将来の積立不足の可能性に備えて剰余金を積み立てることになりますので、運用実績がよかったからといって、直ち

図表6－6　DBの予定利率と運用の関係

【運用実績と予定利率を踏まえた基本的な対応】

〈運用実績が予定利率を上回る場合〉 剰余金を将来の不足の可能性に備え、 **別途積立金として積み立て** **⇒給付が増額されるものではない** ※毎年積み上げた別途積立金が一定水準を超えた場合、事業主の掛金が減額・停止される	〈運用実績が予定利率を下回る場合〉 不足金が一定範囲を超えた場合、 **事業主が追加で掛金を拠出しなければ**ならない ※上記に加え、毎年の非継続基準の財政検証で不足金が生じる場合には、事業主が追加の掛金拠出が必要となる ※事業状況として追加の掛金拠出が困難である場合等には、給付の減額が認められ得るが、給付減額となる加入者等の個別の同意等を得る必要がある

【予定利率と運用との関係】
○予定利率は、積立金の運用収益の長期の予測に基づき、各企業年金制度で定める。

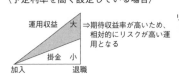

に給付が増えるものではありません。一方で、運用実績が予定利率を下回り、積立不足が一定額を超えた場合には、事業主が追加で掛金を拠出する必要があります。この追加の掛金拠出ができないのであれば、現に給付を受けている方や将来給付を受ける加入者の給付減額を検討していくことになります。

予定利率が高ければ拠出すべき掛金は小さくなりますが、運用環境が悪化した場合に追加拠出が求められるリスクは高まります。一方で、予定利率が低ければ掛金は大きくなりますが、追加拠出が求められるリスクは低下します。このバランスをどうとっていくかは、各DBの加入者数や受給者数、母体企業の経営体力などの様々な要因によって決まってきますので、適切な予定利率の水準は一律に決まるものではありません。

DBの受託者責任に関しては、善管注意義務や忠実義務があるほか、分散投資や資産構成の重視についてもルール化されています。DBのガバナンスに関しても、積立金の運用目的や資産構成などを記載した「運用の基本方針」や、長期にわたって維持すべき資産の構成割合である「政策的資産構成割合」の策定を義務づけています。また、運用の受託先の選定や運用コンサルタントの利用を含めて適切な運用体制の整備を求めています。資産運用関係のガイドラインも整備していて、必要に応じて見直しています。

資産運用立国に向けて、加入者の資産を預かるアセットオーナーの1つであるDBの役割は重要と指摘されています。加入者に対する受託者責任を果たしていくために検討していくべき項目として3つのことが挙げられています。

1つ目は、運用力の向上です。受益者の最善の利益を達成するため、運用受託機関の適切な選択や定期的な点検・見直し、より適切な運用に向けた専門性の向上といった取組みを進めていくべきではないかと指摘されています。

2つ目は、共同運用の選択肢の拡大です。DBは資産規模が小さいものが多いですが、小規模な企業には人材もいませんし、資産は大きいほうが運用

効率も上がりますので、共同運用ができるような仕組みを拡大していくべきではないかと指摘されています。

3つ目は、加入者のための運用の見える化の充実です。海外では、企業年金の運用成果や財政状況がウェブサイトで開示されている例があるので、そうした例も参考にしつつ、加入者が他社と比較できるように資産運用状況に関する情報開示をもっと進めていくべきではないかと指摘されています。

こうしたことを今後どのように進めていくべきかについて、年内（2023年内）の政策プラン策定に向けて政府内で議論しているところです。

私からの説明は以上で終わらせていただきます。ご清聴ありがとうございます。

> **質疑応答**

Q 企業年金と転職の関係についてお伺いします。企業年金は終身雇用を念頭に置いているような印象を受けたのですが、制度として、企業年金の加入者が転職した場合にはどのようになるのでしょうか。また、特に最近は雇用の流動化が進んでいると思いますが、そうした環境変化の中でも企業年金は制度として成り立つものなのでしょうか。成り立つとして効率的な資産形成の手段なのでしょうか。

A まず、企業型DCでは、拠出された掛金が加入者ごとに明確に区分されています。このため、加入者が転職したときには、転職先に企業型DCがあれば、資産をそのまま転職先の企業型DCに移換できます。転職先に企業型DCがない場合には、自身のiDeCoに移換することもできます。逆に自身のiDeCoの資産を企業型DCに移換することもできます。DCは、もともと雇用の流動化を念頭に置きながら、それに対応できる制度として創設したという経緯もあり、転職にも柔軟に対応できる仕組みになっています。

一方で、DBに関しては、集団で積立・運用をして、最終的に約束した給付を支給する仕組みなので、個人の持分という概念がありません。ただ、転職に一定程度対応できる仕組みも設けられています。例えば、DBの加入者が転職した場合、DBから脱退一時金の支給を受けて、それを転職先の企業型DCに移換したり、あるいは企業年金連合会という組織が運営している通算企業年金という制度に移換したりできる仕組みになっています。ただ、例えば、企業型DCの加入者が転職先のDBに資産を移換したいと思っても、転職先のDBとしては、資産を移換されてもDBの財政計算上はどう取り扱えばよいのかなどの論点が生じてきますので、そこは一定の制約があります。少し制約はありますが、iDeCoも含めた制度全体として、基本的には転職にも対応できる仕組みになっています。

Q 一般的には、iDeCoとつみたてNISAは同じような制度として捉えられがちだと思います。また、家計の余剰資金にも限界があるので、２つの制度を併用するのではなくて、どちらかを選ぶ択一になりがちだと思うのですが、政府としてはどちらを優先的に活用してもらうように制度設計したのか、あるいは併用してもらいたいと思って制度設計したのか、ご教示ください。

A なかなか難しいご質問です。厚生労働省としては「iDeCo」と言いたいところではあるのですが、制度の目的が違いますので、どちらがよいと言うことは難しいです。

　iDeCo推しの立場からiDeCoのメリットを具体的にお示しすると、NISAは自分の所得で投資をする仕組みですが、iDeCoでは、例えば２万円×12か月で年24万円の掛金を拠出すると、24万円全額が所得控除になります。つまり、所得税率が20％の方であれば、24万円×20％で、５万円弱の所得税が戻ってくるような仕組みになっています。

　ただ、特に若い方だと、いつ資金が必要になるか分からないので、引出しに制限があるiDeCoはなかなか活用しづらいと考える方も当然いらっ

しゃると思います。NISAは柔軟な引出しが可能というメリットがあるのですが、どちらか一方という発想ではなくて、各自の目的や状況に応じて両方の制度をうまく活用してもらいたいと思います。

Q iDeCoについて、原則60歳まで引出しができないことがiDeCoの長所であり、短所でもあると思います。年金資産ということを前提にしつつも、例えば住宅購入時などには早期の引出しも認めるとより柔軟な制度になると思うのですが、制度設計の際にどのような議論がなされたのでしょうか。

A 制度設計時に一番議論されたのは、iDeCoは年金なのか、貯蓄なのかというところです。いつでも引き出せるとすると、それは貯蓄となり、税制優遇などとの関係が一番の論点になっていました。iDeCoは老後の所得保障のための制度と位置づけられ、確実に老後に向けた資産形成をしていけるような仕組みとする前提で様々な税制優遇を与えられているものですので、引出し制限が設けられています。

　一方で、ご指摘のようにもう少し柔軟に引き出せる仕組みにするべきではないかという議論は常にあります。ただ、もし柔軟に引き出せるようにしたときには、やはり税制優遇との関係が最大の論点となります。例えば米国では中途引出しができる仕組みがあるのですが、そのときはペナルティタックスが課せられます。iDeCoをどういう性格のものとして捉え、税制優遇を含めてどう考えるのかについては、色々な考え方があるところだと思います。

Q iDeCoはある程度うまくいっているという印象があるのですが、一方で、加入者が300万人を超えたといっても労働力人口約6,900万人と比較すると限定的ですし、資産額も約3.7兆円で、企業型DCの約18兆円と比較して約5分の1です。行動経済学的に考えると、iDeCoは自分から動き始めなければいけないスラッジがあるのに対して、企業型DCはナッジや

フレーミング効果を前提とすればメリットがあると思います。事業主が運用商品をモニタリングしていくことなども考慮すると、企業型DCのほうがメリットが大きいのではないかと感じます。iDeCoと企業型DCにはそれぞれどのような独立の意義があるのか、また今後、国民や企業にどのように対応してもらいたいと考えているのかについてご教示ください。

A 加入者数で見ると、企業型DCは約800万人、iDeCoは約300万人となっていますが、労働力人口との比較した場合の評価については、まだまだ拡大する余地は当然あると思っています。特にiDeCoは個人の判断で加入できますので、それを促進していく必要があると思っています。

一方で、企業型DCはもともと退職金から始まって、今も退職制度の一部に位置づけられているものです。人的資本投資が重視される中で、こうした福利厚生の1つである企業年金をどう位置づけていくのかということも、今後の大きなテーマになってくると思っています。

ただ、企業年金への加入を強制すべきというところまで行くかどうかは議論の余地があると思います。海外では、私的年金であっても、従業員が拒否しない限りほぼ強制加入という仕組みを採用している国もあります。ただ、そうした国は公的年金との役割分担が日本とは違うので、日本の3階建て年金制度の中でどのように考えていくのかという議論が必要であると思います。

いずれにしても、iDeCoと企業型DCは両方とも重要と考えていますし、まだまだ足りていないということはご指摘のとおりであると思います。

Q DCの運用面での収益性の改善に向けて、今後の制度的な施策にはどのようなものがあるのでしょうか。既にビルトインされている制度で対応していくのでしょうか。

A DCは加入者自身が運用商品を選ぶことが基本的ですので、第三者が勝手に運用商品を決め付けることはできません。ただ、元本確保型を選ぶにせよ、リスクがある運用商品を選ぶにせよ、なぜその商品を選ぶの

か、加入者自身にきちんと理解していただく必要があります。そのために、先ほど紹介した継続投資教育や運用商品のモニタリングを通じた定期的な見直しが重要だと思っています。まずはこうした既にビルトインされている制度を適切に運用していく必要があると思っています。

　そのうえで、例えば、運用商品を自ら選ばない加入者への対応については常に議論があります。指定運用方法の採用を義務づけるべきではないかという議論もあります。ただ、指定運用方法の採用を義務づけるということは、自らの意思を示さない加入者に対して一定のリスクがある商品で運用することを強制していいのかという議論になります。企業型DCであれば、労使が協議して決めることにはなりますが、果たしてそれでいいのかという意見もあり、指定運用方法の義務づけについては、まだ議論の余地があると思っています。

第 7 章

金融商品の販売と
自主規制機関の役割

横田　裕（2023年11月29日）

講師略歴

1997年日本証券業協会入職。公社債・金融商品部、エクイティ市場部、企画部、国際部、資格管理部などを経て、2020年7月より現職。

講師紹介

　ゲスト講師 7 人目は、日本証券業協会（日証協）自主規制本部自主規制企画部長の横田裕さんにお越しいただきました。

　日証協は、金融商品取引法の規定による認可を受けている日本唯一の協会で、証券分野の業界団体であると同時に自主規制機関でもあり、横田さんは自主規制の企画立案を担当されています。

　証券会社などが顧客に金融商品を販売する際に最低限守るべきルールは法律で定められていますが、それに加えて、業界の自主規制や「顧客本位の業務運営に関する原則」などのソフトローがうまく機能していくことによって、「貯蓄から投資へ」を進める前提となる、顧客が安心して投資を行うことができる環境が整うと思います。今回の講義では、そうした環境整備に向けた証券業界の具体的な取組みをご紹介いただきます。

ただいまご紹介にあずかりました日本証券業協会自主規制企画部長の横田と申します。今日はこのような機会をいただき、誠にありがとうございます。学生の皆様に日証協の実務と取組みを紹介させていただけることは、大変貴重な機会であると思っております。

　今日は、日証協の概要や業務内容を説明したうえで、資本市場を取り巻く様々な環境変化への対応について、なるべく関心を持っていただけるように、できる限り具体的な取組みや個別の事例に触れながら説明していきたいと思います。

1　自主規制機関の役割

(1)　日本証券業協会の役割

　まず、日証協の概要について説明します。日証協は、1973年7月にそれまで複数の地域に分かれていた証券業協会を統合し、社団法人日本証券業協会として設立されました。

　1992年7月に当時の証券取引法上の認可法人に改組され、2007年9月の金融商品取引法の施行に伴い、同法の規定による認可を受けた認可金融商品取引業協会となりました。若干紛らわしいのですが、金融商品取引法には「認可金融商品取引業協会」と「認定金融商品取引業協会」が規定されています。前者の認可協会は日証協だけです。一方で、後者の認定協会としては、投資信託協会や金融先物取引業協会のほか、近年登場したビジネス形態に対応した日本暗号資産取引業協会や日本STO協会といった協会があります。業の種類ごとにそれぞれ規制すべき内容や協会員が異なってくることもあり、業ごとに自主規制機関が創設される傾向があります。

　認可協会と認定協会の間にさほど大きな違いはないのですが、違いを挙げると、認可協会である日証協は店頭売買有価証券市場を開設できます。日証協では、かつてJASDAQ市場という新興企業向けの市場を開設していまし

た。ただ、2000年以降、市場間競争が激しくなり、当時は、東京証券取引所のマザーズや大阪証券取引所のナスダック・ジャパンといった新興企業向けの市場と競合関係にありました。日証協が開設していた店頭売買有価証券市場としてのJASDAQ市場は、取引所化を経て大阪証券取引所に吸収合併されました。現在、日証協では店頭売買有価証券市場を運営していません。

日証協は、「自主規制機関」と呼ばれており、「協会員の行う有価証券の売買その他の取引等を公正かつ円滑ならしめ、金融商品取引業の健全な発展を図り、もって投資者の保護に資すること」を組織の目的としています。金融商品取引法では「自主規制機関」という用語は使われていませんが、同法の規定により、認可協会の定款には、協会員が協会の規則に違反した場合などには、協会員に対して過怠金を課すなどの処分を行う旨を定めることが求められています。

国際的には、代表的な自主規制機関の例として米国の金融業規制機構（Financial Industry Regulatory Authority：FINRA）がよく知られています。日証協は、FINRAとともに証券監督者国際機構（International Organization of Securities Commissions：IOSCO）という世界各国・地域の証券監督当局や証券取引所などで構成されている国際的な機構に参加しています。そうした場においては、各参加組織の投資者保護上の知見を活かしながら、国際的な施策に関する議論が行われています。

今年（2023年）10月30日現在の日証協の協会員のうち会員（証券会社）は272社で、証券会社全社が加入しています。金融商品取引法に加入を強制する規定はないのですが、協会に加入しない業者については、協会の定款その他の規則に準ずる社内規則を作成して、その社内規則を遵守する体制を整備していなければ金融商品取引業の登録を受けられないという趣旨の規定があります。こうした規定の効果もあると思いますが、結果として証券会社全社が日証協に加入しています。米国では法令でFINRAへの加入義務が課せられていますので、日本とは若干違いがあります。日証協の特別会員は銀行、生損保、信金・信組などの「登録金融機関」と呼ばれる金融機関です。銀行

の業務の中でも、例えば国債や投資信託の販売などは登録金融機関業務として金融商品取引法の規制に服することになりますので、自主規制も日証協が担当しています。このほか、日証協の特定業務会員である株式投資型クラウドファンディングの専業業者などの自主規制も日証協が担当しています。

　日証協の機関としては、一番上位に総会があります。総会は、一会員一議決権で、定款改正、予算・決算、事業計画書・事業報告書の承認など重要事項の決議を行う機関です。その下に理事会があり、さらにその下に自主規制会議が設置されています。この自主規制会議で自主規制に関する事項を決定しています。自主規制会議の議長は公益理事としているほか、公益委員４名を選任するなど、公正性・中立性を確保しながら自主規制上の施策について議論・決定を行っています。

　日証協は多様なステークホルダーとかかわりがあります。やはり一番大切なのは投資者で、個人投資家もいれば大口の機関投資家もいます。資本市場で資金調達する発行会社・上場会社も日証協のステークホルダーとなります。金融商品の販売にあたっては、証券会社が直接勧誘をする場合もありますし、金融商品仲介業者などを通じて販売する場合もありますので、こうした仲介者も日証協のステークホルダーです。消費者団体やマスメディアの理解も得ていく必要があります。研究機関や学生の皆さん、教育委員会とも関係があり、学校で金融リテラシーを高めていただくための活動をしていくことも重要と考えています。そのほかにも、経団連などの経済界の団体、海外の監督当局や自主規制機関、証券・金融商品あっせん相談センター（FINMAC）というNPO法人や取引所などの証券関連機関との関係もあります。行政庁の中では、特に金融庁や証券取引等監視委員会との関係が深いですが、マネー・ローンダリングの防止や反社会的勢力への対応などに関しては警察庁との連携も行われています。さらに、監査法人、資産運用会社、投資顧問会社、格付機関などとも関係があります。日証協は、こうした多岐にわたる関係者と良好な関係を築きながら、投資者保護を図っていくというスタンスで業務に取り組んでいます。

日証協では、自主規制業務以外に、国民の皆様に前向きに投資に取り組んでいただくための取組みも行っています。いわゆる「ファイアウォール」を挟んで、自主規制部門とは切り離された証券戦略部門での取組みになるのですが、金融リテラシーの向上にも力を入れています。先日11月20日に成立した「金融商品取引法等の一部を改正する法律」により、官民一体の中立的な組織として金融経済教育推進機構が新たに創設されますので、今後は機構が主体となる金融経済教育を通じて、国民の皆様に投資の自己責任原則も認識していただきつつ、資産形成に主体的に取り組んでいただけるような活動を行っていくことになると考えています。

(2)　日本証券業協会の自主規制業務

　自主規制とは、市場関係者自らが策定した規則によって自らを律することです。ここからは、日証協が実施している主な自主規制業務を順に紹介していきます。

　1つ目は、自主規制ルールの制定・監査・自主制裁です。日証協では、例えば顧客管理・内部管理関係のルール、従業員・外務員関係のルール、投資勧誘関係のルールなどを策定しています。そして、こうしたルールの遵守状況を確認するために監査を実施していて、おおむね3年に1回の頻度で協会員各社を回っています。実地監査のほかにも、オフサイトで各社の財務状況を随時モニタリングしています。ルール違反があれば、制裁を行って再発防止を図っています。

　日証協の自主規制規則の数は現在、規則が59、細則が7にのぼっています。このほかにも、自主規制規則などの考え方を示したガイドラインやQ&Aを策定しているほか、各社が使用する社内規程や約款のモデルなども必要に応じて作成しています。法令のうち政令や内閣府令を策定する際には、行政手続法でパブリックコメント手続が定められています。日証協の自主規制規則に行政手続法が直接適用されるわけではありませんが、自主規制

規則を策定する際にもパブリックコメント手続を実施しています。こうした手続を実施することで、プロセスを透明化し、ステークホルダーから多くの意見を聞いて規則を策定していくことができます。

　自主制裁は、弁明の手続を経て、規律委員会の意見を踏まえて自主規制会議で決定する枠組みになっています。一番重い処分は除名です。このほか、会員権の停止・制限、過怠金の賦課、けん責といった処分があります。外務員個人にも弁明の手続を経て自主規制上の処分が行われることがあります。かなり厳しい内容の処分もあって、一級不都合行為者として認定されると永久に採用禁止になります。このほかに、外務員の職務禁止措置などの処分もあります。

　2つ目は、外務員の登録事務です。証券会社の外務員は、外務員登録原簿に登録がないと顧客に対して金融商品の販売・勧誘を行うことができません。日証協は、国から委任を受けて外務員の登録事務を実施しています。外務員の資格試験や資格更新研修も実施しています。外務員は、所属する金融商品取引業者に代わって、有価証券の売買などの職務に関して一切の裁判外の行為を行う権限を有することになりますので、かなり厳格にこうした事務を実施しています。直近では、協会員である証券会社で活動している外務員が約7万人となっています。一方で、特別会員である銀行などの登録金融機関で活動している外務員は約31万人とかなり多くなっています。

　3つ目は、協会員の役職員向けの研修の実施です。自主規制関係の研修などを実施しているほか、協会員が行う社内研修への講師派遣なども行っています。

　4つ目は、金融商品市場の制度整備・市場管理業務です。日証協が、例えば証券会社の業務であるアンダーライティング、セリング、ブローキング、ディーリングに関するルールを策定して一定の規律づけをしていくことで、市場における適正な取引を確保していくことになります。また、上場会社やこれから上場しようとする会社が株式などを発行して資金調達する際に、証券会社として、そうした会社の経営の健全性やコーポレートガバナンスの状

況、業績見通しなどについて、投資者の期待に応え得るものであるかを審査することなどを規定した有価証券の引受けに関する自主規制規則もあります。日証協は、こうしたルールを策定することで、各証券会社のビジネスを通じて、市場の運営にも関与しています。

　5つ目は、証券取引に関する相談・苦情への対応と紛争解決のあっせんです。FINMACを通じて相談・苦情に応じるとともに、「ADR」と呼ばれる裁判外の紛争解決のあっせんも実施しています。FINMACは「裁判外紛争解決手続の利用の促進に関する法律（ADR法）」の認証を受けている団体です。こうした団体を利用することで、時効の中断や調停前置主義の排除などの効果もありますので、FINMACに相談・苦情の受付と紛争解決のあっせんを委任しています。

　6つ目は、認定個人情報保護団体としての業務です。日証協は、個人情報保護法に基づく認定個人情報保護団体としての一面もあり、協会員の個人情報などの適正な取扱いを確保するための業務も行っています。

　このように日証協では様々な自主規制業務を行っているのですが、日証協としては自主規制の意義を次のように考えています。

　1つ目は自律性です。協会員が自らどのようなルールが必要かを議論して、策定プロセスに直接参加していきますので、ルールの趣旨・目的を深く理解できます。

　2つ目は専門性です。近年はデジタル技術の発展もあり金融取引は進化しています。そうした中で法令だけで規律づけをしていくことには限界があると思いますので、市場の現状や実務に精通した業者が専門的な知見を活用して、自ら規律をつくっていくことに意義があると思います。

　3つ目は機動性です。変化していく市場環境や実情に応じてルールの改定や解釈適用を機動的に行っていくためには、法令と比較して柔軟性がある自主規制で対応していくことが適している場合もあると思います。

　4つ目はベストプラクティスです。公的な規制は行政処分につながるものですので、必要最低限度の規制になりがちであると思います。そうした中で

自主規制機関が公的な規制と比較してソフトなルールを策定し、ベストプラクティスを目指していくことも可能と考えています。

2　変化への対応と顧客本位の業務運営の実現

(1)　顧客本位の業務運営の実現に向けた環境変化

　ここからは個別の取組みの紹介に移ります。まず、顧客本位の業務運営の実現に向けた大きな環境変化についてです。2007年に金融庁が公表した「金融規制の質的向上（ベター・レギュレーション）」の中で、金融行政におけるプリンシプルベース・アプローチの導入が掲げられました。それ以前はルールベース・アプローチ、すなわち、ある程度詳細なルールを策定し、それを個別事例に適用していく対応が一般的でした。ルールベース・アプローチは、規制対象にとっては予見可能性の向上が期待できる面があるのですが、顧客にふさわしい金融商品をいかに提供していくかという課題へ対処するには難しい面がありました。そうした中で、金融行政として、プリンシプルベース・アプローチも組み合わせていく方針が明確にされました。プリンシプルベース・アプローチでは、まず規制対象者が尊重すべき重要な原則や規範を示したうえで、それに沿って金融事業者が創意工夫をして対応していくことが想定されています。

　2017年3月には「顧客本位の業務運営に関する原則」が策定されました。その背景には、法令上求められる体制整備などがミニマム・スタンダードとなり、金融事業者において形式的・画一的な対応が助長されてきたという指摘がありました。そうした中で、より一層プリンシプルベース・アプローチを進めていく観点から、7つの原則で構成される「顧客本位の業務運営に関する原則」が策定されたという経緯があります。

⑵　ビジネスモデル・手数料体系の変化

　顧客本位の業務運営をより一層進めていこうとする中で、証券会社のビジネスモデルも変わりつつあります。具体的には、手数料体系の変化です。長期的な視点での資産管理と助言が主流となっている米国では、資産残高に連動した手数料体系が増加しています。資産残高に連動した手数料体系は、顧客の利益は証券会社の利益にもなるという関係性を生み出そうとするものです。証券会社は顧客と目線を一致させ、顧客ごとのゴールにあわせた長期的な視点に立って、顧客との関係構築と預り資産増加を目指すことになります。足もとでは、日本においても、売買の都度手数料の支払いを求めるビジネスモデルから、資産の残高を増やしていく資産管理型のビジネスモデルに変わる動きが出てきています。そうした中で、現行の金融商品取引法の規制体系にこうしたビジネスモデルがフィットするかという論点が出てきています。この論点について、欧州の投資助言に対する規律が参考になると考えています。

　欧州の規律では、"Investment Firm"（投資業者）が行う投資助言が「独立投資助言」に該当する場合には、独立した立場で投資助言を行うことの顧客への開示や、顧客以外の第三者からの報酬・手数料の受取り禁止などの追加規制が課せられます。個々の助言について明示的に手数料を収受する日本の伝統的な投資助言業は、欧州の「独立投資助言」に近いものと考えています。一方で、欧州でも "Investment Firm" が行う投資助言が「独立投資助言」に該当しない場合には、こうした追加規制は課せられず、利益相反の管理・開示義務や誠実・公正義務などが課せられるにとどまっています。最近、日本の証券会社が導入しつつある資産残高に連動した手数料は、個々の助言に対して明示的に手数料をもらう形態ではなく、顧客以外の主体から受け取る投資信託の信託報酬なども含まれ、また自社の取扱商品のみを推奨するビジネス形態であることも踏まえると、欧州における「独立投資助言」には該当しないと考えられます。欧州では、「独立投資助言」に該当しない助

言については、上記のように利益相反の管理・開示義務や誠実・公正義務などで対処されますので、日本においても、証券会社を含む第一種金融商品取引業者に対する規制の中で対応を検討していくことも考えられるように思われます。

(3) 仲介者の裾野拡大

　日証協は、金融商品の仲介者の裾野の拡大にも対応しています。2021年11月に「金融サービスの提供に関する法律」が施行され、金融商品の新たな仲介チャネルとして金融サービス仲介業が創設されました。金融サービス仲介業は、1つの登録で銀行・証券・保険・貸金の全ての分野のサービスの媒介業務をワンストップで行うことができるという特徴があります。金融サービス仲介業者の数はまだそれほど多くなく、現時点（2023年11月7日時点）では全8社で、そのうち証券分野の仲介業務を行っている業者は4社という状況です。

　従来型の金融商品仲介業者は所属先となる証券会社が指導・監督を行うこととされている一方で、金融サービス仲介業者は、証券会社などの既存の金融事業者と対等なパートナー関係で仲介ビジネスを行っていくこととされています。従来型の所属制のもとでは、仲介サービスに関して顧客との間でトラブルが生じた場合の損害賠償責任は所属先の業者が負うことになります。一方で、金融サービス仲介業者は、特定の業者への所属制が求められておらず、こうした場合の損害賠償責任を自ら負うことになります。このため、金融サービス仲介業者は法令上、一定の財産的基礎が求められているほか、取扱可能な金融商品は高度に専門的な説明を要しない商品に限定されています。

　日証協の協会員である証券会社も、この金融サービス仲介業者に金融商品の販売を委託して顧客にアプローチしていくことが可能になります。そのため、日証協としても、委託元となる証券会社に対する自主規制規則を策定し

ています。委託先となる金融サービス仲介業者は日証協の協会員ではなく、日本金融サービス仲介業協会という自主規制機関の会員になります。したがって、金融サービス仲介業者に対する自主規制は、日本金融サービス仲介業協会が策定しています。

　従来型の金融商品仲介業に関する自主規制規則では、証券会社が金融商品仲介業者を指導・監督し、証券会社の自主規制と同等の取扱いを遵守させるため、委託契約の中で定めるべき事項を規定しています。一方で、金融サービス仲介業に関する自主規制規則では、証券会社が委託先となる金融サービス仲介業者における法令・諸規則の遵守体制や委託元の証券会社への協力体制を確認するため、委託契約で定めるべき事項を規定しています。所属制の有無という法令上の差異を踏まえて、自主規制規則においても、従来型の金融商品仲介業者と金融サービス仲介業者では異なる体系となっています。

⑷　情報提供の拡充

　顧客に対する情報提供の拡充に関する近年の動きとして、重要情報シートについて紹介します。2020年8月に公表された金融審議会市場ワーキング・グループの報告書を受けて、顧客に対して、より分かりやすく丁寧な情報提供がなされるように工夫していく取組みの一環として、重要情報シートの活用が進められています。

　従来は、例えば投資信託を販売しようとするときは、目論見書と必要に応じてその他の商品説明資料を使って説明していました。重要情報シート導入後は、顧客に理解していただくべき特に重要な情報をピックアップしたものを重要情報シートに記載して、まずはそれを説明して顧客に理解していただいたうえで、必要に応じて交付目論見書を説明していく流れになります（図表7－1）。重要情報シートが内閣府令で定める一定の要件を満たす形式で作成されていれば、その中に記載されているURLやQRコードを通じて目論見書を顧客にご覧いただくという方法（目論見書のみなし交付）を採用する

図表７－１　重要情報シートの導入前後における投資信託の募集勧誘時の説明のイメージ

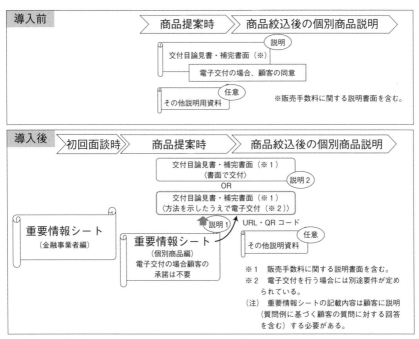

（出所）　日証協作成。

ことも可能になっています。

⑸　情報提供のデジタル化

　金融商品の広告についても動きがあります。まず、広告と勧誘の違いから説明します。広告は勧誘の手前の情報提供です。広告は、一般的には多数の利用者を対象としたもので、勧誘に比べると誘引性は強くないことが想定されています。一方で、勧誘は、一般的には特定の利用者を対象とした、金融商品を実際に購入していただくための誘引性の強い働きかけが想定されています。

最近は、インターネット上で送客・広告・勧誘といった行為が連続的に行われ得る環境にあります。皆さんもターゲティング広告をご存じかと思います。過去の検索履歴や購買履歴などから個人の趣味・嗜好を推定したり、過去に高級な品物を購入した履歴から資産の状況などを推定したりして、推定された属性に応じて購入してもらえそうな商品に関するバナーや動画をウェブ上で特定の個人向けに表示することが可能になっています。こうしたターゲティング広告が勧誘に該当するかどうかという論点が出てきています。

　広告は、不特定多数の方の目に触れるものですので、リスク表示や事前審査が求められており、基本的に誰が読んでも誤解を生じさせない情報提供となるように規制されています。広告と同じ内容の情報提供が個人を特定して行われることのみをもって勧誘の効果が生じるのか、あるいはその他の問題が生じるのかどうかについては、慎重に検討していく必要があると考えていますが、今後議論となり得る論点であると思います。オンライン・マーケティングに関しては、国際的にも、業者がターゲティングやゲーミフィケーションなどを利用する際に公正な取扱いを確保していくために必要な対応を検討していくことが課題と指摘されています。

⑹　インターネット取引の拡大

　インターネット取引の拡大によって生じてきている、能動的な勧誘を伴わない販売について紹介します。ネット証券の顧客は、基本的に画面上の表示を読み、購入したい金融商品をクリックすることで購入手続を行えることになります。このため、一般的なインターネット取引は能動的な勧誘をしているとは認定しづらく、これまでは、仮に顧客がネット証券で複雑でリスクが高い金融商品を購入して大きな損失を出してしまったとしても自己責任とされてきたケースが多かったと言えます。

　ただ、国際的にはこうした考え方に変化が生じてきています。例えば米国では、昨年（2022年）３月に、インターネット取引の画面を見て自ら金融商

品を購入する自己指示型取引（self-directed transaction）に現行の規制が適切に対処できているかという論点について、FINRAが市中協議を通じて市場参加者から意見を募集しています。こちらには多くのコメントが寄せられ、現在FINRAで対応を検討しています。また、欧州では、今年（2023年）3月に、欧州証券市場監督局（European Securities and Markets Authority：ESMA）がプロダクトガバナンスガイドラインの改訂版を最終化し、その中のケーススタディで、複雑でリスクが高い仕組商品について、最適な販売チャネルを販売助言によるものに限定することを例示しました。要するに、仕組商品は適切なアドバイザーがついていない場合には購入させるべきではなく、インターネット取引で購入させることは適切ではないという考え方が示されたということです。

　日証協でも、関係するガイドラインを改正し、今年（2023年）7月から、インターネット取引によって複雑でリスクが高い商品を販売する場合には、顧客への能動的な勧誘を伴わない販売の特性を考慮しつつ、販売対象としてふさわしい顧客（販売対象顧客）への販売が行われるようにPDCAサイクルを回しながら販売態勢を構築することを、協会員に求めています（図表7－2）。

　具体的には、まず販売商品としての合理性を協会員が自ら検証したうえで、販売対象顧客への販売がなされるように、画面上の表示を工夫することを求めています。そのうえで、顧客自身が商品の購入が自らに適していると考えられる旨とその理由を確認・判断してクリックするような仕掛けを協会員に考えてもらうようにしています。販売後の対応もポイントです。顧客へのアフターフォローや社内検査で、実際に金融商品を購入されて損失を出した顧客からのリスクや仕組みを理解できなかったとする声がカスタマーセンターに届いていないか、声は届いていないとしても多くの顧客が損失を出して資産形成に支障を生じさせていないか、顧客が自身の金融資産に照らして過度なリスクをとっていないかなどを確認します。そのうえで、販売対象顧客と実際に金融商品を購入した顧客との乖離が生じている場合には、販売勧

図表７－２　インターネット取引における販売プロセス

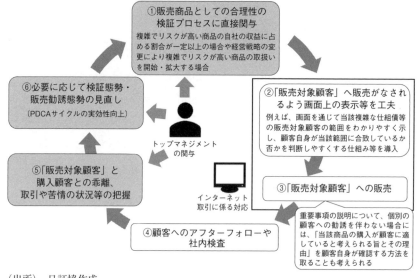

①販売商品としての合理性の
　検証プロセスに直接関与
複雑でリスクが高い商品の自社の収益に占
める割合が一定以上の場合や経営戦略の変
更により複雑でリスクが高い商品の取扱い
を開始・拡大する場合

⑥必要に応じて検証態勢・
　販売勧誘態勢の見直し
（PDCAサイクルの実効性向上）

トップマネジメント
の関与

②「販売対象顧客」へ販売がなされ
　るよう画面上の表示等を工夫
例えば、画面を通じて当該複雑な仕組債等
の販売対象顧客の範囲をわかりやすく示
し、顧客自身が当該範囲に合致しているか
否かを判断しやすくする仕組み等を導入

⑤「販売対象顧客」と
　購入顧客との乖離、
取引や苦情の状況等の把握

インターネット
取引に係る対応

③「販売対象顧客」への販売

④顧客へのアフターフォローや
社内検査

重要事項の説明について、個別の
顧客への勧誘を伴わない場合に
は、「当該商品の購入が顧客に適
していると考えられる旨とその理
由」を顧客自身が確認する方法を
取ることも考えられる

（出所）　日証協作成。

　誘態勢を見直していくことを求めています。例えば、画面上の表示の分かり
にくさや、過度な画面上の顧客誘導が乖離の原因であれば、それらを改善
し、必要な場合には取引開始基準を含めて見直しを実施していくプロセスを
構築していくことが重要と考えています。

(7)　金融商品のデジタル化

　金融商品自体もデジタル化が進んでいます。2020年５月から、株式や社債
などの金融商品取引法第２条第１項各号に掲げられているような流通性が高
い有価証券（いわゆる「１項有価証券」）がトークン化されたものは、法令上
「電子記録移転有価証券表示権利等」と位置づけられました。ブロックチェー
ン技術を使って流通するこうしたトークン化有価証券の売買に関しては、日
証協が自主規制規則を整備しています。一方で、金融商品取引法第２条第２

項各号に掲げられているファンド持分などの流通性が低い権利で、金融商品取引法上は有価証券とみなされるもの（いわゆる「2項有価証券」）がトークン化されたものは、法令上「電子記録移転権利」と位置づけられ、こうしたトークンの売買に関しては、別の自主規制機関である日本STO協会が自主規制規則を整備しています。デジタル化によって、金融商品の多様化が進む中、このように自主規制機関同士で連携して、所管を整理しながら対応していくことも重要です。

トークン化有価証券に関する日証協の具体的な対応を紹介します。金融庁の監督指針の改正で取引開始基準を適切に定める旨が追加されたことを受け、日証協でも関係するガイドラインを改正し、取引開始基準の考え方や顧客に説明すべきトークン化有価証券の重要な事項を明確化しました。顧客に説明すべき重要な事項としては、例えばトークン化有価証券に用いられている技術の内容のほか、流出リスクや権利移転の効力発生要件が既存の有価証券とは異なることなどを挙げています。

自社の資産と顧客資産の分別管理に関しても、トークン化有価証券については、トークンの移転に必要な「秘密鍵」と呼ばれるものを管理すべきことなどを明確化しています。そのほかにも、顧客との契約締結前に交付する書面の参考様式を作成したり、トークン化有価証券の流通に利用されるプラットフォームのモニタリングを実施したりしています。

⑻ 金融商品の複雑化

金融商品自体の複雑化も見られます。今日はその中でも「仕組債」と呼ばれる商品を取り上げます。仕組債は、定期的にクーポンが支払われて償還日に元金が返ってくる通常の債券に、デリバティブという派生商品を組み込んだものです。条件次第でクーポンの利率や償還額、償還期日、償還方法などが変化します。

仕組債には多様な種類があります（図表7−3）。例えば、エクイティデリ

図表 7 - 3　仕組債の種類

内包される デリバティブの 種類	仕組債の通称	特徴
エクイティ デリバティブ	日経平均リンク債	日経平均株価の水準に応じて償還金が決定される債券
	他社株転換可能債 （EB債）	債券の発行者と異なる発行者の株券の交付により償還する可能性がある債券
金利 デリバティブ	固定コーラブル債	利率は固定だが、任意コール条項が付いている債券
	キャップ付フローター債	クーポンが指標金利に連動して決定されるフローター債に、上限利率が設定された債券
	リバースフローター債	指標金利が上昇するとクーポンが低下し、指標金利が低下するとクーポンが上昇する債券
為替 デリバティブ	デュアルカレンシー債	払込金及びクーポンの通貨と、償還金の通貨が異なる債券
	リバースデュアルカレンシー債	払込金及び償還金の通貨と、クーポンの通貨が異なる債券
	為替リンク債	払込金及びクーポンの支払いを外貨で行い、償還時の為替レートの水準によって、円貨又は外貨で償還金が支払われる債券

（出所）　日証協作成。

バティブが内包されたものとして日経平均リンク債があります。例えば、日経平均が３万円のときに日経平均リンク債を購入した場合、仮に日経平均が３万円から一定水準以下に下落すると元本はその割合よりも大きく毀損する一方で、償還期限まで日経平均が３万円付近で大きく変動しなければ、期中の高い金利が得られて満期に元本が返ってくる、ただし日経平均が一定水準

以上に上昇した場合には早期に償還されるという商品性を持つ仕組債です。発行者とは異なる他社の株価の動きを参照して、一定水準以下に下落するとその他社の株式で償還される可能性がある「他社株転換可能債（Exchangeable Bond：EB）」と呼ばれる商品も発行されています。金利デリバティブを内包した商品もあります。例えば、いわゆる「コール条項」が付与されて、発行者が金利動向を踏まえて任意に償還できる「コーラブル債」と呼ばれる商品が発行されています。このほかにも、為替デリバティブを内包した商品として、払込金やクーポンの通貨と償還金の通貨が異なる「デュアルカレンシー債」と呼ばれる商品や、償還時の為替レートの水準に連動して償還金の通貨が変わってくる「為替リンク債」と呼ばれる商品もあります。

　このように仕組債には多様な商品性があるのですが、特に複雑なものについては明確なニーズをお持ちの方、そして商品性をきちんと理解して余資で運用できる方でないと、なかなか販売対象にはならない商品です。ここ数年、こうした複雑な仕組債が個人投資家を中心に多く販売されて、結果として多くの顧客の元本が毀損して大きな問題になりました。

　仕組債とは異なる仕組預金についての調査ではあるのですが、英国の金融行為規制機構（Financial Conduct Authority：FCA）の調査では、仕組商品は、実際より安全であると錯覚しやすい商品であるという行動経済学的な要因が指摘されています。商品構造が複雑でリスクの所在や大きさが分かりにくくなっている中、見えないものや分からないものは顧客の考慮から除外されやすいので過小評価につながることが要因の1つとされています。仕組債をめぐる課題への対応は、こうしたバイアスが働くことを前提に検討していく必要があります。

　仕組債をめぐる状況を見ると、地域金融機関での販売が増加するなど販売の裾野が広がってきています。また、ネット証券でも購入できるなど販売形態も多様化してきています。商品の中身も外国株や複数の銘柄を参照する仕組債が発行されるようになっているなど、より複雑化しています。それに伴ってFINMACに寄せられる苦情・相談もかなり増加してきていました。

金融庁も問題提起をしていて、マスコミの報道でも顧客保護の視点から課題が指摘されている中で、日証協としても、プリンシプル・ベースとルール・ベースを組み合わせた対応を検討してきました。具体的には、関係する複数のガイドラインの改正や注意喚起のための通知の発出を行っています。そのうち、特徴的な取組みを紹介していきます。

　まず、仕組債などの複雑でリスクが高い商品の販売については、販売の是非や販売対象顧客の選定、販売勧誘態勢の見直しにトップマネジメントが適切に関与していくことを求めています（図表7－4）。そのうえで、先ほどインターネット取引に関連して紹介した内容と同様に、販売商品としての合理性の判断やアフターフォロー、販売対象顧客と実際に購入した顧客との乖離の把握、必要に応じた販売勧誘態勢の見直しなどのPDCAサイクルを構築していくことを求めています。

　仕組債については、販売対象顧客をどのように絞り込んでいくかが非常に

図表7－4　仕組債の販売プロセス

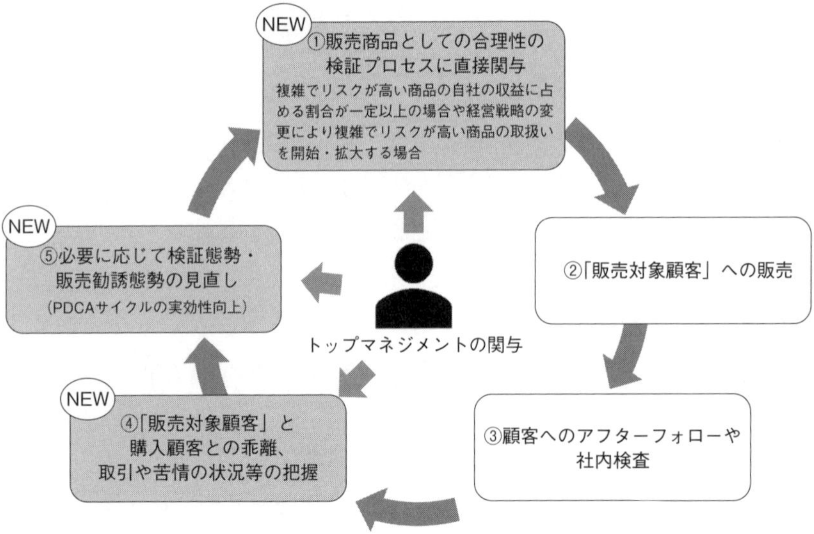

①販売商品としての合理性の検証プロセスに直接関与
複雑でリスクが高い商品の自社の収益に占める割合が一定以上の場合や経営戦略の変更により複雑でリスクが高い商品の取扱いを開始・拡大する場合

②「販売対象顧客」への販売

③顧客へのアフターフォローや社内検査

④「販売対象顧客」と購入顧客との乖離、取引や苦情の状況等の把握

⑤必要に応じて検証態勢・販売勧誘態勢の見直し
（PDCAサイクルの実効性向上）

トップマネジメントの関与

（出所）　日証協作成。

190

重要になりますので、顧客へのアプローチに関する事項については、かなりきめ細かく対応しています。例えば勧誘開始基準として、一定の投資経験がない顧客や安定的な資産形成を投資目的としている顧客は明確に対象外としました。また、仕組債を販売する証券会社などとは別の主体である仕組債の組成者が想定している顧客属性を踏まえながら、販売会社として販売対象顧客を設定していくことを求めています。保有資産が一定の金額以上といった資力だけではなく、高リスク商品の保有割合なども考慮して販売対象顧客を決めていくことにしています。

　商品説明資料においても、投資初心者向けの商品ではないことを明示したり、複雑な仕組債である旨を表示したりする取組みを証券業界内で共有しています（図表7−5）。仕組債の商品名は非常に分かりにくく、例えば「2027年○月満期　早期償還条項付　ノックイン型　日経平均株価連動　デジタルクーポン円建社債」という正式な商品名だけを見ても中身を理解することは難しいので、共通のラベルのようなものを貼り付ける運用を示しています。

　顧客への説明時の留意事項も色々あるのですが、特に力を入れているのは、高金利、高格付といったことを過度に強調しないことです。仕組債の発行体自体はかなり高格付であるという特徴があります。したがって、証券会社の営業員が、「発行体の格付が高いのでデフォルトする可能性は低い」と説明しても、必ずしも間違いではありません。ただ、仕組債にはデリバティブが組み込まれていますので、償還条件で参照する指標の変動リスクなどを顧客に誤解させないことが最も重要です。FINMACに寄せられている苦情・

図表7−5　仕組債の商品説明資料のイメージ

・投資初心者向けの商品ではありません。
・長期の安定的な資産運用向けの商品ではありません。

複雑な仕組債※　　2027年○月満期　早期償還条項付　ノックイン型
　　　　　　　　　日経平均株価連動　デジタルクーポン円建社債

※本商品はデリバティブを組み込んでおり、元本を大きく毀損する可能性があります。

（出所）　日証協作成。

相談の中身を分析しても、発行体の格付が非常に高くて、デフォルトする可能性が低いということだけが顧客の頭に残ってしまい、あたかも安全な商品であるかのような認識で購入されて、想定外の損失が出てしまったと申し出られている顧客もいます。そうした認識のずれが生じないような説明を徹底していけるように留意事項を明確化しています。

　顧客が提出する確認書の書式も見直しました。従来から複雑でリスクが高い商品を購入される顧客には確認書を提出していただいています。従来型はシングルチェック方式で、リスクについて理解いただけましたかという質問に「はい」という選択肢だけがあって、顧客が理解した場合に、そこにしるしを付けると購入できていました。行動経済学の有識者にも監修していただいて、それを「はい・いいえ」の選択式に変更し、「いいえ」を選択するべき設問を追加するなどして、顧客が理解できないと確認書が成立しないように見直しています。

　仕組債の販売については、銀行と証券会社の連携の中で不適切な販売が生じて、行政処分が行われた事例もあります。証券会社が顧客属性よりもグループ内の銀行の意向を優先して勧誘・販売をしたことや、銀行でも連携先の証券会社が取り扱っている商品の概要説明のみを行うことを想定し、顧客属性を確認しないまま仕組債購入へ誘引してしまったことが問題として指摘されています。

　このほか、仕組債のリスク・リターン分析のあり方や組成コスト（理論価格）の開示についても協会員である証券会社に周知しています。組成コストについては、米国ではルール・ベースで組成者が目論見書で開示をすることになっています。日本では、販売会社となる証券会社などが「顧客本位の業務運営に関する原則」に基づく重要情報シートで開示するプリンシプル・ベースの運用となっており、日米で制度的な建付けの違いがあるのですが、最終的には顧客に必要な情報が届くように対応しています。

⑼ 高齢化社会の進展

最後に高齢化の進展への対応について紹介します。日本は超高齢社会ですので、高齢者の方々に適切な資産運用と計画的な取崩しを考えていただくことが重要になっています。その中で証券会社などがどのような役割を果たしていくべきかということも重要な論点になっています。

日証協では、高齢顧客への勧誘・販売に関するガイドラインを策定しています。高齢化が進展してきている中で、証券会社などに対して、高齢顧客を定義したうえで、勧誘にあたって留意が必要な商品を選定すること、そして、営業員が自身の思い込みで営業するのではなくて、役席者がきちんと日頃から顧客とコミュニケーションをとって、認知判断能力を含めて顧客の状況を確認し、適切な商品を役席者の承認を得たうえで勧誘・販売していくことを求めています。

このほかにも、例えば高齢顧客への金融商品の販売について、デジタル技術を活用できないかを検証・議論しています。具体的には、国立研究開発法人新エネルギー・産業技術総合開発機構（NEDO）において、金融商品の販売に際してデジタル技術を活用して顧客のリスク評価能力を確認する可能性やそのための課題を整理するための調査が行われ、2021年3月に調査結果が公表されました。眼球の動き方、声の特徴、表情の確認などにデジタル技術を活用して適切な勧誘につなげることができるかも検討されましたが、結論としては、直ちにデジタル技術を使うことは難しいとされています。

金融商品の販売の場合、証券会社などが潜在的なニーズを掘り起こすために勧誘などを行いながら認知判断力のテストを実施することの難しさに加えて、それ以前に、金融商品の投資判断に必要な認知判断能力とはそもそもどのようなものなのかを特定することが難しいという現状があります。定性的な対応になりますが、例えば、顧客との会話の中で同じ話が何度も出てくれば、顧客の認知判断能力に疑いが生じるなど、顧客の認知判断能力の変化をある程度把握できるケースはありますので、そうした対応を通じて最終的な

判断を人が行う必要性が指摘されています。

　高齢顧客への対応に関する議論は待ったなしになってきています。証券会社での金融商品の販売後、時間の経過とともに顧客の認知判断能力が大きく低下してしまい、対応が難しくなるケースも出てきています。顧客の認知判断能力が低下してしまい、ご家族の方が来られて、その時点から「代理人を選任したい」と言われても、顧客本人に判断能力がないので選任できないという悩ましさがあります。そのため、認知判断能力がしっかりしているうちに任意後見や予約型代理人サービスなどを活用していただくことが考えられるのですが、現実的に、認知判断能力がしっかりしているうちにこれらの制度をご活用いただくことが難しいケースもあります。また、あらかじめ顧客のご子息を代理人として登録していたとしても、例えば、その代理人が権利の濫用を始めてしまうと、顧客本人は認知判断能力が低下していて容易に解任できませんし、証券会社の立場でどこまで関与できるのかという論点もあります。現状では、認知判断能力を喪失した顧客本人が入院した場合など、緊急に費用が必要となったときは、法的には無権代理になりますが、人道的な観点から、ご家族などの関係者の申出に応じて証券会社がリスクをとって金融商品を換金・出金する実務が多く行われている実態があります。

　最後は駆け足になってしまいましたが、私からの説明は以上になります。

質疑応答

Q　最近の相場操縦事案や不適切な仕組債販売事案では、日証協も処分を行っていたと思います。そうした事案については、行政処分も行われるほか、裁判でも罰金が科せられ、取引所も処分を行うことがあると思います。日証協が処分を行うときは、そうしたほかの機関の対応とのバランスを考えて対応を検討するのでしょうか。それとも独自の目線で対応を検討するのでしょうか。

A 金融商品取引法に違反する事案であれば、日証協のほかにも、行政や取引所などが必要に応じて処分を検討・実施していくことになります。その際には、基本的にはそれぞれの機関が独立して対応を検討していると認識しています。ごくまれに、財務基盤が十分でない業者から過怠金を取り過ぎてしまうと、かえって顧客への資産返還に支障が生じてしまうことも考えられますので、そうした場合にはほかの機関の動向を考慮することもあるとは思いますが、基本的にはそれぞれの機関が独立した立場から、各機関が担っている規制主体としての役割に応じて処分を実施していると認識しています。

Q 何らかの新たな規制が求められるときに、法律で対応するか、自主規制で対応するかはどのように決められるのでしょうか。

A 状況に応じて色々な対応の仕方があると思います。国際的な議論や大きな環境の変化を受けて制度のあり方を見直していくような場合には、金融庁が先行して議論を行い、法令で対応したうえで、必要に応じて自主規制でも補完するケースが多いように思います。一方で、何らかの事件が起きて、それに対処していくためのルールをつくるような場合には、先ほど紹介した仕組債のケースのように、まずは自主規制で手当てして、足りない部分があれば法令でも手当てをしていくという流れになることもあるように思います。いずれにしても、日証協としては、金融庁とも緊密に連携しながら、全体としてどのような規制体系としていくかを議論していくことになります。

Q 日本の相続税や事業承継税制はなかなか厳しいと認識しているのですが、日証協として、世代間の円滑な資産承継に向けてどのような対応をされているのでしょうか。

A 高齢者が株式などの有価証券を保有した状態で亡くなられたときに、物納が認められる場合が限定的であること、不動産などと比べても相

続税の評価額に価格変動リスクが十分加味されていないことなどから、売却されてしまうケースが多いという状況があります。せっかく株式などの有価証券を保有されていても、税制上の取扱いの不均衡により世代間の円滑な資産承継が阻害されてしまうことのないよう、日証協としては税制改正要望を含めた取組みを進めています。

Q 昨年（2022年）4月から成年年齢の引下げが行われて、親の同意がなくても18歳から証券口座を開設できるようになったと理解しています。しかし、若年層は、社会経験の不足などから投資判断能力が十分でないケースもあると思います。勧誘開始基準などで若年層への対策を講じることもできると思うのですが、制限行為能力者である未成年者を含めて、若年層と取引する場合について、日証協として何らかの対策を行っているのでしょうか。

A 昨年（2022年）の成年年齢の引下げに際しては、業界の中でも必要な対応について検討が行われました。自主規制として何らかのルールをつくったということはないのですが、社会経験が不足している若年層の方々においては、自身に見合わない過度な金融商品の取引を行ったりせず、これからいかに適切に資産形成に取り組んでいただくかという視点でアプローチしていく必要があります。そうした観点から、日証協では、若年層向けに証券取引時の留意事項を、ウェブサイトなどを通じて周知するなどの活動を行っています。

第 8 章

顧客本位の業務運営に関する実務と2023年金融商品取引法等改正のねらい

有吉　尚哉（2023年12月 6 日）

講師略歴

西村あさひ法律事務所・外国法共同事業パートナー弁護士。2002年弁護士登録、西村総合法律事務所（現西村あさひ法律事務所・外国法共同事業）入所。2010年から2011年まで金融庁総務企画局企業開示課専門官。金融審議会専門委員、財政制度等審議会臨時委員、武蔵野大学大学院法学研究科特任教授、金融法学会理事、一般社団法人流動化・証券化協議会理事などを務める。2024年 4 月より東京大学公共政策大学院客員教授。

講師紹介

　ゲスト講師8人目は、西村あさひ法律事務所・外国法共同事業パートナー弁護士の有吉尚哉さんにお越しいただきました。

　有吉さんは、以前、任期付公務員として金融庁で勤務されていたご経験があり、現在は金融分野の法律のエキスパートとして、金融審議会の資本市場関係のワーキング・グループやタスクフォースの議論に参加されています。先日11月20日に成立した「金融商品取引法等の一部を改正する法律」に結実した昨年（2022年）の金融審議会の議論にも参加されていました。

　その改正法の中には、「顧客本位の業務運営に関する原則」の一部を法定化する内容も含まれています。今回の講義では、その点に関する改正の背景やソフトローとハードローの関係、改正後の実務に与える影響などをご紹介いただきます。前例がない規定であり、また最近成立したばかりの法律でもありますので、金融分野の法律関係の講義としては最先端の内容になると思います。

皆さん、こんにちは。ただいまご紹介にあずかりました西村あさひ法律事務所・外国法共同事業の有吉です。私は法律事務所に勤める弁護士ですので、証券会社や金融機関の実務そのものを毎日見ているわけではないのですが、日頃、金融規制や金融取引について金融機関の皆さんにアドバイスをすることなどを通じて金融分野にかかわっている立場から、今日は、顧客本位の業務運営に関する実務の状況と先日11月20日に成立した改正法の実務への影響について話をしたいと思います。

　せっかくの機会ですので、最初に少しだけ自己紹介をさせていただきます。私は2002年に弁護士登録をして、当時の西村総合法律事務所（現西村あさひ法律事務所・外国法共同事業）に入所して21年ほど弁護士をしています。その間、2010年から2011年にかけて1年半ほど、金融庁で任期付公務員として法改正にかかわる業務をしていた経験もあります。直近では金融審議会の専門委員を拝命して、いくつかのワーキング・グループやタスクフォースのメンバーとして、法令改正の議論に参加させていただいています。弁護士としての日頃の主な業務は、証券化取引やストラクチャード・ファイナンスなどの金融取引のお手伝いや、金融機関が規制違反にならないようにどう行動すべきかといったアドバイスをすることです。

　私が今日この講義を担当する理由には、形式的な理由と実質的な理由の2つがあると思っています。形式的な理由としては、私は法律事務所でこの講義を担当している小野傑弁護士の指導を受けてきたという関係があり、この「資本市場と公共政策」の講義ではゲスト講師として過去に何度か登壇させていただいているということがあります。実質的な理由は、私が金融審議会のタスクフォースでまさに今回の金融商品取引法などの改正に向けた議論に参加していたということです。

1 「顧客本位の業務運営に関する原則」とその課題

(1) 「顧客本位の業務運営に関する原則」の概要

　それでは、中身に入っていきます。今日の講義の後半では、先日11月20日に成立した改正法により、実務にどのような影響が出てくるのかを紹介したいと思いますが、その前段階として、「顧客本位の業務運営に関する原則」の現状から話を始めます。「顧客本位の業務運営に関する原則」については、既にこれまでの講義の中で、様々な立場の方がそれぞれの視点でお話をされてきたので、またかと思われる方もいらっしゃると思いますが、あまり重複しないようにしたいと思います。

　「顧客本位の業務運営に関する原則」は、2017年に金融庁が策定した、いわゆる「ソフトロー」です。現在の「原則」は2021年に改訂されたものです。その2021年の改訂時に、前回（2023年11月29日）の講義で詳しく説明があった重要情報シートも「原則」と紐付く形で導入されています。この「顧客本位の業務運営に関する原則」は、金融事業者が顧客本位の業務運営におけるベストプラクティスを目指すうえで有用と考えられる個々の原則を、プリンシプルベース・アプローチによって定めています。法令ではないので、当たり前ですが法的な拘束力を有する規範ではなく、誰もが強制的にこれを守らなければならないわけではありません。「原則」に賛同すると表明した金融事業者が自発的に「原則」を遵守することで規範となります。ルールをつくる立場からすると、金融事業者が「原則」を守ると自発的に表明してくれることを期待して規律づけを図っています。

　「顧客本位の業務運営に関する原則」は、7項目の原則が中核的な内容になっており、金融事業者が顧客に金融商品・金融サービスを提供する行為が広く対象となっています（図表8－1）。7項目の内容はこれまでの講義でも何度か出てきていますので、おさらいということで簡単に紹介します。

　1つ目は、顧客本位の業務運営に関する方針を事業者が自ら策定して公表

図表 8 - 1 「顧客本位の業務運営に関する原則」の概要

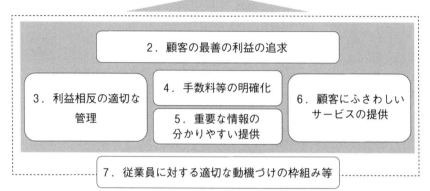

顧客本位の業務運営に関する原則

1. 顧客本位の業務運営に関する方針の策定・公表等

2. 顧客の最善の利益の追求

3. 利益相反の適切な管理

4. 手数料等の明確化

5. 重要な情報の分かりやすい提供

6. 顧客にふさわしいサービスの提供

7. 従業員に対する適切な動機づけの枠組み等

（出所）　金融庁作成。

せよという内容です。守るべき原則の実質的な中身は2つ目から7つ目までに書かれているのですが、まずはそれらの原則を各事業者がどのように守っていくのかという方針を策定して公表せよとされています。そのうえで、実質的な中身の原則の中で中心的なものが、2つ目の顧客の最善の利益を追求せよというものです。この抽象的な原則をもう少し具体化した原則が、3つ目から6つ目までに書かれています。3つ目は、利益相反を適切に管理せよ、4つ目は、顧客が負担する手数料などの費用を明確にしてそれをしっかり情報提供せよ、5つ目は、顧客にとって重要な情報を分かりやすい形で提供せよ、6つ目は、それぞれの顧客にふさわしいサービスを提供せよ、というものです。6つ目は、金融商品取引法の勉強をしている方であればご存じだと思いますが、適合性原則に近いものであると思います。加えて、顧客本位の業務運営を行っていくことについて、各事業者は従業員に対して適切な動機づけや教育をせよということが7つ目の原則とされています。

⑵　ソフトローの位置づけ

　ここで「顧客本位の業務運営に関する原則」から少し離れて、ソフトロー
の位置づけについて解説したいと思います。ここまで説明してきたとおり、
「顧客本位の業務運営に関する原則」は、法令のようなハードロー（実定法）
に対置するもので、ソフトローと位置づけられます。そもそもソフトローと
は何かについて、法令上の定義があるわけではないのですが、ソフトローの
１つであるスチュワードシップ・コードに関する神作裕之先生（学習院大学
法科大学院教授）の論考では、「正当な立法権限に基づき創設された規範では
なく、原則として法的拘束力を有しないが、当事者の行動及び実践に非常に
大きな影響を与える規範である」とされています[1]。すなわち、法令ではな
いものの規範ではあると説明されています。

　ソフトローも多様であり、効力が強いものもあれば弱いものもあります
し、中身もまちまちです。例えばコーポレートガバナンス・コードも一般的
にはソフトローと位置づけられていますが、とても強いルールです。上場会
社がコーポレートガバナンス・コードに違反すると、最悪の場合には上場廃
止になるおそれがあります。上場会社にとって上場廃止は致命的です。この
ように、コーポレートガバナンス・コードは法律ではないので、国家権力が
遵守を強制するルールではありませんが、守らないと上場廃止という非常に
強いサンクションを受けるおそれがある規範性が強いソフトローです。一方
で、今日取り上げている「顧客本位の業務運営に関する原則」は、全く強制
力がないわけではなく、サンクションにつながり得るものでもありますが、
コーポレートガバナンス・コードに比べると、規範性や拘束力は少し弱いも
のと位置づけられると思います。

　ソフトローは、一般的にはハードローほど厳格な手続を踏まずに策定・実
施できます。ハードローの最も典型的なものは法律ですが、法律は国会で審

1　神作裕之「日本版スチュワードシップ・コードの規範性について」黒沼悦郎＝藤田友
　敬編『企業法の進路』（有斐閣、2017年）1006頁。

議して成立しないと制定することができません。法律の下位法令である政令や府省令は行政レベルで制定することが可能ではありますが、やはり重い手続を踏む必要があります。一方で、ソフトローを制定するための手続は法律で決まっているわけではありません。また、ソフトローにも色々なものがあるので、策定・改正に必要な手続の重さも多様ですが、少なくともハードローほど厳格な手続を踏まずに策定可能であることが特徴の1つとされています。

さらに、「顧客本位の業務運営に関する原則」を含む多くのソフトローでは、プリンシプルベース・アプローチとコンプライ・オア・エクスプレインという仕組みが採用されています。プリンシプルベース・アプローチとコンプライ・オア・エクスプレインについても簡単におさらいをしていきたいと思います。

⑶　プリンシプルベース・アプローチとルールベース・アプローチ

プリンシプルベース・アプローチは、ルールベース・アプローチに対置する概念です。具体的には、抽象的な原則だけを定めて、原則の趣旨・精神を実践するためにどのような行動をとるべきかについては、当事者が自らの置かれた状況に応じて判断するという考え方です。一方で、ルールベース・アプローチは、各自が何をすべきかを具体的に細かく規範の中で定めていく考え方です。一般的には、規制・規律の対象になる人にとってはルールベース・アプローチのほうが何を守ればよいのかが分かりやすくなります。これに対して、プリンシプルベース・アプローチの場合、抽象的な原則をどのように守るのかを自ら考える必要があります。そして、自ら考えた結果が正しいかどうかも、実行してみないと分からないという面があります。

ただ、ルールベース・アプローチは、書かれている最低限のことだけを守ればよく、それ以上の改善を目指すインセンティブが生じにくい面がありま

す。試験にたとえると、ルールベース・アプローチでは足切りや赤点でなければよいという発想に陥りやすいということです。100点を目指そうという気概を生じさせにくいのがルールベース・アプローチの特徴です。一方で、プリンシプルベース・アプローチは高得点を自ら目指していく態度を促しやすい面があります。何をすれば赤点になるのか分かりにくいので、できることは何でもやっていこうという発想につながりやすいです。このように、プリンシプルベース・アプローチはミニマムスタンダードに陥るインセンティブを生じさせにくい仕組みとされています。「顧客本位の業務運営に関する原則」では、プリンシプルベース・アプローチのもと、それぞれの金融事業者が自ら主体的に創意工夫を発揮して、ベストプラクティスを目指して顧客本位の良質な金融商品・金融サービスの提供を競い合うことが期待されています。

⑷　コンプライ・オア・エクスプレイン

　コンプライ・オア・エクスプレインという仕組みも、特にプリンシプルベース・アプローチのソフトローでよく採用されています。遵守（コンプライ）するか、説明（エクスプレイン）するか、どちらかを選択しなさいという仕組みです。示された規範を遵守しなくてもよいのですが、その場合には遵守しなくてもよいことを正当化するための理由を説明する必要があります。ルールベース・アプローチでは、規定されていることは守る必要があり、どんなに言い訳をしても、守らないことは許されません。一方で、コンプライ・オア・エクスプレインの仕組みは、目指すべき原則の一部を遵守しないことも許容されるのですが、その場合には遵守しない理由や代替策について十分な説明を行うことが求められます。

　少し脱線しますが、最近では「コンプライ・アンド・エクスプレイン」という言葉もときどき目にするようになってきました。これはプリンシプルベース・アプローチで原則を遵守することを前提に、どのように遵守してい

くのかも説明せよというもので、より自発的な原則の遵守を促す仕組みとして採用されるケースが出てきています。

　プリンシプルベース・アプローチで、かつ、コンプライ・オア・エクスプレインを採用しているソフトローについて、神作教授は「諸原則の実効性と柔軟性を確保しつつ、行動規範を自己内在的に発展的に更新する可能性が開かれる」と説明されています[2]。この説明はスチュワードシップ・コードを念頭に書かれたものではありますが、「顧客本位の業務運営に関する原則」についても当てはまると思います。

⑤　ソフトローによる規律の効果

　ソフトローによる規律の効果について説明していきます。そもそもソフトローは法的な拘束力を有しないので、守ることが強制されるものではありません。一方で、ソフトローである「顧客本位の業務運営に関する原則」を受け入れて、顧客本位の業務運営に関する方針を公表した金融事業者にとっては、そうした方針に従って業務を行うことを自ら表明しているので、自分で言ったことを守らないと評判に傷がついてしまいます。この場合も、自分で言ったことを守らなかったからといって直ちに法令違反になるわけではなく、刑事罰などを受けるわけでもありません。ただ、自分で言ったことと実際の行動が全く違う場合には、顧客や市場からの信用を失い、ビジネス上大きな不利益を受けることになります。「顧客本位の業務運営に関する原則」を受け入れた金融事業者には、周囲からの評判（レピュテーション）を気にしながら業務を行う効果が生じることになります。

　そのうえで、ソフトローに法的な効果が全く生じないわけではありません。例えばコーポレートガバナンス・コードのように上場規程に組み込まれているソフトローは、上場規程に従った処分がなされ得る性質のものです。

2　神作・前掲注1、1007頁。

また、「顧客本位の業務運営に関する原則」も規制法・民事法の双方の運用に大きな影響を与え得ることになります。

まず、規制法の視点では、各金融事業者が自ら示した顧客本位の業務運営に関する方針に従って業務を行っているかどうかは、監督当局がその金融事業者を検査・監督する際に考慮されることになります。「顧客本位の業務運営を行う」と言いながら、実際には全くそのような対応を行っていない金融機関が存在すれば、監督当局はそうした状況を踏まえた適切な対応をとることになります。

民事法の視点でも、例えば、金融商品の販売に関して顧客との間で何らかの紛争が生じてしまい、金融事業者として説明義務や注意義務を尽くしていたかが争点になって、損害賠償責任などの私法上の責任の有無が争われる場面において、金融事業者が自ら示した方針に従って顧客本位の業務運営を行うと表明していれば、その内容を踏まえて、私法上の説明義務や注意義務などの内容が判断されることになります。金融事業者が示した方針が直ちに取引当事者間の契約内容になるということではありませんが、金融事業者が自らどのような方針を示しているかは、金融事業者の具体的な義務内容を判断するにあたり、裁判においても考慮要素になると思います。その意味において、「顧客本位の業務運営に関する原則」への対応が民事法・私法上の効果にもつながるということです。

ただ、規制法・民事法のいずれについても間接的な効果ですので、ハードローに比べてソフトローには規範性や拘束力が弱い面があることは否定できないと思います。

⑹ 「顧客本位の業務運営に関する原則」の採択状況と行政処分事例

「顧客本位の業務運営に関する原則」がこれまでどのように機能してきたかを見ていきたいと思います。ソフトローの弱点の1つは法的拘束力がない

ということです。少し古いデータですが、昨年（2022年）秋頃に開催された金融審議会の顧客本位タスクフォースで、「顧客本位の業務運営に関する原則」を採択していない金融事業者がどの程度いるかが示されました（図表8－2）。このデータでは、「原則」を採択していても、公表した取組方針が金融庁の期待する水準に至っていない金融事業者は取組方針を「公表していない」に含まれているので、少し厳しめの数字になっています。そのことを踏まえても、例えば第一種金融商品取引業者約300社のうち「原則」を採択している業者は50社にとどまっています。第一種金融商品取引業者には証券会社以外にも、外国為替証拠金取引（FX）業者なども含まれているので、必ずしも業態ごとのデータにはなっていないのですが、大手の証券会社は軒並み「原則」を採択している一方で、FX業者などはほとんど採択しておらず、このような状況になっているのだと思います。投資助言・代理業者や金融商品仲介業者では、「原則」を採択している業者はもっと少なくなっています。大手の金融事業者は「原則」を採択してしっかり取り組んでいる一方で、規模が小さい金融事業者に目を向けると、「原則」を採択していない事業者も少なからず存在していることが読み取れます。

　次に、「顧客本位の業務運営に関する原則」を採択していたにもかかわら

図表8－2　「顧客本位の業務運営に関する原則」に基づく取組方針等を公表した
　　　　　金融事業者数（2022年6月末）

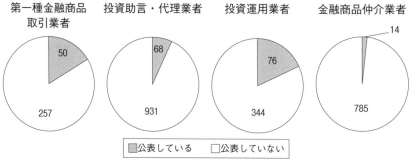

（出所）　金融審議会「顧客本位タスクフォース」第1回会合（2022年9月26日）事務局説明資料および第2回会合（2022年10月24日）事務局説明資料より筆者作成。

ず、残念ながら実際にはあまり顧客本位の業務運営に取り組めていなかった結果、行政処分がなされた事例を2つ紹介したいと思います。

1つ目は、ちばぎん証券の行政処分事例です。ちばぎん証券という千葉銀行傘下の証券会社が、複雑な金融商品を理解できるとは言い難い顧客に対して、十分な説明をしないまま仕組債を販売していた事例です。ちばぎん証券は、顧客の投資方針や投資経験などの顧客属性を適時適切に把握しないまま、多数の顧客に対して複雑な仕組債の勧誘を長期的・継続的に行っていました。この事例は、提携先の銀行でも、顧客属性を確認しないまま、高金利や短期間といった優位性を強調して仕組債に誘引してしまっていたという要素もあるのですが、「顧客本位の業務運営に関する原則」との関係では、特に顧客属性をしっかり把握せずに、複雑な金融商品を単発ではなく長期的・継続的に販売していたことが問題視された事例です。

2つ目は、三木証券の行政処分事例です。三木証券は、顧客が外国株式の取引を行えるほどの認知判断能力を持ち合わせていないと認識していたにもかかわらず、外国株式のリスクなどを顧客に理解してもらうために必要な方法・程度で説明を行うことなく外国株式などを販売していたことなどから、行政処分を受けました。

金融機関に対する行政処分はしばしば行われるもので、金融庁や証券取引等監視委員会のウェブサイトで処分事例も掲載されています。ただ、金融事業者が金融商品を販売したこと自体が行政処分の理由になる事例はそれほど多くないです。ちばぎん証券の行政処分は今年（2023年）6月23日、三木証券の行政処分は今年（2023年）10月6日で、この1年で2件の事例が出ていることは特徴的であると思います。

⑺　「顧客本位の業務運営に関する原則」の一部法定化

これらの行政処分とは時間的な先後がありますが、昨年（2022年）秋から冬にかけて、金融審議会の顧客本位タスクフォースで「顧客本位の業務運営

に関する原則」のあり方などが議論され、最終的には、昨年（2022年）12月9日に「中間報告」が取りまとめられました。その中では、「顧客本位の業務運営に関する原則」のプリンシプルベース・アプローチのもとで、金融事業者が顧客本位の金融商品・金融サービスを提供していく取組みはそれなりに進んでいるものの道半ばの状況にあると評価され、原則の一部法定化が提言されました。

　具体的には、金融事業者全体による顧客本位の業務運営の取組みの定着・底上げを図る必要があると提言されています。また、顧客の最善の利益を図る義務（最善利益義務）について、広く金融事業者一般に共通する義務として定めることなどにより、金融事業者全体による「顧客本位の業務運営に関する原則」に沿った顧客・最終受益者の最善の利益を図る取組みを一歩踏み込んだものとすることを促すべきということも提言されています。

　少し別の文脈になりますが、企業年金制度の運営に携わる者なども最善利益義務の規定の対象に加えるべきであるとも提言されています。「顧客本位の業務運営に関する原則」は、金融事業者による金融商品・金融サービスの提供に関する規律として策定されていますが、企業年金制度の運営者も同じような規律に服するべきだということもあわせて提言されていて、このあと説明していく法律改正の内容につながっていくことになります。

2　改正法による誠実公正義務の横断化

　顧客本位タスクフォースの「中間整理」の提言を受けて、「金融商品取引法等の一部を改正する法律案」が今年（2023年）の通常国会に提出されました。通常国会では成立まで至らなかったのですが、臨時国会で先日11月20日に成立しました。法律の名称は「金融商品取引法等の一部を改正する法律」ですが、この中で色々な法律が改正されています。今日の講義では、「金融商品取引法」と「金融サービスの提供に関する法律（旧金融商品の販売等に関する法律）」という2つの法律を取り上げます。「金融サービスの提供に関

する法律」は、今回の改正で「金融サービスの提供及び利用環境の整備等に関する法律」という名称に改正されます[3]。今回の改正で金融リテラシーの向上に向けた取組みの一環として金融経済教育推進機構を創設して、その機構のもとで金融経済教育を推進していくための規定が盛り込まれることになり、金融サービスの「提供」だけではなく、金融サービスの「利用環境の整備」についても定める法律になったことを受けて名称も改正されました。今日この場では、この法律を「金サ法」と呼ぶことにしたいと思います。

　今回の改正法には、顧客本位の業務運営に関する事項や金融リテラシーの向上に関する事項のほかにも、四半期報告書を廃止するという開示制度に関する事項や金融サービスのデジタル化に関する事項など色々な改正事項が含まれているのですが、今日は顧客本位の業務運営に関する事項の中核である誠実公正義務の横断化に絞って、その影響について話をしていきたいと思います。

　この誠実公正義務の横断化によって、「顧客本位の業務運営に関する原則」の一部法定化が行われています。具体的には、「金融商品取引法」が「証券取引法」という名称であった頃から規定されていた金融商品取引法36条1項の「金融商品取引業者等並びにその役員及び使用人は、顧客に対して誠実かつ公正に、その業務を遂行しなければならない」という伝統的な誠実公正義務の条文が削除されました。その代わりに、金サ法2条1項として「金融サービスの提供等に係る業務を行う者は、……顧客等……の保護を確保することが必要と認められるものとして政令で定めるものを行うときは、顧客等の最善の利益を勘案しつつ、顧客等に対して誠実かつ公正に、その業務を遂行しなければならない」という、現在の金融商品取引法36条1項を拡張してスライドしたような新たな条文が規定されました（図表8－3）。

　金サ法2条1項の名宛人は「金融サービスの提供等に係る業務を行う者」とされています。「金融サービスの提供等に係る業務を行う者」が具体的に

3　この名称の改正は、2024年2月1日に施行。

図表8-3　金サ法2条1項

> 　金融サービスの提供等に係る業務を行う者は、次項各号に掲げる業務又はこれに付随し、若しくは関連する業務であって顧客（次項第十四号から第十八号までに掲げる業務又はこれに付随し、若しくは関連する業務を行う場合にあっては加入者、その他政令で定める場合にあっては政令で定める者。以下この項において「顧客等」という。）の保護を確保することが必要と認められるものとして政令で定めるものを行うときは、顧客等の最善の利益を勘案しつつ、顧客等に対して誠実かつ公正に、その業務を遂行しなければならない。

図表8-4　金融サービスの提供等に係る業務を行う者

1号	**金融サービス仲介業者**	10号	保険会社、保険代理店
2号	**金融商品取引業者等、金融商品仲介業者**	11号	貸金業者
		12号	不動産特定共同事業者
3号・5号	銀行その他の預金取扱金融機関	13号	資金移動業者、電子決済手段等取引業者、暗号資産交換業者、前払式支払手段発行者
4号	無尽業者		
6号	銀行代理業者		
7号	**電子決済等取扱業者**	14号～18号	年金積立金の管理運用業者、年金基金
8号	**電子決済等代行業者**		
9号	信託会社、信託契約代理店	19号	政令指定

（注）　太字は従来から誠実公正義務（誠実義務）が課されていた業態。
（出所）　筆者作成。

何かということは、金サ法2条2項の1号から19号までに列挙されています（図表8-4）。2号には現行の金融商品取引法36条1項の名宛人である金融商品取引業者等が含まれています。これに加えて、例えば3号の銀行、9号の信託会社、10号の保険会社、11号の貸金業者などが含まれています。13号には、電子マネーサービスなどを行っている資金移動業者や前払式支払手段発行者のほか、暗号資産交換業者も含まれています。さらに14号から18号では各形態の年金積立金の管理運用業者や年金基金も名宛人とされています。また、19号は「政令で定めるもの」で、政令はまだ公表されていないので何

が規定されるか分かりません。

　金融商品取引法の誠実公正義務の名宛人は「金融商品取引業者等」で、証券会社や投資運用業者、証券業務を行う場合の銀行などに限定されていたのですが、今回の改正で名宛人がとても広がりました。これが誠実公正義務の「横断化」の意味するところです。銀行、信託会社、保険会社、貸金業者のほか、フィンテック系の業者なども名宛人になったことが改正内容のポイントの1つです。

　証券会社などの金融商品取引業者に対しては、従来から金融商品取引法36条1項で誠実公正義務が規定されていたので、そうした業者にとっては、もともと金融商品取引法で規定されていた義務が金サ法にスライドしただけのようにも思えます。ただ、現行の金融商品取引法36条1項では「顧客に対して誠実かつ公正に、その業務を遂行しなければならない」とだけ規定されている一方で、金サ法2条1項では「顧客等の最善の利益を勘案しつつ、顧客等に対して誠実かつ公正に、その業務を遂行しなければならない」と規定されており、「顧客等の最善の利益を勘案しつつ」という部分が新たに加わっています。これが「顧客本位の業務運営に関する原則」の一部法定化の中心的な部分です。今日この場では、これを「最善利益義務」と呼ぶことにしたいと思います。

　一方で、銀行、信託会社、保険会社、貸金業者などの多くの金融事業者に対しては、これまで、法令上の誠実公正義務は課せられていませんでした。ただ、「顧客本位の業務運営に関する原則」のうち2つ目の原則が「顧客の最善の利益の追求」であり、「金融事業者は、高度の専門性と職業倫理を保持し、顧客に対して誠実・公正に業務を行い、顧客の最善の利益を図るべきである」とされています。この原則の内容と金サ法2条1項の規定の内容が完全に一致するかどうかは別として、「顧客本位の業務運営に関する原則」を採択していた金融事業者にとっては、守るべき対象がソフトローからハードローになったという違いはあるものの、実質的に守るべき内容はほぼ同じと考えることもできると思います。

「顧客本位の業務運営に関する原則」はソフトローでしたので、これまで金融事業者にとっては採択しない自由がありましたが、今回法定化されたことにより、名宛人となる金融事業者は全て金サ法2条1項の規定を守らなければなりません。一方で、先ほど取り上げた名宛人が業務を行うときは常に最善利益義務を守る必要があるかと言うと、必ずしもそうとは限りません。金サ法2条1項は、「次項各号に掲げる業務又はこれに付随し、若しくは関連する業務であって……顧客等……の保護を確保することが必要と認められるものとして政令で定めるものを行うとき」に限って適用される規定になっていますので、名宛人が一定の業務を行うときに限って最善利益義務が課せられることになります。ただ、まだ政令が公表されていないので、最善利益義務が適用される具体的な業務の範囲は明らかになっていません。もっとも、「顧客本位の業務運営に関する原則」の対象になる金融事業者には、「金融商品の販売、助言、商品開発、資産管理、運用等を行う全ての金融機関等」が含まれるとされており、特定の金融商品の販売や金融サービスの提供に限って「原則」が適用されることにはなっていません。したがって、最終的には政令次第ですが、金サ法2条1項が「原則」の法定化であることを踏まえますと、幅広い金融商品の販売や金融サービスの提供が最善利益義務の適用対象となるのではないかと思います。

3 最善利益義務の内容

　ここからは、金サ法2条1項の最善利益義務の内容について考えてみたいと思います。これまでの日本の法令において「顧客の最善の利益を勘案」するという規定はありませんでした。一般的には、業者が「顧客の最善の利益を勘案」すべきことはそのとおりであると思いますし、ソフトローとしての「顧客本位の業務運営に関する原則」でも「顧客の最善の利益の追求」が原則の1つになっています。ただ、法令上の最善利益義務という考え方は初めて登場するものになります。

一方で、顧客のために事業者が一定の義務を負うという考え方は、日本の法令でほかにも存在しています（図表8－5）。例えば善管注意義務です。善良なる管理者の注意を果たす義務が民法上、委任などの場面に定められていますし、金融商品取引法でも投資運用業者や投資助言業者に対する善管注意義務の規定があります。善管注意義務は、一般的には、債務者の属する階層・地位・職業などにおいて一般に要求されるだけの注意をもって行為をすべき義務とされています。プロならプロらしく、アマでもアマなりに注意を尽くせという義務です。また、忠実義務という義務もあります。これは信託法や金融商品取引法などに定められているもので、自己の利益のためではなく受益者の利益のために行為をすべき義務のことです。利益相反が生じる状況で自分の利益と相手の利益とのいずれかを選択しなければいけないのであれば、相手の利益を優先しなさいという義務です。それから誠実公正義務もあります。改正前の金融商品取引法36条1項に規定されていたものです。これはそのままなのですが、顧客に対して誠実かつ公正に業務を遂行すべき義務です。文献によれば、金融商品取引業者等の行為規制を包含する一般規定であると説明されています。これらの既存の義務と最善利益義務はどう違うのか、あるいは重なるものなのかは現時点ではよく分かりません。ただ、実際に施行されるまでには考えていく必要がある論点になります。

　今後、大学の研究者や金融庁の立案担当官が今回の改正法について解説し

図表8－5　善管注意義務・忠実義務・誠実公正義務の概要

善管注意義務	債務者の属する階層・地位・職業などにおいて一般に要求されるだけの注意をもって行為をすべき義務
忠実義務	自己の利益のためではなく受益者の利益のために行為をすべき義務
誠実公正義務	顧客に対して誠実かつ公正に業務を遂行すべき義務 金融商品取引業者等の行為規制を包含する一般規定

（出所）　筆者作成。

た文献など、最善利益義務の内容を理解していくために手がかりになる資料が出てくると思います。現時点では改正法が成立したばかりで、あまり参考になるものはないのですが、顧客本位タスクフォースの「中間報告」に少し関連することが書かれています。本文ではなく脚注の記述なのですが、「『顧客の最善の利益を図るべき』ことを法律上定めることにより、誠実公正義務に内包されるべき『最善利益義務』が明確化されるとも考えられる」と書かれています。要すれば、従来の金融商品取引法36条1項の誠実公正義務の中に「顧客の最善の利益を勘案」する要素はもともと含まれていて、最善利益義務はそれを明確化する趣旨であり、新たな義務が課せられるものではないという考え方もとり得るかもしれません。そもそも改正前の金融商品取引法36条1項は、証券監督者国際機構（International Organization of Securities Commissions：IOSCO）という各国の証券監督当局などで構成されている国際機関が定めた行為準則を日本の法律に取り込んだものとされています。IOSCOの行為準則を見ると「業者は、その業務を遂行するに際して、顧客の最善の利益および市場の健全性を図るべく（in the best interests of its customers and the integrity of the market）、誠実かつ公正に（honestly and fairly）行動すべきである」とされていて[4]、「顧客の最善の利益」という言葉が原文にはありました。それが旧証券取引法や金融商品取引法の規定上、明示的には反映されなかっただけであると捉えれば、金融商品取引法36条1項の誠実公正義務では明確に規定されてはいないものの、顧客の最善の利益を勘案する要素も含まれていると解することもできると思います。

　また、別の論点になりますが、顧客本位タスクフォースの「中間報告」の脚注では、最善利益義務について、「金融事業者一般に共通する義務とされる場合であっても、その内容は全ての金融事業者に一律というものではなく、金融事業者の業態、ビジネスモデルなどの具体的な事情に応じて個別に判断されるべきである」との意見があったことも紹介されています。こうし

4　神田秀樹＝黒沼悦郎＝松尾直彦編著『金融商品取引法コンメンタール2―業規制』（商事法務、2014年）218頁〔河村賢治〕参照。

た考え方を前提にすると、最善利益義務の具体的な内容は個々の金融事業者の具体的な事情に応じて個別に判断されることになります。例えば、証券会社が有価証券を販売する場面、銀行が貸付けを行う場面、年金基金が資産を運用する場面の３つを想定すると、それぞれ顧客や受益者のためにやるべきことは違いますので、具体的に何をすべきであるかは状況次第という性質の義務であることは確かだと思います。ただ、具体的にどのような義務なのかということについては、今後の実務や解釈の蓄積を見ていく必要があると思います。

4　最善利益義務違反の効果

　最善利益義務は法律に基づくものである以上、守らなければなりません。ところが、最善利益義務に違反した場合の効果は何も定められていません。金サ法は、もともと「金融商品の販売等に関する法律（金融商品販売法）」でした。旧金融商品販売法は、金融商品の販売時の説明責任などを定めていた法律で、規制法ではなく、民法の不法行為の特則を定めたものです。今回の改正後の金サ法にもそうした規定が残っていて、これらの規定に違反した場合の民事的な効果が定められています。

　金サ法２条１項の最善利益義務に違反した場合の民事的な効果は定められていないので、これは監督上の行政処分の根拠になる規制法的な規定なのでしょうか。例えば、銀行であれば銀行法、証券会社であれば金融商品取引法、保険会社であれば保険業法で各種規制が定められていて、規制に違反した場合は、それぞれの法律に基づく行政処分の対象になり得ます。ただ、金サ法の中では、最善利益義務の名宛人に対する行政処分の規定は設けられていません。金サ法だけを見ると、行政処分の対象になる規制法的な規定でもないようにも思えます。

　金サ法には、旧金融商品販売法に規定されていた民法の不法行為の特則としての民事法的な規定が存在する一方で、金融サービス仲介業に対する規制

法的な規定も存在しています。もともと金サ法自体が民事法的な規定と規制法的な規定が混在する法律になっていることも、最善利益義務が民事法的な規定なのか規制法的な規定なのかがはっきりしない背景にあります。

　結論としては、最善利益義務はおそらく規制法的な規定としてつくられたのではないかと思います。今回の改正法案の要綱では「金融商品取引法から、新設する規定と同趣旨の誠実公正義務に係る規定を削除することとする」とされており、金サ法に同趣旨の義務を定めるので、金融商品取引法36条１項の誠実公正義務は削除するという説明がなされています。金融商品取引法36条１項の誠実公正義務は業者に対する規制を定めている規制法的な規定であると捉えれば、同趣旨とされる金サ法２条１項の最善利益義務は規制法的な規定と解することが自然であると思います。

　次に、最善利益義務は規制法的な規定であると捉えたうえで、この義務に違反した場合の効果を考えてみたいと思います。金サ法には、最善利益義務の名宛人に対する監督上の規律は設けられていません。銀行であれば銀行法、証券会社であれば金融商品取引法、保険会社であれば保険業法の中で、監督上の規律が設けられています。これらの業法の中には、法令違反があった場合には、各業法に基づいて必要な監督上の対応を行うための規定が定められています。金サ法の規定に違反した場合も法令違反になりますので、金サ法の中には行政処分に関する規定は存在しないものの、各業態に適用される業法に基づく行政処分が行われていくことになるのではないかと思います。

　最善利益義務が規制法的な規定であるとすると、金融事業者がそれに違反した場合に直ちに民事上の不法行為責任を負うことにはなりません。ただ、金融事業者が金融関連の規制法に違反したことを根拠の１つとして、顧客との関係で不法行為等が成立するという判例も多くありますので、規制法的な規定であっても、間接的には民事上の損害賠償責任の根拠になり得ると捉えてよいと思います。したがって、金サ法の最善利益義務に違反した場合には、民事上の責任につながり得る効果もあると思います。

5 年金基金の運営者と最善利益義務

最後に、年金基金の運営者と最善利益義務の関係について少し話をしておきたいと思います。金サ法2条1項の最善利益義務は、年金積立金の管理運用業者や年金基金なども名宛人とされています。

年金積立金の管理運用業者や年金基金にも色々あり、特に確定給付型か確定拠出型かによって性質は全く違います。それぞれが最善利益義務をどのように果たしていくのか、最善利益義務の具体的な内容は違ってくるはずで、これも改正法の施行までに個別に考えていく必要がある論点です。顧客本位タスクフォースの議論の中では、確定給付型の企業年金については、運用成績や能力を重視して運用委託先を決定すべきことや、年金運用の意思決定や管理にあたって、外部専門家の活用を検討すべきことが指摘されていました。こうした指摘は、今後、確定給付型の企業年金に対する最善利益義務の中身を考えていく際の参考になると思います。一方で、確定拠出型の企業年金については、運営管理機関および商品に対する評価やモニタリングを実施すべきことが指摘されています。

ここで、特に確定給付型の企業年金については、運用がうまくいかなかった場合には最終的に給付を受ける人が損をするわけではなく、企業年金を運営している企業が掛金を追加拠出して経済的負担を負うことになります。ところが、最善利益義務との関係では、あくまでも受益者、すなわち企業年金の加入者の最善の利益を勘案することになっています。この点については、運用がうまくいかなかった場合に負担を負うことになる企業の利益を考えるべきではないのかという素朴な疑問もありますし、またどのような運用をしてもあまり受益者の利益にはつながらないのではないかとも考えられるのですが、どのように受益者の最善の利益を勘案すべきなのかということも、施行後の実務の運用次第であると思います。

最後に今日の話のまとめです。先日11月20日に成立した改正法によって誠

実公正義務が横断化されました。その目的は、金融事業者による顧客本位の業務運営の促進と、年金基金の運営者に対する規律の導入の2つです。一方で、横断化された誠実公正義務、あるいは最善利益義務の具体的な内容・効果については不明確な点が残っており、今後の実務運用に委ねられる部分が大きいといえます。

　また、誠実公正義務の横断化後も、「顧客本位の業務運営に関する原則」は存続し、顧客の最善の利益にかなう商品提供を確保するというプロダクトガバナンスの発想をより強める見直しも検討されています。さらに現在、政府は「資産運用立国」の実現を掲げており、岸田総理が「アセットオーナー・プリンシプル」を策定すると明らかにしています。このように「顧客本位の業務運営に関する原則」を含むソフトローは引き続き存続して、ますますその重要性が高まっていくと思います。顧客本位の業務運営に関しては、今後も、今回の法改正を含めたハードローとソフトローの組み合わせのもとでの実務対応が求められていくことになります。

　ここから質疑応答に移らせていただきたいと思います。

質疑応答

Q 最善利益義務が法定化された一方で、顧客本位の業務運営に関する7つの原則のうち1つ目の「顧客本位の業務運営に関する方針の策定・公表」は、法律上は要請されていません。最善利益義務の法定化が求められた背景として「原則」の採択率が低く、方針を公表していない金融事業者が多く存在していたことがあると思いますが、今回の法改正によって、方針を公表する金融事業者は増加すると思われますか。

A まず、今回の法改正では、方針の策定・公表は義務づけられていないので、改正法が施行されたからといって、直接的には、これまで方針を公表していない金融事業者が方針を公表しなければならないことにはなりません。

「顧客本位の業務運営に関する原則」では、各事業者が7つの原則にどのように取り組むかについて自ら方針を立て、それに即して業務を行う建付けになっていますが、最善利益義務は法定化されましたので、方針の有無に関係なく、遵守する必要があります。こうしたことからも、法定化を受けて直ちに方針を策定・公表することにはならないと思います。

　一方で、「原則」は、それを採択しない金融事業者にとっては直ちに関係するものではありませんでしたが、最善利益義務は法律上の義務として全ての金融事業者に直接関係するものとなったことから、自発的に方針を策定する金融事業者が出てきてもおかしくないとは思います。法律だけを見れば、方針を策定・公表する金融事業者が増加するようにはなっていませんが、実際には増加する可能性もあると思います。

Q 例えば販売奨励金などは、金融事業者が推奨する金融商品の選択にゆがみを生じさせる面があると思いますが、商品提供者の経営努力として必要な仕組みでもあると思います。「顧客本位の業務運営に関する原則」のうち、利益相反の管理に関する原則とも関係してくるかもしれませんが、顧客に正確な情報提供を行えば、顧客が合理的な判断を行うことを前提にして、金融事業者に最善利益義務の履行まで求める必要はないように思うのですが、ご見解をお伺いします。

A 講義の時間が限られている中で説明を省いてしまった部分があるのですが、金融審議会の顧客本位タスクフォースの「中間報告」の中では、利益相反関係の情報提供の拡充に関する提言も盛り込まれています。これはおそらく法律の改正は必要なく、今後、内閣府令の改正の中で利益相反に関する情報提供を拡充する制度改正がなされると思います。まだ内閣府令の案文は示されていないので詳細は分からないのですが、顧客本位タスクフォースでの議論を踏まえると、方向性としては、ご指摘のように顧客への情報提供をより拡充することで、販売奨励金の点も含めて利益相反の管理を強化していくような制度整備が進められるのではないかと思い

ます。

　もっとも、最善利益義務は規定の内容が抽象的で、何をしなければならないのか、何をしてはならないのかが不明確な面もありますが、金融事業者が販売奨励金を受け取っていたとしても、顧客の最善の利益のために力を尽くすことは理論的にはできるはずです。したがって、販売奨励金を受け取ったら直ちに最善利益義務に反するというわけではないと思います。

　販売奨励金もそうですが、顧客にとって好ましくない金融商品を販売するインセンティブが働く場面では、そうした状況を顧客に開示して、顧客の意向次第でほかの金融商品を選択できるようにしておくことが、まさに情報提供を通じた利益相反の管理ですので、そうした方向性で制度整備が進められるのではないかと思います。

Q 最善利益義務について、顧客の最善の利益が何であるかをどのような視点から判断するのでしょうか。例えば、ある金融商品への投資能力を欠くと金融事業者が判断している顧客に対して、きちんとリスク説明をしてもなお顧客がその金融商品の購入を希望する場合には、顧客の最善の利益のために販売しないほうがよいのでしょうか。それとも顧客の意思を尊重して販売したほうがよいのでしょうか。今後の実務の蓄積を待つ必要があると思いますが、ソフトローを超えて規制法となった以上、一定の判断基準があってしかるべきではないでしょうか。

A 回答はとても難しいのですが、1つの考え方として、顧客の判断を尊重することは、顧客の最善の利益を考えていくうえであり得ることであると思います。最善利益義務は結果責任を求めているわけではないので、結果としてうまくいかなかったから必ずしも金融事業者が責任を負うものではないと思います。

　一方で、顧客の発言をどこまで信じてよいのかという視点もあると思います。結果として損をするのではなく、明らかに損をすることが分かっているものや、明らかに顧客の投資目的とあわないような金融商品を、顧客

本人の意向だからといって本当に販売してよいのかということを考えなければならない場面もあると思います。私なら、そうした場面では金融事業者に対して「販売しないほうがよい」とアドバイスすると思います。程度の問題ではあると思いますが、顧客がどれほど購入したいという意向を示したとしても、顧客の投資能力や目的にあわないものは販売してはいけないという領域はあると思います。

　ただ、顧客が望んでいたとしても、少しでも懸念がある金融商品は全て売り控えてしまうことになれば、金融事業者の本分を失い、ビジネスとしても成り立ちません。顧客の最善の利益は、顧客の意向を重視することを前提としつつも、顧客の意思に従っていれば何でも販売してよいわけではないということを示す概念であると思いますが、具体的にどこで線を引くのかはとても難しいと思います。

Q 最善利益義務がソフトローから法定化されたことで金融業界に対する規制が一歩前進した一方、最善利益義務の内容が不明確で、その効果も明らかでないことなどから、今後の実務に委ねられている部分が大きいとのお話であったと思います。そうした中で、今後、金融事業者は今回の法改正に具体的にどのように対応していくのでしょうか。また、企業法務を担う弁護士としては、今回の法改正を受けてどのように備えるべきなのでしょうか。

A まず、最善利益義務の効果が分かりにくいことについては、やや雑な回答になってしまいますが、効果がどうであろうと、違反してよいということにはならないので、金融事業者としては、いずれにしても最善利益義務を遵守すべきであって、効果がどうであるかをあまり考える必要はないと思います。また、最善利益義務の内容もよく分からない面はあるのですが、これまで「顧客本位の業務運営に関する原則」を採択して実務を行ってきた金融事業者は、顧客のために業務を行ってきているはずですので、基本的には従来の業務を進めていくことになり、それほど新たな対応

が必要になるものではないと思います。

　今後、金融庁の監督指針などで、最善利益義務を踏まえて金融庁がどのように監督していくかということなどが示されていくと思いますので、金融事業者は、それを踏まえて守るべきものは守っていくことになると思います。

　一方で、これまで「顧客本位の業務運営に関する原則」を採択せず、業態として関係ないと考えていた金融事業者が最善利益義務にどう対応していけばよいかを考えることが一番難しいと思います。例えば、複雑な有価証券を販売する場面では、顧客の属性を踏まえてどこまで販売してよいかの線引きが必要になると思うのですが、お金を貸してほしいという顧客に対して、顧客の最善の利益を勘案して貸してはいけない場面が出てくるのかどうかはよく分かりません。金融庁の考え方が施行までにはもう少し明らかになってくると思いますが、金融事業者をはじめとする関係者が、最善利益義務をどう運用していくのかを金融庁とよく話し合いながら、混乱が生じないように施行の日を迎えることを期待したいと思います。

第 **9** 章

メディアから見た
「貯蓄から投資へ」

玉木　淳（2023年12月13日）

講師略歴

1999年日本経済新聞社入社。流通経済部、浦和支局を経て、2005年金融庁記者クラブに異動し、約20年間、ほぼ一貫して金融行政、金融ミクロ取材を担当。近著に『地銀改革史』（遠藤俊英・日下智晴と共著、日本経済新聞出版）。2021年より金融エディター、2024年4月より金融プロ向けデジタル専門媒体「NIKKEI Financial」副編集長。

講師紹介

　ゲスト講師9人目は、日本経済新聞社編集金融・市場ユニット金融エディターの玉木淳さんにお越しいただきました。

　玉木さんは、以前、金融庁の記者クラブでキャップを務められ、その後、デスクやエディターという役職に就かれてからも、金融庁を担当されたご経歴をお持ちです。金融庁の職員よりも金融庁や金融行政の歴史に詳しいのではないかと思うほどの金融行政ウオッチャーでいらっしゃいます。

　金融庁の立場から見ると、メディアの方は、金融行政に関する情報を発信していただく存在であると同時に、取材を通じて金融行政に対する様々な批判を届けていただく存在でもあります。今回の講義では、玉木さんの幅広い取材のご経験を踏まえ、政府が進める「貯蓄から投資へ」の動きをどのように見ておられるか、ご紹介いただきます。

はじめまして。日本経済新聞社の玉木淳と申します。実は今日この時間帯は、政府の新しい資本主義実現会議（資産運用立国分科会）が開催されている最中です。今日の午前中に霞が関でその関係の取材をしていて、この講義が終わったあとまた霞が関に戻るのですが、政府の動きにぴったりのタイミングで「貯蓄から投資へ」をテーマに話をさせていただきます。

　今日のテーマは「メディアから見た」と記載していますが、これまでの講義でのお話とは毛色が全く違うかもしれません。アカデミックな話ではなく、私が新聞記者として現場で見てきたことを、なるべく生のままでお伝えできればと思っています。

　日本経済新聞社は、英国で経済誌を発行しているFT（Financial Times）の親会社になっています。私の肩書である「金融エディター」は、FTの呼称を輸入したものです。「エディター」を日本語訳すると編集者ですので、日本の新聞社ではデスクに近い印象があるのですが、実際には専門記者兼チーム長のような役職です。時々のテーマに応じてチームを編成して取材していきます。各テーマについて自らの意見を提唱してチームをリードしていくことがエディターの役割です。私はもう二十数年も金融行政や金融機関、金融市場の取材をしています。今日は私のこれまでの色々な経験知をベースに皆さんに話をしたいと思います。

　今日は、自己紹介のあと、3つのセッションで話をしていきます。最初に、私が取材で出会った、「貯蓄から投資へ」というテーマに向き合った3人の金融庁幹部を紹介したいと思います。次に、あえて投資の逆なのですが、私がこれまでの取材を通じて考えた貯蓄論をお伝えしたいと思います。最後に、私が色々な立場でかかわった投資論争を個別のトピックごとに解説したいと思います。「貯蓄から投資へ」にはどのようなねらいがあるのか、私なりに本質に切り込んでいきます。

　そのあとの質問コーナーでは、普段は私から取材相手に質問してばかりいて、質問を受けることはあまりないので、タジタジになってしまうかもしれませんが、皆さんからの質問もお受けしたいと思います。

まず、簡単に自己紹介させていただきます。私は1975年生まれで、生まれた頃は「団塊ジュニア」と呼ばれていました。私の親世代は「団塊世代」と呼ばれていて、ベビーブームで非常に人口が多い世代です。その子どもである私の同級生たちも非常に人数が多く、就職する頃は「氷河期世代」と呼ばれ、就職が非常に大変な世代でした。この間、ジェットコースターのような経済環境の変化があったという印象を抱いています。

　「貯蓄から投資へ」と関係すると思いますので、この間に実際に何が起きたかを簡単に振り返ります。私が生まれた頃は経済成長に陰りが見え始めて、私は親から「自分できちんと働いて稼げる大人になれよ」と言われて育ってきました。とはいえ、日本は先進国になってどんどん成長している印象があったので、「何とかなるだろう」と思っていました。しかし、実際に就職するときになって「やはり日本は厳しいのかな」と感じました。私が就職活動を始める直前の1997年に山一證券が経営破綻（自主廃業）しました。それが世の中に衝撃を与えた直後から就職活動を始めて、その後も銀行が次々に破綻していきました。私は幸いにも日本経済新聞社から1998年10月1日に内定をもらえて入社できたのですが、その月に日本長期信用銀行が破綻して一時国有化されるなど、世の中の風景はどんどん変わりました。

　私の取材歴は全てが金融ではなく、最初は流通経済部という部署で新聞記者としてスタートしました。当時はそごうやマイカルが破綻し、破綻ではなく事業再生の事例ですがダイエーも経営危機に陥っていました。私も一番下の記者として先輩方の取材をお手伝いしました。

　私にとっての転機は、2005年に金融庁担当になったことです。実はこれまでに4回も金融庁担当になっています。1回目は2005年から2009年のリーマンショック後までです。このとき、金融庁は銀行や証券会社の破綻処理をする役所だと思っていたら、実は全然違うことに気が付きました。当時は保険金の不払い問題が起きていたりもしたのですが、金融庁は、実は金融市場のあり方を色々と考えていて、一番大きな課題が今日のテーマである「貯蓄から投資へ」でした。その後、異例ではあるのですが2回にわたり金融庁

キャップに就きました。これまで4回にわたる金融庁への取材の中で共通していた課題は「貯蓄から投資へ」でした。金融庁の取材をしている中で、最初は「貯蓄から投資へ」を単なるスローガンだと思い、「政府が旗を振ってうまくいったことなんてあるのか」と斜に構えて見ていました。ただ、取材を通じて政策立案者の方と間近にお話をしていく中で、自分が表層的にしか物事を捉えていなかったと気付かされました。

　自己紹介パートはここまでにして、具体的にどのような取材をしてきたかについての話を始めたいと思います。

1　取材で出会った「改革者たち」

　最初に紹介したいのは、私が取材でお会いした3人の金融庁幹部の方々についてです。3人とも金融庁の政策立案を担われていた中心人物なのですが、それぞれが思想・哲学をお持ちです。その思想・哲学は私が記事を書くうえでとても重要な下敷きになっています。それぞれの方の問題意識に惹かれていったと言ってよいと思います。

　1人目は大森泰人さんです。金融行政界隈では知らない人がいない方です。2005年に私が初めて金融庁の担当になったときに、日本の証券市場に関する制度の企画立案を担当する市場課長というポストに就かれていました。

　大森さんは、1990年代にフリー・フェア・グローバルを掲げた「金融ビッグバン」と呼ばれる大胆な規制緩和を行う法改正を担当されていました。ネット証券が誕生したり、アセットマネジメント会社が登場したりするきっかけをつくる大きな法改正でした。私が取材をした2005年当時は、その仕上げの1つとして、証券取引法という証券業界を規制する法律を金融商品取引法に衣替えする金融審議会の議論を事務局として仕切っておられました。

　大森さんの金言は「格差との闘い」です。資本主義の常である格差に極めて敏感な感覚をお持ちの方でした。日本経済新聞社の金融専門のデジタル媒体である「NIKKEI Financial」に最近いただいたご寄稿の中で、大森さん

は「時代と国を問わず、フローのGDP（所得）の成長が鈍化すれば、ストックの資産価格上昇に依存する誘惑に勝つのは難しい。が、フローよりストックの分布ははるかに不平等だから格差が広がる。投資主導の経済構造を続けると……平等が崩壊し国民の支持を失いかねない」と指摘されています[1]。これは真理を突く政策立案者らしいご指摘であると思います。取材の際にも、金融こそ「格差助長」のテコになりやすく、「格差是正」を意識しなければ政策実現はかなわないことを一貫して意識され続けていたと思います。大森さんとの出会いで、「貯蓄から投資へ」という言葉には、行政として気を付けなければならないことが非常に奥深く埋め込まれていて、単なるスローガンというほど軽くないことに気付かされました。

　2人目は池田唯一さんです。池田さんは2005年当時、企業開示参事官（同年7月から企業開示課長）としてディスクロージャーや監査の改革など資本市場まわりのインフラづくりに非常に熱心に取り組まれていて、のちに金融庁企画部門トップの局長を務められた方です。私の印象では、大森さんは哲学者的な要素をお持ちである一方で、池田さんは理論家・戦略家のような方であると思います。行政官たるもの、どうすれば金融市場の形を変えていくことができるのかを常に考えていかなければならないという問題意識を持たれていました。

　金融庁は毎年のように法改正を行っています。手段が目的化しているような面もなくはないと思い、あるとき「なぜそんなに頻繁に法律を変える必要があるのですか」とストレートに質問してみたことがあります。そのときに、池田さんから、どうすれば自己責任と市場規律のバランスが最適な現実解になるのかを日々考えていて、意味もなく法律を変えているわけではないと教わった記憶があります。

　当時は、中央青山監査法人が粉飾決算を見抜けず、さらに言えば粉飾決算への加担が疑われるような不祥事が明らかになり、池田さんは担当課長とし

1　大森泰人「検査忌避も今は昔　池井戸潤ドラマが映す世相」NIKKEI Financial（2023年12月7日）。

て行政処分を出されました。監査法人に行政処分を出すということは、市場の門番を処分するという意味で、信用問題が重くのしかかる案件でした。池田さんは市場規律を重視しつつ、自己責任とは何かを探究された方であると思っています。スーパーにたとえると、粉飾決算は商品棚に腐った商品を並べているようなもので、それでは自己責任も何もありません。安かろう悪かろうで日本の金融市場に魅力はあるのかということを問われた方でした。

それから十数年後、2018年に池田さんが退官する際に、「1990年代半ばから市場行政を担当してきたが、貯蓄の比率は1〜2ポイントしか低下しなかった」とこぼされていたことが印象的でした。のちほど説明しますが、「貯蓄から投資へ」は、数字上では一定の成果が出ています。その中で、池田さんは市場規律の重要性を金融行政に深く刻み込まれた功労者であると思います。

3人目は中島淳一さんです。この講義でも初回のゲスト講師として登壇されたと思います。私は、昨年（2022年）4回目の金融庁担当に就いた際に中島さんとお話をすることができました。中島さんは、一般企業では当たり前なのですが、「お客様第一」ということを金融行政の世界に定着させることに一番こだわった方であると感じています。

中島さんが金融庁長官でいらっしゃった2021年から2023年までの2年間、金融庁は、仕組債販売の関係で地方銀行に行政処分を出したり、節税目的の保険商品を販売した保険会社に行政処分を出したりしました。金融庁が封印気味であった行政処分について、やるときは躊躇なくやるという考え方を実践された印象を抱いています。その本意には、自分本位になっている金融機関に今ここで警告を発しておかないといけないというこだわりがあったのではないかと感じています。

顧客の最善の利益を勘案する義務を新設する法案を国会に提出したのも中島さんが長官のときです。この規定の効果や影響がどうであるかということより、わざわざ法律の本文にこうした規定を盛り込むこと自体が、顧客軽視・収益至上主義の金融機関へのメッセージであるように思います。アベノ

ミクスが始まってから10年が経過し、顧客軽視や収益至上主義が、金融市場でも特にこの1～2年は副作用として出てきてしまったように思います。そうした中で、中島さんが長官の時代には、金融機関に顧客本位の大切さを理解してもらうためのメッセージを繰り返し発信されてきたという印象があります。

　中島さんは、行政官として金融経済教育に一番古くから携わっていた方でもあります。顧客本位を実践するためには、顧客側も金融リテラシーを高める必要があります。金融商品を購入する顧客の教育・知識・経験のレベルも同時に高めないと健全な金融市場の育成はなし得ないと、かなり真剣に考え続けられた方であると思います。

2　記者が考えた「貯蓄論」

　新聞記者は、取材先の方から知恵を借りることもありますが、世の中で発生する情報を頭の中で自分なりに整理することも必要です。若い頃は頭を使うより体を使うことのほうが多いのですが、何年も同じテーマを取材していくうちに、きちんと洞察・分析をしてメッセージを発信できるようになることも重要になってきます。それが日本経済新聞として発信するメッセージになれば、金融経済教育を担う一翼にもなると思っています。遅ればせながらではあるのですが、最近は日本経済新聞も考えたことを世に問うメディアに生まれ変わろうとがんばっています。そうした中で、私が「貯蓄から投資へ」を自分なりに整理した「貯蓄論」をこれから皆さんにお伝えしたいと思います。

　具体的な作業としては、「貯蓄から投資へ」という言葉を真面目に分解してみました。日本銀行の資金循環統計を見ると、家計金融資産の内訳が分かります。アナリストの方などはもっと詳細な分析をされているのですが、まず「貯蓄から投資へ」の「投資へ」の部分に着目して、投資にどの程度のお金が回っているのかを大まかに把握するため、家計金融資産全体を分母、そ

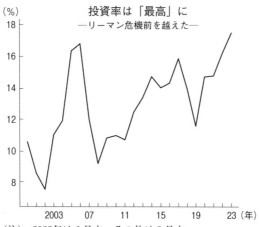

図表9－1　投資率の推移

（％）

投資率は「最高」に
—リーマン危機前を越えた—

（注）　2023年は6月末。その他は3月末。
（出所）　日本銀行「資金循環統計」より筆者作成。

のうち株式・投資信託を分子とする投資率を計算してみました（図表9－1）。「貯蓄から投資へ」が始まった2001年は8.67％でした。その前後も7～9％程度です。それがリーマンショック前に一度16.82％まで上昇しました。実は足もとでも急上昇して17.4％となっていて、統計を遡ることができる1997年以降で最高です。特にこの1～2年、右肩上がりで伸びていることを踏まえると、「資産所得倍増プラン」がある程度功を奏しているのではないかと思います。

　一方で、今度はお金が実際に「貯蓄から」投資に回っているのかを大まかに把握するために、家計金融資産全体を分母、そのうち現金・預貯金を分子とする貯蓄率を計算すると、2001年は53.89％、足もとは52.83％となっていて、約1％ポイントしか低下していません（図表9－2）。金額ベースでも現金・預貯金は約1.5倍に増えていて、家計金融資産も約1,400兆円から約2,000兆円に増えています。株式・投資信託の金額も増えてはいるのですが、それを上回るペースで現金・預貯金が増えているということで、貯蓄がまだ根強く日本国民の中で浸透していることがよく分かります。

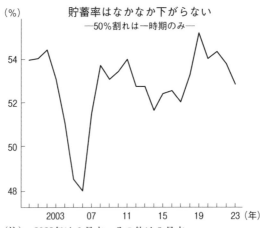

図表9－2　貯蓄率の推移

貯蓄率はなかなか下がらない
―50％割れは一時期のみ―

(注)　2023年は6月末。その他は3月末。
(出所)　日本銀行「資金循環統計」より筆者作成。

　ただ、貯蓄の中身を見てみると、2000年から足もとまでで定期預金が約4割減少しています（図表9－3）。2000年頃はまだ定期預金に金利が付いていましたが、今では0.1％付けば高いほうです。一方で、現金は約2倍に増えていて、さらに普通預金は4.43倍に増えています。普通預金のようにいつでも動かせる預金が滞留していることが、貯蓄率が低下しない理由になっていると思います。

　この背景の1つに、日本銀行の金融政策があると思います。日本銀行は1999年にゼロ金利政策を始めてから、様々な金融緩和策を経て2016年からはマイナス金利政策を発動しました。これで銀行の融資姿勢を刺激するねらいでしたが、思うようにはいかず、結果的に経済の好循環につながるインセンティブを生み出せずにいます。デフレが長引く中で量的緩和政策によって資金供給量は大幅に増え、財政政策ではコロナ禍での給付金のような還元策も実施されました。生活者にとってデフレは、預貯金で寝かせておけば資産が目減りしないという意味で、実はインフレより居心地のよい状態でもあります。こうした中で、貯蓄バブルのようなものが生まれてしまったと理解して

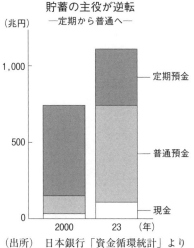

図表 9 - 3 「貯蓄」の内訳

貯蓄の主役が逆転
―定期から普通へ―

（兆円）

1,000 ── 定期預金

500 ── 普通預金

0 ── 現金

2000　　23　（年）

（出所）　日本銀行「資金循環統計」より
筆者作成。

います。

　「貯蓄から投資へ」の旗振り役であるはずの金融庁も、やや貯蓄保護主義的な政策を実施していると私は受け止めています。今、日本の預金は、おそらく世界最高水準のセーフティネットで保護されています。今年（2023年）３月に米国でシリコンバレーバンクが破綻しました。そのときは事後的にバイデン大統領が預金を全額保護するとの声明を出しましたが、預金が十分に保護されないとシリコンバレーバンクのような取り付けが起きることがあります。日本では決済用預金は常に全額保護されています。極端に言えば、破綻の数時間前でも決済用預金の口座に預金を全て移してしまえば、預金を失うことはない仕組みになっています。日本も原則では定額保護ルールではあるのですが、実際には決済用預金であれば100％保護されることになっています。

　最近は日本で銀行の破綻は発生していません。私が就職活動をしていた1990年代後半、銀行の破綻が相次いだ時代の反省が良くも悪くも効き過ぎて

いると思います。今の金融庁は、基本的に銀行は破綻させてはいけないと考えているようで、破綻の懸念が顕在化する前に色々な理由を付けて銀行に公的資金を入れることを繰り返しています。直近20年間では、唯一、日本振興銀行が不正を犯したこともあって退場を迫られましたが、それを除くと、銀行・信用金庫・信用組合といった生活に根づく預金取扱金融機関で破綻したところはありません。それと裏腹に、家計金融資産の貯蓄率はずっと50％台を維持しています。50％を割ったのは2005年と2006年だけです。これは銀行セクターで不良債権問題が終結した直後に当たります。

「貯蓄から投資へ」は、実際には「貯蓄も投資も」になっていると感じています。アクセルとブレーキを両方踏むような対応を行ってきて、ブレーキを離すタイミングを逸してしまった面もあると思います。2008年のリーマンショックなどの危機が生じてしまったので仕方がない面もあるのですが、日本銀行・金融庁ともに「貯蓄から投資へ」の目線で見るとジレンマを抱えてしまいました。その結果、漸進的な「貯蓄から投資へ」になっていて、大胆な転換には至っていないのが現在地であり、それは今紹介した数字からも明らかであると思います。

3　記事で書いた「投資論争」

私は、新聞記者として実際に記事を書くことで、政策を発信する側のねらいと、それを受け止める国民側の心構えのようなものを自分なりに整理する癖がついたと思っています。政策は国民抜きには始まりません。だからこそ、国民目線でどうなのかを問い続ける必要があります。このセッションでは、そうした視点で、過去の事例を踏まえながら、最近の動きを解説したいと思います。

「貯蓄から投資へ」について、私なりに時代区分を３つに分けると、第１次は1990年代後半から2000年代前半です。金融ビッグバンによって、護送船団方式から金融自由化に180度転換します。金融庁が初めて「貯蓄から投資

へ」を掲げたのは2001年ですので、第1次はその前夜に当たります。その後、第1次は平成金融危機で頓挫してしまいます。第2次は2000年代後半から2010年代後半で、最初のセッションで紹介した大森さんや池田さんが制度改革を通じて証券市場の育成に取り組んだ時期です。貯蓄率は50％を割り、投資率も上昇しましたが、これもリーマンショックで頓挫してしまいます。第3次は2010年代後半からです。アベノミクスの追い風を受けながら、目立った金融危機も起きず、今のところ堅調に歩を進めている印象です。地道に対応を積み上げている政策もあれば、NISAのように国民に広く浸透することをねらった政策もあります。「コーポレートガバナンス」という言葉が流行してムーブメントになったのも、元をたどれば「貯蓄から投資へ」に向けて金融庁が色々と手を打ってきたことの結果であると思います。

　それでは、ここから「貯蓄から投資へ」に関する政策論争を個別のトピックごとに国民目線で見ていきたいと思います。

(1)　老後2,000万円問題

　1つ目のトピックは、2019年のいわゆる「老後2,000万円問題」です。年金制度の持続可能性に問題提起をしたと捉えられて、国会でも激しい論争が起きるなど波紋が広がりました。

　私は当時、デスクとして金融庁を担当していて、自分でも記事を書いていたのですが、発端は金融審議会の市場ワーキング・グループの報告書でした。報告書の中身は非常に目をみはるもので、私にとっては自分の価値観にぴったりと合いました。極めてリアリティのあるロジカルな報告書になっていて、別に何かをアジテートするような内容でもないのですが、一方で、ところどころキャッチーな内容が盛り込まれていて、それが切り取られて波紋が広がった部分は少なくないと思います。

　具体的には、年金生活者である高齢夫婦無職世帯の平均的な生活実態を調べると、毎月約5万円の赤字となる旨が書かれていました。その生活を続け

ると、65歳を起点に30年間で約2,000万円が不足するので、金融資産を生活費の補填に充てないと、それまでの豊かな生活を維持するのが困難になるといった趣旨のことが書かれていました。

政策は三権分立の中で進めていくことになりますので、どうしても立法府と行政府で見解の相違は出てきてしまいます。そうしたことは、えてして選挙前に生じることが多く、この老後2,000万円問題も、参議院議員選挙を控えている中で野党から指摘されたことが発端でした。野党からの指摘に与党や金融庁がどう対応するのかと思っていたら、当時の金融担当大臣が報告書を「受け取らない」と発言されました。

当時の世論調査などを見ても、国民目線では、市場ワーキング・グループの報告書はかなり支持されています。世論調査の質問の仕方は様々ですが、報告書の受け取りを拒否したことに納得できないという回答や、国の年金に不安があるという回答が多くなっていました。日本経済新聞の世論調査でも、老後資金のために自助努力が必要と考えている人が62％もいるという結果が出ていました。やはり政権与党と国民の間に認識の乖離があるのかなと当時感じてしまいました。もしかしたら、これは今なお続いている日本の課題なのかもしれません。

⑵　金融経済教育を国家戦略に

2つ目のトピックは、金融経済教育です。金融経済教育は、金融庁が金融の専門官庁として旧大蔵省から独立したからこそ、ここまで進んできている模範的な政策であると思っています。金融機関に自由競争を認めれば、当然、国民に自己責任が求められる局面も出てきます。

ただ、そもそも学校で金融を教えることができる先生はどの程度いるのかという課題があります。仮に金融の教育を金融機関の方に委ねるにしても、金融機関の方はビジネスマインドがあるので、自社の金融商品の売込みにつながりやすく中立性が確保できないという指摘もあります。色々考えていく

と、金融経済教育は、民間の自助努力だけでは実践していくことが難しいテーマであると思います。こうした中で、今年（2023年）ないし来年（2024年）は、約20年かけて少しずつ積み上げてきた成果が出始めてくるタイミングになると思います。

　金融経済教育は、ステップ・バイ・ステップで進んできています。原点は「貯蓄から投資へ」が始まった2001年です。この年の４月から、日本銀行が事務局を務める「貯蓄広報中央委員会」が「金融広報中央委員会」に名称変更されました。この名称変更のきっかけとなった旧大蔵省の金融審議会の答申（「21世紀を支える金融の新しい枠組みについて」）があるのですが、当時、中島前金融庁長官も課長補佐としてこれを担当されていたそうです。ただ、その当時、世の中はまだ金融危機対応モードで、証券市場の構造改革を進めようとしても銀行の不良債権問題のほうが耳目を集める状況であり、なかなか一本調子では進みませんでした。そこで、不良債権問題が終結した2005年に、金融庁が有識者の方に知恵を出してもらう場として金融経済教育懇談会を開催しました。しかし、そこでも政策提言というよりは論点整理にとどまりました。

　その後、2012年から2013年にかけて金融庁が開催した金融経済教育研究会の報告書で、金融経済教育の中身から必要な体制までを体系化した整理がなされました。2001年からの約20年のうち、最初の10年間は生みの苦しみを味わっていた印象がありますが、この金融経済教育研究会の報告書が今につながっていると思っています。この研究会の担当課長も中島前金融庁長官でした。

　そして、2020年度から2022年度にかけて、小学校・中学校・高校の学習指導要領で、段階的に金融経済教育が必修化されました。私も高校生の娘がいるのですが、学校で日本経済新聞の記事を読んでいると聞いて、時代の変遷を感じています。このほかにも、取引自体は学校が代わりに行うのですが、生徒が株式を分析して売買することを経験する事例もあるようで、じわじわとムーブメントになっていると感じています。

さらに昨年（2022年）、金融庁が毎年公表する「金融行政方針」に「国全体として、中立的立場から、資産形成に関する金融経済教育の機会提供に向けた取組みを推進するための体制を検討する」と記載されました。新聞記事を書くときには、総合編集センター（旧整理部）という部署で見出しを考えるのですが、この件についてその部署の人と話をしているうちに、「国家戦略」というワードがいいねということになりました。個人的にも世間に広めるワードとしてよいと思っていて、実際に「国家戦略」というワードを記事の見出しで使いました。

　つい先日11月20日に臨時国会で成立した法律（「金融商品取引法等の一部を改正する法律」）で、国家戦略を担う金融経済教育推進機構を創設することが正式に決まりました。来年（2024年）春に設立する方向で準備が進んでいくことになります。この新しい機構で、教材・プログラムの作成、学校や企業への講師派遣、個別の相談受付、中立的なアドバイザーの認定などが行われることになると思うのですが、これらをうまく組み立てることができれば、来年（2024年）の機構発足以降、金融経済教育の風景が変わってくることになると思います。

　米国や英国は、かなり前から金融経済教育に取り組んでいました。日本も輸入できるものは早く輸入すればいいのにと思っていたのですが、そうはいきませんでした。ただ、日本でも来年（2024年）1月1日からNISAが恒久化されて、非課税投資枠も1,800万円になります。国民が真剣に投資に取り組むためのインフラがようやく整い、やっと世界標準に追いつけると思っています。

(3)　年金問題再び

　3つ目のトピックは、企業年金です。日本の投資文化は、「最後の岩盤」とも言える企業年金抜きには語れないと感じています。まさに今日この時間に議論されている「資産運用立国実現プラン」の最終案でも企業年金関係の

記載が盛り込まれる見込みで、今後の政策課題の1つとして浮上してくることになると思います。

　日本の年金制度は3階建てになっていて、1階部分の国民年金と2階部分の厚生年金が「公的年金」と呼ばれています。その上の3階部分に企業年金があります。確定給付企業年金だけでも加入者は900万人超です。この企業年金に触れずして投資促進は実現できないと思います。

　2013年に金融庁と財務省が共同開催した有識者会議（金融・資本市場活性化有識者会合）が取りまとめた提言（「金融・資本市場活性化に向けての提言」）の中に私的年金の制度改革が盛り込まれ、今は「iDeCo」と呼ばれるようになった個人型確定拠出年金制度の改革につながりました。今回の「資産運用立国実現プラン」では、確定給付型の企業年金の運用力強化が論点になっています。

　ただ、厚生労働省を含めて年金制度を運用する方たちの考え方は、金融の世界の考え方とは距離があると感じます。確定給付型の企業年金の一番のポイントは、やはり運用成績が上がるかどうかであると思います。運用成績を上げて、将来受け取ることができる年金給付額も引き上げることが基本であると思うのですが、確定給付企業年金の平均予定利率の推移を見ると直近20年間はずっと右肩下がりです（図表9-4）。2004年に約3.5％であった平均予定利率は直近では約2.1％まで低下しています。こうした中で、予定利率をどうすれば引き上げることができるかを議論することは当然であると思うのですが、企業年金は、退職金を原資とする、いわば生涯賃金であり、金融のテーマなのか労働のテーマなのかで論争が起きてしまいがちです。皆さんが就職先を考えるときに、年収で判断することも1つの考え方かもしれませんが、最終的にどの程度稼げるのかは、将来の退職金や企業年金の給付額を合計してみないと分かりません。

　企業年金は長期運用ですので、もう少し運用を高度化できれば、これまで十分に資金が回っていなかった企業への成長資金の供給につながる可能性もあります。おそらく金融庁もその可能性を考慮していると思います。日本経

図表 9 - 4　確定給付企業年金の平均予定利率の推移

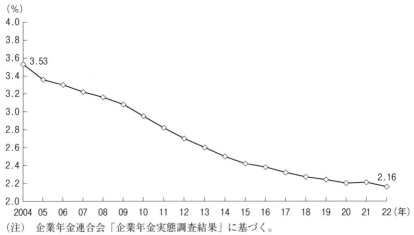

（注）　企業年金連合会「企業年金実態調査結果」に基づく。
（出所）　新しい資本主義実現会議「資産運用立国分科会」第 2 回会合（2023年10月27日）
　　　基礎資料。

済新聞社も、どうすればそのように資金を動かせるかを考えながら記事を書いています。ただ、厚生労働省の社会保障審議会（企業年金・個人年金部会）の議論を聞いていると、リスクテイクを強いるような対応はすべきではないといった趣旨の意見も多いです。

　来年（2024年）、日本銀行が金融政策を転換したら金利のある世界が来るかもしれません。そうすると様々な金融商品の価格にも影響が出てきます。金融庁としては、インフレ経済への転換期であることを踏まえて、企業年金の運用も金融的なアプローチで考えるべきであると主張しているようなのですが、そこで攻防があり、調整がなかなか大変なのだと思います。

　そうした中で、この論争を解決する 1 つのポイントとなるのが国民目線であると思います。企業年金の関係者の方はリスクに敏感で、よくリスクを強調されるのですが、個々の企業年金の運用の中身がどうなっているかは明らかにされていません。今回の「資産運用立国実現プラン」では、ここにきちんと競争原理を働かせるために、「見える化」がキーワードの 1 つとされ、

来年（2024年）末までに具体的な方策を議論することが盛り込まれそうです。情報開示が進むという意味で、一歩前進になると考えています。

　最後に簡単なまとめです。金融庁はなぜ20年以上もしつこく「貯蓄から投資へ」に挑戦し続けるのでしょうか。私の独断と偏見かもしれませんが、「貯蓄から投資へ」は、経済が右肩上がりでなくなった成熟経済において必要な金融構造改革であり、金融庁はそれを柔らかく言い換えて国民運動にしようとしているのだと思っています。

　平成金融危機時に旧大蔵省の銀行局長であった西村吉正さんは、ご自身の著書の中で「90年代以降のように『ゼロサムゲーム』のもとにおいては全員が生き残ることは困難となり、構造・システムの変革によって淘汰されるものが出てくることは避けられない。このような経済情勢のもとで効果のある改革を進めるためには、どうしてもある種の『暴力』が必要になる。平時の合法的暴力とは市場原理にほかならない」として[2]、市場原理とどう共存共栄していくのか、日本は真正面から向き合ったほうがよいと示唆されています。

　「貯蓄」は銀行中心の金融システムの象徴です。日本はまだ銀行中心の金融システムから脱却できておらず、右肩上がりの経済にあわせた体制が今なお残っていると思います。日本では、金融危機を再び起こさないために、金融システムの安定化を図る処方箋は充実しているのですが、そればかりではなく、日本経済を動かすエンジンの設計も変える必要があると思います。先ほど紹介した企業年金をめぐる攻防を間近で見ていても、金融庁自身、政府自身が自らの構造改革にどこまで踏み込めるかが「貯蓄から投資へ」に向けた最後の難関であると感じています。

　私からお伝えしたいことは以上です。ご清聴ありがとうございました。

2　西村吉正『金融システム改革50年の軌跡』（金融財政事情研究会、2011年）627頁。

質疑応答

Q 現時点で実施されている金融経済教育について、金融分野にかかわるメディアのお立場から、より良い体制や方法などについてご見解をお伺いします。

A まず、教える側の能力の醸成を中心に、金経済融教育における需要と供給を整える必要があると思います。ここに政府が関与する必要性があると思います。

これについては、意外と難しくはないのではないかと思います。実は銀行員の数は結構多いです。銀行員は約25万〜26万人で、信用金庫や郵便局の職員の方も含めると約40万人います。銀行に限らず、証券会社や保険会社の職員やそのOB・OGの方でもよいと思いますが、金融関係の業務経験のある方が学校教育の現場にもっと出ていけば、草の根的にかなりの教育ができるのではないかと思います。

金融にかかわる従事者はすごく多いので、そうした方を活用することが一番の近道であると思います。新たに創設される金融経済教育推進機構がそのための旗振り役をできれば、もう少し金融経済教育のムーブメントが広がるのではないかと思います。

Q メディアも金融経済教育の一翼を担っているという趣旨のお話がありました。金融経済教育の中立性に関連して、金融に関する国民の知る自由に奉仕するための情報を発信していく際には、他社との差別化や、利益を意識する必要もあると思います。特に日本経済新聞社は「中正公平」を掲げていると思いますが、中立性と利益追求とのバランスをどのように考えているのでしょうか。

A 「中正公平」という言葉は非常に難しくて、今正しいと思っていることが時代によっては正しいとは限らないことを常に見極める必要があると思っています。利益との関係では、私のように編集部門に所属してい

る人間は利益のことは全く考えていません。そこが新聞社のよいところで
あり、記者としてノルマがあるわけでもなく、純粋に取材を通じて抱いた
問題意識を伝えることが金融経済教育の一助になると思っています。

　一方で、新聞を読む方が少なくなってきていて、金融経済教育のインフ
ラが壊れていると感じています。今、例えば金融経済教育のあり方を考え
るインタビュー記事を企画したときは、有名な進学塾の社長や進学校の理
事長といった読者の皆さんにとって身近な存在にご登場いただくなど、な
るべく読者と目線をあわせるべく試行錯誤しています。

Q 「貯蓄から投資へ」を推し進めているダイナミズムが何かについてお
伺いします。この講義を通じて、資本市場を活性化したいという思惑
と、年金制度に対する不安に対応したいという思惑があると考えたのです
が、実際にはどのような思惑が絡み合って政策として結実しているので
しょうか。新聞記者としてのお立場からのご見解をお伺いします。

A 本質的なご質問であると思います。資本市場の活性化には、資本市場
を担うプレイヤーの育成も含めた金融サービスの供給サイドに関する
環境整備が必要になります。一方で、年金制度に対する不安への対応は、
需要サイドである国民のマインド・危機感にかかわるものです。この需要
側と供給側の掛け合わせが「貯蓄から投資へ」という政策を実効的なもの
にできるかどうかのポイントであると思います。

　「貯蓄から投資へ」に向けた約20年間のうち、前半はどちらかと言うと
資本市場のプレイヤーの育成や環境整備に費やしてきたと思います。後
半、特に老後2,000万円問題以降は、政策の視点が需要サイドである国民
に移り、国民において世代交代が進んだこともあって安定的な資産形成を
求める層が増えてきたと思います。こうした中で、先ほど紹介した投資率
を見ても、特に直近１～２年は「貯蓄から投資へ」という政策が実効性を
帯び始めてきたのではないかと感じています。

第**10**章

金融リテラシーの向上に向けて

桑田　尚（2023年12月20日）

講師略歴

2004年金融庁入庁。2011年から2014年には在ブリュッセル欧州連合日本政府代表部一等書記官として、欧州債務危機の動向調査。2014年より国際室で、TLAC規制やバーゼルⅢ最終化に関する国際交渉に従事。2019年に銀行第一課銀行監督調整官、2020年に総合政策課総合政策企画室長を経て、2022年より市場課で金融経済教育推進機構の創設などに向けた法改正を担当。2023年7月より現職。

　ゲスト講師10人目は、リレー講義のアンカーとして、金融庁総合政策局総合政策課金融経済教育推進機構設立準備室長の桑田尚さんにお越しいただきました。

　桑田さんが担当されている業務の内容は役職名のとおりですが、先日11月20日に機構の設立根拠となる規定が盛り込まれた「金融商品取引法等の一部を改正する法律」が成立しました。現在の部署に異動される前は、金融庁の企画部門でその改正法案の担当室長をされていました。制度の企画立案と施行に向けた業務を両方とも担当されていて、金融庁で今一番金融経済教育に詳しい方ということでご登壇をお願いしました。

　日本銀行の山田さんの講義（2023年10月25日）の中で、金融経済教育推進機構の創設に向けて、金融庁はなぜ日本銀行・金融広報中央委員会に声をかけたと思うかという問いかけがありました。今回、桑田さんから正解を教えていただけると思います。

金融庁の桑田です。よろしくお願いします。私は2004年に金融庁に入庁し、銀行監督、英国留学、ベルギーにあるEU代表部（欧州連合日本政府代表部）への出向、国際銀行規制関係の業務、官民ファンドの１つである産業革新投資機構への出向などを経験しました。そのあとはしばらく金融庁での勤務が続いていて、再び銀行監督を担当したり、サステナブルファイナンスの推進に向けた業務を担当したりしてきました。昨年（2022年）は「資産所得倍増プラン」の関連法案を担当して、今はその法案に盛り込まれた金融経済教育推進機構の設立準備を担当しています。

講義の前半では、既にご存じの内容もあるかもしれませんが、金融経済教育を通じて具体的に何を伝えようとしているのか、その一端を紹介したいと思います。金融庁から来ていますので、NISAについては少し詳しめに説明します。既にNISAを始めている人や、これから始めようと思っている人は参考にしていただければと思います。後半は、政策論として、金融庁が金融経済教育をどのように広めていこうとしているのかを紹介したいと思います。

1　金融経済教育の重要性

日常生活の中で、金融の知識が必要になる場面は、一人暮らしを始めてお金の管理をするとき、クレジットカードを使うとき、奨学金の返済を始めるとき、資産を増やしたいときなど色々あると思いますが、お金の知識・判断力のことを「金融リテラシー」と呼んでいます。

金融リテラシーが高いと、しっかり家計管理ができる、計画を立ててお金を準備できる、詐欺やトラブルに遭うことが少ない、経済的に自立してより良い暮らしを送ることができるなどの効果があるとされています。金融庁は、こうした生活スキルとしての金融リテラシーの重要性を強調しています。

最近、金融経済教育の重要性が指摘されるようになった背景には、ライフ

スタイルの多様化があります。父親が働いて、母親は専業主婦で、就職したら1つの会社で定年退職まで働いて、マイホームを買って暮らすというスタイルが従来型のライフスタイルですが、今はそれに限らず、人それぞれの価値観によって多様な選択肢があります。自分の生き方にあわせて、お金の管理をしていく時代になっていて、一人一人が自分のライフスタイルにあわせたお金の管理・使い方を考えていく必要が出てきていることが、金融経済教育の重要性が高まっている要因の1つです。

　もう1つの要因として長寿化が挙げられます。長く生きると、それだけ生活にお金がかかりますので、お金のことをしっかり考えておく必要があります。従来型のライフスタイルでは、現役時代に働いているうちに資産が増えていき、60歳の定年退職時に退職金をもらうときにまた資産が増えて、退職後はそれを取り崩しながら生活していました。多様化・長寿化の時代になると、資産寿命も延ばしていく必要があり、そのために現役時代から資産形成が必要になってきます。絶対に投資をしなければならないわけではないですが、貯蓄だけではなく、投資も1つの選択肢であることを知ったうえで、自分で判断していく必要があります。

　最近は定年も延びてきていますが、70歳、80歳になっても、運用をしながら少しずつ資産を取り崩すことで、資産寿命を延ばしていく重要性が高まっています。

　日本の家計全体のお金の配分を見ると、現預金の割合が他国と比べて非常に高いです。現預金が多いと、その分リターンも低くなりますので、米国や英国と比較して日本の家計金融資産は全然増えていません。なぜ投資をしないのでしょうか。人それぞれ理由は違うと思いますが、金融庁が実施したアンケート調査の結果によると、「まとまった資金がないから」「どのように購入したらいいのか分からないから」「取引を行う時間的ゆとりがないから」といった理由が挙げられています（図表10－1）。

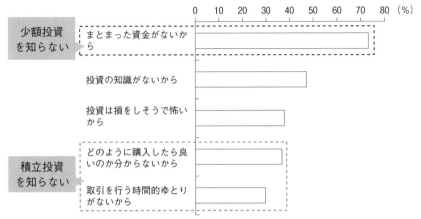

図表10-1　投資は必要だと思うが、行わない理由

少額投資
を知らない　まとまった資金がないか
ら

投資の知識がないから

投資は損をしそうで怖い
から

積立投資
を知らない　どのように購入したら良
いのか分からないから

取引を行う時間的ゆとり
がないから

(出所)　金融庁「国民のNISAの利用状況等に関するアンケート調査（2016年2月）」（投資未経験者1,135人を対象）。

2　安定的な資産形成に向けて

　こうした中、資産形成に必要な知識を得ていくことが重要になっています。金融商品はいくつか種類があって、例えば預貯金・株式・債券・投資信託は、それぞれ安全性・収益性・流動性の面で特徴に違いがあります。預貯金は、非常に安全で、預金保険制度で元本1,000万円までとその利息は守られます。一方で、今の低金利環境のもとでは利子はほとんどありません。ただ、銀行に行けばすぐに引き出せるので、非常に流動性が高いという特徴があります。株式は、値下がりすることもありますが、大きく値上がりすることもあり、長期的な収益性は高いと言えます。債券は、株式よりは安全である一方で、収益性はより低いという特徴があります。投資信託は、商品によって特徴が違います。投資信託は、多くの投資家から集めたお金を、ファンドマネジャーが、株式、債券、不動産などに投資して運用するものです。少額からでも投資が可能になりますが、商品ごとに中身が違いますので、中身を確認して選択することが重要です。

いずれにしてもパーフェクトな金融商品はありませんので、目的に応じて金融商品を使い分けて、自分にとって適切な資産配分（ポートフォリオ）とすることが重要です。

次に、資産形成をしていくうえで基本的な事項として覚えていただきたいことを紹介していきます。まず、「リターン」と「リスク」です。お金を運用した結果、得られる利益や損失が「リターン」です。金融商品は、最初に買ったときの価格よりも高くなったり低くなったりし、価格に振れ幅があります。リターンの不確実性の大きさ、つまり振れ幅の大きさが「リスク」です。振れ幅が大きいものはリスクが大きい、振れ幅が小さく安定しているものはリスクが小さいという言い方をします。

大きなリスクを抱えることは、大きな価格変動にさらされることを意味するので、心理的な安定には望ましくありません。非常に大きな利益が出るかもしれませんが、非常に大きな損失が出るおそれもあります。リスクが大きい金融商品だけで資産を増やそうとしても、安定的な資産形成にはつながりません。そこで、安定的な資産形成を実現するために重要なことを2つ紹介したいと思います。1つが「長期・積立・分散投資」で、もう1つが「非課税制度」です。

(1) 長期・積立・分散投資

まず、「長期・積立・分散投資」のうち最初の「長期投資」です。世界の経済成長の果実を享受していくために幅広い金融商品を買うと、長い目で見れば、傾向としてはリターンが右肩上がりになっていきます（図表10-2）。ただ、金融商品を買って最初の数年などの短い期間では、リターンにばらつきが出ます。1985年以降、毎月同額ずつ国内外の株式や債券の買付けを行った場合のリターンの分布を見ると、5年後の段階では損が出るケースも相応にありますが、利益が出ているケースもあり、幅広いリターン分布になります。20年後の段階では、真ん中のほうに収斂していきます。長い目で見て、

図表10－2　長期投資の効果

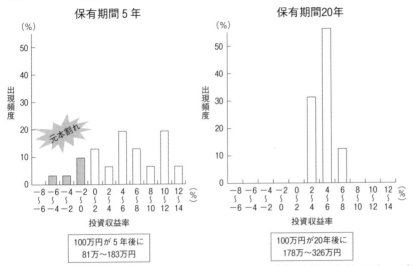

保有期間5年

保有期間20年

元本割れ

投資収益率

投資収益率

100万円が5年後に
81万～183万円

100万円が20年後に
178万～326万円

(注)　1985年以降の各年に、毎月同額ずつ国内外の株式・債券の買付けを行ったもの。各
　　　年の買付け後、保有期間が経過した時点での時価をもとに運用結果および年率を算
　　　出。
(出所)　金融庁作成。

始めたらやめないことが重要になります。

　次に、「積立投資」です。あらかじめ決まった金額を続けて投資すること
です。例えば1か月に1万円ずつ同じ金融商品を買い続ける方法です。安い
ときに買って、高いときに売れば儲けられるという考え方では、金融商品の
価格について、いつが一番低くて、いつが一番高いのかを見極める必要があ
りますが、それは非常に難しいことです。そうではなく、価格が高い、低い
に関係なく、決まった金額で買っていく積立投資が有効です。

　具体例で見ていきたいと思います（図表10－3－1）。毎月1万円、10年間
積立を行った場合に、最終的に評価額が高くなるケースは①～④のどれにな
るでしょうか。縦軸は株価で、全て1万円からスタートしています。①は
1万円からスタートして、10年間上がり続ける場合、②は1万円からスター
トして5年目まで下がり続けて、残り5年で元に戻る場合、③はその逆で

図表10－3－1 積立投資の効果（問題）

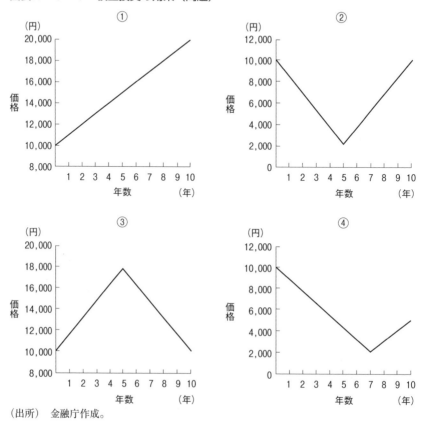

（出所） 金融庁作成。

1万円からスタートして5年目まで上がり続けて、残り5年で元に戻る場合、④は1万円からスタートして、7年目まで下がり続けて、最後の3年で少し戻る場合です。

　直感的には、ずっと上がり続ける①が一番儲かるのかな、②と③は元に戻っているだけで、あまり変わらないのかなという気がしますが、正解は②です（図表10－3－2）。②は、1万円からスタートして、前半で株価が下がり続けたあと、後半に元に戻るパターンですが、同じ金額で買い続けているので、株価が下がったときに株式をたくさん買うことになります。たくさん

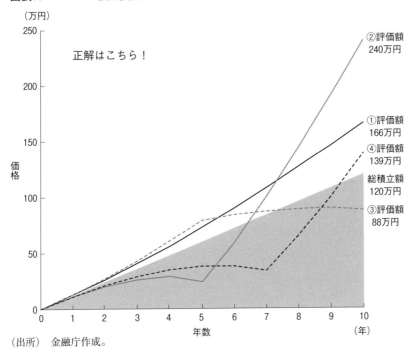

図表10−3−2　積立投資の効果（正解）

（万円）

正解はこちら！

②評価額
240万円

①評価額
166万円

④評価額
139万円

総積立額
120万円

③評価額
88万円

価格

年数

（年）

（出所）　金融庁作成。

買った株式の価格が後半に上がることになりますので、それが影響して最終的な評価額は一番大きくなります。④も、７年目まで株価が下がって、残り３年で少し戻るだけですが、やはり株価が下がったときにたくさん買っていることが重要で、全体の評価額が最後の３年間で改善して、トータルで評価益が出る結果になります。積立投資で継続的に金融商品を買い続けると、多くのパターンで利益が出ることになります。③は、損が出てはいますが、「価格が下がったときこそ買い」と考えると、その後に株価が上がれば、全体の評価額も一気に上がることになります。価格が下がってもやめないことが重要になります。

　最後に「分散投資」です。資産の分散と地域の分散があります。

　１つの資産だけに投資するより、値動きの異なる複数の資産に分散投資を

図表10－4　分散投資の効果

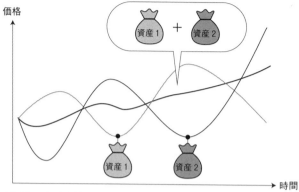

価格

資産1 ＋ 資産2

資産1

資産2

時間

（出所）　金融庁作成。

するほうが価格の変動が小さくなり、リスクが軽減されます（図表10－4）。
資産ごとに価格の振れ幅は違いますので、複数の資産を組み合わせれば全体
的な振れ幅が軽減されていくことになります。

　次に、地域の分散です。日本企業に投資してもらうことが重要という考え
方もありますが、個人の資産形成という観点では、日本だけではなく、投資
先の地域を分散することで、世界経済の成長の果実として利益を得ることが
期待できます。世界には先進国もあれば新興国もありますので、そうした観
点での分散も重要になります。

⑵　非課税制度

　安定的な資産形成のために、もう1つ重要なことが非課税制度（税制優遇
制度）のNISAです。NISAは、少額の投資が非課税になる制度で、"Nippon
Individual Savings Account"の略です。英国の個人貯蓄口座（Individual
Savings Account：ISA）の日本版という意味です。税制の原則では、投資で
1万円儲けた場合には、その約20％の約2,000円の税金を納める必要があり

ます。NISA口座を開設して投資する場合には、この約2,000円の税金がかからないのでお得になります。これから投資を始めるのであれば、このNISAで始めてみませんかとお勧めしています。

NISAは来年（2024年）1月から制度が大きく変わります。今は現行制度から新しい制度に移行する少しややこしい時期ではあるのですが、おさらいをしたいと思います。現行制度では「つみたてNISA」と「一般NISA」の2つが存在しています。18歳以上であればNISA口座を開設可能ですがどちらか一方しか開設できません。

つみたてNISAは、毎月一定額をこつこつと買い続ける積立投資限定の非課税制度で、年間40万円まで投資が可能です。そして投資後20年間は、投資から得られた利益が非課税になります。また、投資対象となる金融商品は投資信託を想定しています。金融機関からの届出を受けて、金融庁がつみたてNISAで買える金融商品を指定しています。個人の資産形成をあと押しする観点から適切と考えられる金融商品を指定しているということです。一方で、一般NISAは、投資方法が積立投資に限定されておらず、一括投資も可能な非課税制度で、年間120万円まで投資が可能です。ただし、投資後の非課税期間は5年間に限定されます。一方で、投資対象となる金融商品は、つみたてNISAのように投資信託に限定されるわけではなく、個社の株式を買うことも可能です。いずれの制度も1人1口座しか開設できません。

こうしたNISA制度が、来年（2024年）からはさらに色々な使い方ができるように大きく変わります（図表10-5）。まず、制度が恒久化されました。つみたてNISAも一般NISAも期間限定で「投資を始めるなら今始めてください」という制度でしたが、新しいNISAは恒久化されました。「国はこの非課税制度をずっと設けておきますので、いつでも投資を始めてください」という制度になっています。

それから、「非課税保有期間」と言うと分かりづらいのですが、先ほど20年間や5年間は利益が非課税となると言った期間についても、新しいNISAでは無期限になります。自分のライフスタイルにあわせて、現金が必要なタ

図表10-5 新しいNISA制度（2024年1月から適用）の概要

	つみたて投資枠 併用可	成長投資枠
年間投資枠	120万円	240万円
非課税 保有期間（注1）	無期限化	無期限化
非課税保有限度額 （総枠）（注2）	1,800万円 ※簿価残高方式で管理（枠の再利用が可能）	
		1,200万円（内数）
口座開設期間	恒久化	恒久化
投資対象商品	長期の積立・分散投資に適した一定の投資信託 〔現行のつみたてNISA対象商品と同様〕	上場株式・投資信託等（注3） 〔①整理・監理銘柄②信託期間20年未満、毎月分配型の投資信託等を除外〕
対象年齢	18歳以上	18歳以上
現行制度との関係	2023年末までに現行の一般NISA及びつみたてNISA制度において投資した商品は、新しい制度の外枠で、現行制度における非課税措置を適用 ※現行制度から新しい制度へのロールオーバーは不可	

（注1） 非課税保有期間の無期限化に伴い、現行のつみたてNISAと同様、定期的に利用者の住所などを確認し、制度の適正な運用を担保。
（注2） 利用者それぞれの非課税保有限度額については、金融機関から一定のクラウドを利用して提供された情報を国税庁において管理。
（注3） 金融機関による「成長投資枠」を使った回転売買への勧誘行為に対し、金融庁が監督指針を改正し、法令に基づき監督およびモニタリングを実施。
（注4） 2023年末までにジュニアNISAにおいて投資した商品は、5年間の非課税期間が終了しても、所定の手続を経ることで、18歳になるまでは非課税措置が受けられることとなっているが、今回、その手続を省略することとし、利用者の利便性向上を手当て。
（出所） 金融庁作成。

イミングで非課税での現金化が可能になり、柔軟に資産形成を進めていくことができます。

　さらに、年間投資枠も拡大します。つみたてNISAは年間40万円、一般NISAは年間120万円と説明しましたが、新しいNISAでは、積立投資で投資

する場合は「つみたて投資枠」で年間120万円まで、一括投資も含めて自由な方法で投資する場合は「成長投資枠」で年間240万円まで、両方の枠をフル活用して投資する人にとっては最大で年間360万円まで投資できることになります。

　年間投資枠に加えて、非課税保有限度額もあります。生涯を通じてNISA口座で投資できる投資元本の上限は1,800万円までという制限です。例えば、500万円分の投資をした場合は、残りの投資限度額は1,300万円になります。500万円分の投資のうち150万円分の金融商品を利益が出たタイミングで売却したとすると、その150万円分が再び投資可能額に戻るので、残りの投資限度額は1,300万円から150万円上積みされて1,450万円になります。投資枠が復活する仕組みが導入されたということです。

　先ほど紹介したとおり、NISA口座は、銀行口座と違って1人1口座しか開設できないのですが、今NISA口座は2,035万口座開設されています（図表10－6）。NISA口座を開設できる18歳以上の人口が約1億人とすると、そのうちの約2,000万人がNISA口座を開設していることになりますので、おおむね5人に1人は既にNISA口座を開設している時代になっています。20代はまだ開設していない方も多いかもしれませんが、隣を見たらNISA口座を開設している人がどんどん増えてきている時代になっていますので、そうなると、口座開設の動きは加速度的に広がっていくのではないかと思っています。

　NISA口座のうち、つみたてNISA口座は、とりわけ若い世代や現役世代、20代から40代の方に人気で、つみたてNISA口座全体の約7割は20代から40代の方が開設しています。長い時間をかけて資産を大きくしていく積立投資に対する税制優遇制度ということもあり、やはり先が長い若い世代から評価されています。一方で、一般NISA口座は、積立投資ではなく一括投資をされる方もいますので、50代以上の方が多く開設されています。

　では、新しいNISAは具体的にどのような使い方ができるのか、よくあるお悩みの事例を交えながら紹介しています。

図表10-6 NISAの利用状況（2023年9月末時点）

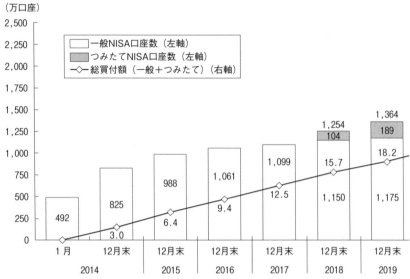

（注） 2021年12月末から2022年12月末にかけて一般NISAの口座数が減少しているのは、みなし廃止された影響。
（出所） 金融庁作成。

　1つ目のお悩みは、「月々の買付額をどのように決めたらいいのでしょうか」というものです。「人それぞれですね」と答えてしまうとそれで話が終わってしまうのですが、投資は、基本的に余裕資金で行うものです。生活に必要な金額まで使って行うものではありませんので、「無理のない範囲で考えましょう」という答えになります。毎月1万円買い付けられるという方はそれでよいですし、5,000円くらい、2,000円くらいという方は、もちろんそれでもよいわけです。

　例えば、月3万円ずつ40年間、こつこつと積立投資をしていくと投資元本は1,440万円になります。仮に年3％の運用利回りであれば、これが約2,778万円になります。20代のうちはあまり投資できなくても、30代、40代になって生活に少し余裕が出てきた段階で毎月の積立額を増やしていくこともできます。例えば、最初は月1万円から始めて、5年ごとに3万円、5万円、

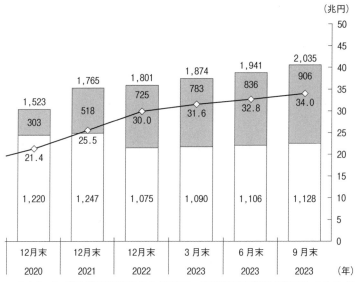

（兆円）

マイナンバー導入前に開設された口座で、非課税保有期間が終了したものが

　7万円、9万円と毎月の積立額を増やしながら25年間、積立投資をしていく
と投資元本は1,500万円になります。仮に年3％の運用利回りであれば、こ
れが約1,959万円になります。

　お悩みの2つ目は、「NISA口座はどの金融機関で開設すればいいのでしょ
うか」というものです。NISAを取り扱っている金融機関は、証券会社、銀
行、信用金庫など色々あります。金融機関を選ぶポイントとしては、どのよ
うな商品を取り扱っているかというラインナップ、商品それぞれにかかる手
数料、ほかの目的でもその金融機関を利用しているなどの利用者にとっての
利便性などが挙げられると思います。

　お悩みの3つ目は、「新しいNISAの『つみたて投資枠』と『成長投資枠』
はどのように使い分ければいいのでしょうか」というものです。答えは「目
的にあわせた使い分けを」ということになります。つみたて投資枠はこつこ

つと積み立てていくことが大前提で、成長投資枠では一括投資も可能です。両方活用したい方はそうしたらよいですし、どちらか一方で十分という方もいるでしょう。人それぞれでよいのです。例えば、つみたて投資枠で毎月10万円ずつ15年間、積立投資をしていくと投資元本が非課税保有限度額の1,800万円に達します。その後15年間継続保有すると、仮に年3％の運用利回りであれば、この1,800万円が約3,536万円になります。成長投資枠で個社の株式を一括投資で年間限度額である240万円まで購入する方法もあります。株価は変動しますので、評価額はそのときの株価次第になります。ただ、株式を買うと、会社によって水準は様々ですが配当金の分配があります。これにも通常は税金が課せられますが、NISAは非課税ですのでお得になります。さらに、少しお金に余裕のある方向けかもしれませんが、両方の枠を一気に使うことも可能です。つみたて投資枠で年120万円、成長投資枠で年240万円をフル活用すると、5年で投資元本が非課税限度額の1,800万円に達します。その後15年間継続保有すると、仮に3％の運用利回りであれば、1,800万円が約3,021万円になります。NISAの活用方法は本当に色々なパターンがありますので、家計の状況などを考えながら、自らに最も適した方法を見極めてもらいたいと思います。

　最後にお悩みの4つ目は、「積立投資を始めたら、いつまで継続するのがいいでしょうか」というものです。長期・積立・分散投資がお勧めで、1回始めたら、長期間、積立投資を継続していただくことが重要です。一方で、NISAでは購入した金融商品を途中で売却することも可能です。例えば、毎月5万円ずつ10年間、積立投資をして投資元本が600万円に達した段階で一度100万円を取り崩し、その後さらに毎月5万円ずつ10年間、積立投資を続けて投資元本600万円を買い足すというパターンも考えられます。この場合の元本と運用益の合計額は、仮に年3％の運用利回りであれば、約1,503万円と途中売却額100万円の合計額になります。

3 金融トラブルの防止

　ここからは金融トラブルの防止について紹介していきます。金融経済教育では、資産形成だけではなく、金融トラブルに巻き込まれることを防止するために必要な知識を身に付けていただくことも重要です。皆さんのように若い方だけではなく、高齢者の方、現役世代の方も含めて気を付けていただく必要があります。

　金融トラブルの具体例として、例えばSNSを通じて「バイナリーオプションって知っている？　分析ツールが入ったUSBを買えば、簡単に絶対儲かるよ」「お金がなくても、学生ローンで借りるといい。すぐに利益が出て返せるよ」と勧誘されてしまうケースがあります。「誰かを紹介すると報酬がもらえるよ」と勧誘されるケースもあります。こうした商法に引っかかって被害者になることはもちろん避けなければいけませんが、「誰かを紹介すると報酬がもらえるよ」という勧誘に引っかかると、自分も加害者になってしまいます。こうしたことは決してやってはいけません。

　このほかにも、「暗号資産（仮想通貨）に投資すれば、月10万円くらい稼げるよ」「海外の不動産事業に投資すれば、1年後には2倍になるよ」という勧誘に引っかかると、多額の損失が発生する、業者と連絡がつかなくなる、お金が返ってこない、実は無登録業者であったといった金融トラブルに巻き込まれることになります。

　複数の業者からお金を借りて、返し切れない借金を背負ってしまうことも問題です。軽い気持ちで高金利の借金をすると、借金はすぐに膨らんでしまいますので、自分の収入をしっかり把握して、その範囲内で生活することが重要です。

　金融庁も「貯蓄から投資へ」を掲げて、安定的な資産形成の重要性を訴えていますが、「絶対投資してくだい」と言っているわけではなく、「長期・積立・分散投資という選択肢もありますよ。そうしたことも一度学んでくださいね。そのうえで、皆さん自身で判断することが重要ですよ」ということを

お伝えしています。知らずに投資をしないのと、知っていて投資をしないのとでは雲泥の差ですので、ぜひそこを理解していただければと思います。

金融トラブルを避けるための鉄則は３つです。①おいしい話には気を付ける。②向こうから近寄ってきてもはっきり断る。③万一トラブルに遭っても決してあきらめない。これらを肝に銘じていただければと思います。

万一、金融トラブルに遭ってしまった場合、民法、消費者契約法、特定商取引法などに基づいて契約が取消しや無効となることもあります。これらの法律を詳しく知らなくても、困ったときは、消費者ホットライン188番（「いやや！」）に電話したり、金融庁や業界団体の相談窓口に相談したりして、１人で抱えないことが重要です。実際にこうしたトラブルに遭うと動揺してしまうと思いますが、皆さんにいつでも起こり得ることですので十分気を付けてください。

4　金融リテラシーの向上に向けた政策対応

⑴　金融経済教育をめぐる課題

ここからは政策論に入ります。金融経済教育はとても幅広く、今日は本当にごく一部しか紹介できていないのですが、国民に金融リテラシーを身に付けていただくための取組みは、日本だけではなく世界的に行われています。2012年６月にOECDが「金融教育のための国家戦略に関するハイレベル原則」を示して、国家戦略を立てて金融経済教育を推進していくことが最善の手段の１つとされました。その後、2013年６月に金融庁の「金融経済教育研究会」で報告書が取りまとめられ、2014年６月には、最低限身に付けるべき金融リテラシーの内容を年齢層別に具体化・体系化した「金融リテラシー・マップ」が策定されました。

ただ、金融広報中央委員会が行った「金融リテラシー調査」の結果などを見ると、現状では金融経済教育を受けたと認識している人の割合は非常に低

く、約７％にとどまっています。私も少なくとも大学生の頃までに金融経済教育を受けたことはありませんでした。金融知識に関する自己評価で「とても高い」または「どちらかと言えば高い」を選択した自信のある人は約１割にとどまっていて、長期・積立・分散投資を知っている人も約４割にとどまっています。一方で、「金融経済教育を行うべきと思う」と回答した人は７割を上回っていて、金融経済教育の重要性は理解されていると思います。それから、資産運用を行わない理由として、約４割の人が「資産運用に関する知識がないから」と回答されていますので、こうした層に適切な金融経済教育を届けていくことが重要になっています。

　金融経済教育を受ける場の１つとして企業があり、企業には企業年金があります。そのうち、事業主が掛金を払って、従業員が自分で運用して将来の年金につなげる制度が企業型確定拠出年金（企業型DC）です。現在、全国で約４万社、約800万人が加入しているそうです。

　この企業型DCを実施している事業主には、従業員に対して継続的に投資教育を行う努力義務が課せられています。それを踏まえて、事業主に対して継続投資教育の実施状況を調査すると、約８割が「実施したことがある」と回答しています。ところが、加入者である従業員を対象に調査をすると「継続的に何回か受けた」と回答した人は約１割にとどまっています。事業主側は教育をしたつもりになっている一方で、受け手である従業員は教育を受けたとは思っていないという結果で、これは企業側の取組みがもっと従業員に届くように工夫していく余地があることを示していると思います。

　企業担当者のDC制度に関する悩みを調査すると、「継続教育に関する事項」が一番多くなっています。継続教育に関する悩みの具体的な内容としては、「無関心層に対する効果的な方法が分からない」「ほかの業務と兼務しているため、継続教育に割く時間が少ない」などの声があがっています。ほかの業務と兼務しているという時点で、その企業の継続教育に対する熱意が透けて見えるところではありますが、従業員向けにしっかり教育がなされることが求められているにもかかわらず、実際には十分なされていないのではな

いかと思います。

　また、事業主が掛金を拠出して、加入者が自ら運用商品を選ぶことが企業型DCの基本的な枠組みですが、年金資産を預金で持っていても、利回りが低くて運用にはなりません。ところが、企業型DCの年金資産全体の約45％は定期預金などの元本確保型商品で持たれていて、運用がなかなか浸透していない現状が見てとれます。

　加入者が自ら運用商品を選ぶことはなかなか難しいので、労使協議でデフォルト商品を選定する指定運用方法という仕組みを約40.5％の企業型DCが採用しているのですが、デフォルト商品を選定している企業型DCのうち、約75.7％が元本確保型商品を選定しています。このため、加入者に適切な運用商品を選ぶ金融リテラシーがないと企業任せになり、多くの企業では単に定期預金に預けているだけなので、仮に長年その企業に勤めても、退職後もらえる年金はたいして増えていなかったということが生じてしまいます。

　金融経済教育をめぐる課題をまとめると、金融経済教育を受けたと認識している人は約7％しかおらず、職域でも、企業型DCの加入者への継続投資教育が不十分と指摘されています。長期・積立・分散投資を知っている人も約4割しかいません。また、特に最近はSNSを通じて、投資詐欺などのトラブルが引き続き発生しています。

　こうした中で、政府、金融広報中央委員会、金融関係団体などが、同じような金融経済教育を重複して行うのではなく、連携を強化していく必要があるとの指摘があります。また、金融経済教育の担い手が金融機関や業界団体である場合には、営業目的ではないかと受け止められて、受け手側に敬遠されてしまうという指摘もあります。民間の金融事業者や業界団体がせっかく金融経済教育を広めるための活動をしようとしても、受け手側に受け入れてもらえなければ効果がありません。

⑵　金融経済教育推進機構の創設

　こうした現状を何とか打破しなければならないということが、昨年（2022年）来、岸田政権のもとで議論されてきました。昨年（2022年）11月には「資産所得倍増プラン」が策定され、金融庁は、プランに盛り込まれた施策を実行するための法案（「金融商品取引法等の一部を改正する法律案」）を今年（2023）3月に国会に提出しました。先日11月20日に、その法案が成立したのですが、その柱の1つが、新たな認可法人として金融経済教育推進機構を創設するというものです。この機構を来年（2024年）の春に設立し、オフィスの整備などに必要な準備期間を経て、夏に本格稼働させることを予定しています。日本銀行・民間団体・政府が従来個別に実施してきた金融経済教育活動をこの機構に一本化することにして、機構に必要な資金や人員は、そうした関係団体が共同で拠出する方向で、鋭意調整しているところです。

　日本銀行の山田さんの講義（2023年10月25日）で、金融庁はなぜ日本銀行・金融広報中央委員会に声をかけたと思うかという問いかけがあったとのことですので、その点についても触れておきます。金融庁としては、先ほど紹介したような金融経済教育をめぐる課題を乗り越えていくために、国が前に出ていく必要性や、官民一体で取り組んでいく必要性を認識して、法律に基づく公的な機構をつくることを考えたわけですが、日本銀行が事務局を務める金融広報中央委員会は地方組織が47都道府県にあり、年間約3,000回、約20万人の受講者に向けて金融経済教育を実施しています。現にそうした取組みを行う組織があるにもかかわらず、また新たな組織をつくるとなったら皆さんはどう思いますか。「似たような組織をつくって何か意味があるのか」「何か新しいことができるのか」という指摘が絶対出てくると思いますし、そうなってはならないと考えて、日本銀行に「どう思いますか。一緒にできないですか」というご相談をしました。日本銀行としても、当然これまでの実績に自負を持っておられると思いますし、なかなか難しいご判断であったと思いますが、最終的には「国を挙げてこれだけやるということであれば、その

趣旨に賛同します」と言っていただき、日本銀行・金融広報中央委員会が行ってきた活動も新たな機構に統合されることになりました。あわせて、日本証券業協会や全国銀行協会などの民間の業界団体にも、「同じようなことをしていても仕方がないので、機構で一緒にやりませんか」と訴えたところ、賛同していただくことができました。

次に、この機構で具体的に何をしようとしているのかを説明します。

1つ目は、顧客の立場に立ったアドバイザーの普及・支援です。お金に関する相談をするときに、金融機関の方から専門的な知識に裏付けされたアドバイスを得ることもよいと思います。ただ、どこかにその金融機関として特定の金融商品を売りたいという思惑があるのではないかという指摘が現にあります。こうした中で、特定の金融事業者・金融商品に偏らないアドバイスを得たいというニーズに応えるために、機構では、顧客の立場に立ったアドバイスを行うための要件に合致するアドバイザーを認定・支援する事業を実施することを考えています。

2つ目は、金融経済教育活動の重複排除・抜本的拡大です。金融経済教育を受けたことがあると認識している人が約7％というのは、非常にセンセーショナルな数字です。これは大きな課題と受け止めて、数字を高めていく必要があると考えています。身近な場で学ぶ機会を提供するための企業の従業員向けセミナーや学校の授業への講師派遣は、今も行われていますが、今後さらに拡大していきたいと考えています。とりわけ、企業とどのように連携していくかが重要な課題になっています。

3つ目は、金融経済教育の質の向上です。量だけではなく質も高めていく必要があります。現状では、金融広報中央委員会が、全国のファイナンシャルプランナー、税理士、公認会計士の方々に講師の担い手になっていただく活動を実施しているわけですが、それぞれ得意分野・不得意分野があります。そうした状況では全国的に質の高い教育を展開していくことはなかなか難しいので、機構としては講師の質を高めるための養成プログラムを導入していきたいと思っています。

4つ目は、教材・コンテンツの充実で、これらはしっかり充実させていきたいと思っています。

　5つ目は、個人の悩みに寄り添ったアドバイスの提供です。機構が行っていく金融経済教育では、金融に関する知識を得た方が、自ら判断できるようになった結果として行動変容が生まれるところまで持っていきたいと考えています。具体的な行動変容につなげていくために、1対マスでの授業のあと、1対1で個々人の状況に応じたアドバイスを提供するための個別相談を無料で実施していくことも考えています。

　6つ目は、調査・統計を踏まえた戦略的な教育の展開で、教育の目標やKPIを設定して取り組んでいきたいと思っています。

(3)　ファイナンシャル・ウェルネス

　最近、「ファイナンシャル・ウェルネス」という言葉がよく使われます。企業が従業員に給料を支払うだけではなく、従業員の資産形成支援も行うなど、企業が従業員の幸福を目指し、心身の健康のみならず、経済的な安定を支援する取組みのことです。こうすることで、従業員が企業の方向性や取組みに賛同して意欲的に仕事をするという意味で「従業員エンゲージメントの向上」に資するとされています。やる気のない人が仕事をしていてもパフォーマンスは向上しません。従業員に意欲的に仕事に取り組んでもらうほうが企業としてもパフォーマンスが高まり、それが企業価値向上につながるという考え方です。

　一部の企業ではそうした取組みが少しずつ始まっています。例えば、企業型DCの加入者への教育を従業員の資産形成に関する重要な人事施策と位置づけて、金融リテラシー教育を毎年継続的に実施している例があります。また、新入社員研修で企業型DCの制度を説明し、さらに2年目に入る直前に、より詳細な制度・商品説明などを行っている例もあります。このほかにも、従業員をケアする人事総務担当者の認識が変わらないと何も変わらない

ということで、そうした方を対象にした講師養成セミナーを行って、講師の内製化に取り組んでいる企業もあります。

こうした取組みの結果、例えば、企業型DCの加入者の方が自らの状況などを確認できるウェブサイトへのアクセス数の増加につながる例があります。そもそも関心がない方はそうしたウェブサイトを全く見ませんが、金融リテラシーが高まってくると、関心が高まってアクセス数が増加していきますので、成果指標の1つとみなされています。元本確保型資産への配分割合の減少にもつながっています。金融リテラシーが向上すると、最終的には人それぞれの判断ではありますが、定期預金だけで持っていることを考え直す人が増えていくということです。さらに、企業型DCを実施している事業主が負担する掛金に自己負担で掛金を上乗せするマッチング拠出を行う加入者の増加にもつながっています。資産形成に関心がある方でなければマッチング拠出は行いませんので、金融リテラシー向上には資産形成への関心を高める効果もあるということです。

金融庁は、企業開示も所管しています。企業による従業員向けの資産形成支援は、「人的投資」とも呼ばれます。これが持続的な企業価値の向上、企業のサステナビリティに影響していくと指摘されています。こうした中で、金融庁は、上場会社に対してサステナビリティに関する取組みの開示を義務づけました。開示は、投資家に対して企業の財務や取組みを説明するために行われるものです。開示はパブリックプレッシャーになり、よりよい取組みに向けて企業の行動変容を促す効果があります。人的投資が開示対象になったことで企業の行動が変わっていくことが期待されています。

私は、企業が変わっていくためには、学生の皆さんの声も重要であると思っています。マイナビの「2023年卒大学生生活実態調査」の結果によると、いわゆる「Z世代」の学生は「安定している会社」を求める傾向にあるようです。一方で、「自分のやりたい仕事（職種）ができる会社」を求める傾向は、最近は低下しているようです。また、企業に安定を感じるポイントとして、「福利厚生が充実している」「安心して働ける環境である」という回

答が上位2つを占めています。資産形成のための研修・セミナーなどは企業における福利厚生に位置づけられます。企業には、そうしたファイナンシャル・ウェルネスに関する取組みを拡充していくことが求められていると考えています。

私からの説明はここで終わりにしたいと思います。

質疑応答

Q 効果的な金融経済教育のあり方についてお伺いします。将来のことを考えると、中高生などの若い世代へのアプローチも大切になると思います。今後、学校の授業への講師派遣も拡充していくというお話もありました。若いうちは、ライフプランやその先のマネープランを考えることが少ないと思いますが、どのように効果的な教育ができるのか、ご見解をお聞かせください。

A 小学生や中学生に「ライフプランを考えてください」というのは無理があると思います。例えば小学生であれば、お小遣い帳とか、世の中でお金がどのように回っているかといったことを学ぶことから始まっていくと思います。

効果的な教育のためには、内容だけでなく方法も重要です。特に学校の先生方との協力はとても重要で、官民一体で機構をつくって、講師を派遣するだけで必要な教育が行き届くわけではなく、本来は学校の先生方自身に教育をしてもらうことが望ましいわけです。ただ、現状では、学校の先生方も資産形成について何をどう教えればよいのか分からないということですので、まずはこうした先生方を支援していくことが、教育機会を拡大していくために重要であると考えています。

派遣された講師が学校の先生の代わりに金融経済教育を実施していくことになるのですが、その中で、内容に応じた教え方を先生方にも実際に見

ていただいて、その後の教育に活用していただくことが重要になってきます。教育方法を文書で示せば急にできるようになるわけではないと思いますので、金融経済教育に関する知見・ノウハウを学校の先生方が共有できる場の創出などを地道に行っていくことも重要になってくると思っています。

Q 一市民としては、具体的にどこでNISAを開設してどの商品を買うべきか、手っ取り早く信頼性の高い情報にありつきたいというニーズがあると思います。金融庁としても、今後認定アドバイザーの育成などの施策を講じていくと思いますが、一方で、民間の競争に任せるという考え方もあると思います。今後、国はどの程度の存在感を出していかれるのでしょうか。

A 公的な組織として機構を創設して、顧客の立場に立ったアドバイザーを認定するなどの事業を行っていく予定ですが、機構だけで必要な金融経済教育を行き届かせることができるとは思っていません。やはり個々の金融事業者によるこれまでの努力や取組みも尊重しながら、連携して取り組んでいくことが大前提であると思います。

　ただ、個々の金融事業者が実施する金融経済教育を敬遠される方がいることも事実です。そうした方がいるにもかかわらず、いつまでも今のままの取組みを続けていても、金融経済教育を十分に届けることができません。そうしたケースでは、公的性格を持つ機構が、その強みを発揮して入り込んでいく必要があると思っています。官民の役割分担が重要で、両者が連携しながら、それぞれの強みを活かして取り組んでいくことが重要であると思っています。

Q 分散投資についてお伺いします。NISAを始めるにあたって海外に投資することを考える人も多いのではないかと思います。日本人のお金が海外に流れると、結果的に日本の市場にあまりお金が行かないことを意

味するように思うのですが、この点について、金融庁としてはどのように
考えておられるのでしょうか。

A 例えば投資信託への資金流入額を見てみると、海外向けの投資信託に
資金が流入している傾向にあります。個人の安定的な資産形成の観点
から、分散投資は重要ですので、金融庁としてそうした傾向を否定するこ
とはありません。一方で、NISAを推進して資金が海外に出て行くばかり
では、日本が全然潤わないではないかという議論は実際にあります。

　ただ、海外に投資しても、海外の経済成長の果実を国内に取り込むこと
で個人の資産形成は進みます。資産形成が進めば、その資産が更なる投資
や消費に回ることで、国内に還元されることになります。国内に投資する
か、海外に投資するかは個々人の判断ですので、最適な選択をしていただ
きたいと思いますが、海外に投資されたからといって、日本経済に裨益し
ないということはないと考えています。

Q 分散投資を推奨されている点について、おそらくインデックス投資を
推奨されているのだろうと理解しました。もしそうだとすると、アク
ティブファンドに投資する人が減少して、目利きのファンドマネジャーが
育ちにくくなり、日本の資本市場の効率性が損なわれる結果を招きかねな
いと思ったのですが、こうした点については、どのような整理がなされて
いるのでしょうか。

A アクティブ運用による価格発見機能はとても重要で、それが資本市場
の効率化につながることは、ご指摘のとおりであると思います。金融
庁も、つみたてNISAの対象商品としてアクティブファンドも認めていま
す。

　ただ、アクティブファンドとインデックスファンドのパフォーマンスを
比較すると、現状では、インデックスファンドのほうがよい結果が出てい
ることが多いことも事実です。そうすると、まずは手数料も低いインデッ
クス投資から始めてみようということにつながりやすいのだと思います。

一方で、金融庁として、アクティブ投資を軽視しているわけでは全くありません。先日12月13日に取りまとめられた政府の「資産運用立国実現プラン」では、資産運用業の改革が柱の１つに掲げられていて、資産運用業の高度化などに取り組んでいくことにしています。日本の成長のために、並行して議論していくべき重要な課題であると思っています。

Q 例えば30代単身者の貯蓄額に関するデータを見ると、平均値は494万円である一方で、中央値は75万円となっていて、だいぶ格差があると思います。NISAのような非課税制度で投資を進めると格差が余計に広がってしまうと思うのですが、金融経済教育を通じて格差是正につながるようなことができるのでしょうか。平等な機会が与えられていればよいということなのでしょうか。

A 資産が多くない方であっても、例えば月1,000円ずつなど少額からでも資産形成を行うことができる機会を国として提供していくことは重要であると思っています。金融機関によっては月100円から投資を始められるところもありますし、そうした少額からでも投資を始められることを知っていただいたうえで、最終的に投資をするかどうかを判断していただくことが重要です。国民の皆さんが、自分に合った資産形成を行うことができる機会を平等に得られる環境を整備していくことが国の役割であると思っています。

NISA制度については、富裕層優遇ではないかという議論も確かにあります。一方で、非課税限度額として生涯における投資元本の上限額1,800万円を設定するなどして、過度な優遇に一定の歯止めをかける手当ても講じています。最後はどの水準で線を引くかということになるのですが、こうした議論の結果として、来年（2024年）から始まる新しいNISA制度ができているということです。

おわりに

　講義の運営と本書の出版に際しては、多くの方にお世話になりました。

　各章をご覧いただくとご理解いただけると思いますが、毎回の講義では、学生から積極的な質問が寄せられ、講義の終了時間を超過するまで質問が尽きず、ゲスト講師の方々も驚かれるほどでした。紙幅の関係などから、講義内容と質疑応答の全てを収録することはできませんでしたが、ゲスト講師の皆様のご尽力に加えて、学生の熱心な姿勢が本講義を支えたことを記しておきたいと思います。最前線でご活躍されているゲスト講師の皆様との活発な質疑応答を含めた本講義が、多くの学生の将来にとって、実り多き有意義なものとなれば幸いです。本講義に参加してくれた学生の皆さんの今後のご活躍を心より祈念します。

　ゲスト講師の皆様には、本講義の意義や目的をご理解いただき、非常にお忙しい中で講義をお引き受けいただきました。また、各講師が所属されている組織の職員の方々にも多くのご協力をいただきました。講義資料の作成に始まり、実際の講義や学生からの質問への対応、本書出版のための原稿校正を含め、多大な時間と労力を割いていただいたことに、心より感謝申し上げます。

　講義の運営と本書の出版に際しては、みずほ証券株式会社取締役の若林豊氏をはじめ同社寄付講座関係者の皆様、株式会社澤速記事務所の石井恭子氏（速記録作成）、西村あさひ法律事務所・外国法共同事業の田仲由依さん、佐藤乃愛さん（小野担当秘書）、東京大学公共政策大学院の吉田芳江さん（寄付講座担当）、東京大学公共政策大学院生の堤友莉さん（ティーチングアシスタント）にも多大なるご協力をいただきました。厚く御礼申し上げます。

　また、本書の出版に際しては、一般社団法人金融財政事情研究会出版部長の花岡博氏に企画段階から多大なるお力添えをいただき、この場をお借りして厚く御礼申し上げます。

その他お名前を全て挙げることは叶いませんが、講義の運営と本書の作成にあたりご協力いただいた全ての皆様に心より御礼申し上げます。

弁護士、元東京大学客員教授
（西村あさひ法律事務所・外国法共同事業顧問）

小野　傑

東京大学公共政策大学院特任教授

守屋　貴之

後藤　元

東京大学大学院法学政治学研究科教授
2003年東京大学法学部卒業、東京大学大学院法学政治学研究科助手。学習院大学
法学部専任講師・准教授を経て、2010年東京大学大学院法学政治学研究科准教
授。2019年より現職。専門は商法、会社法、保険法など。

小野　傑

弁護士、西村あさひ法律事務所・外国法共同事業顧問
1976年東京大学法学部卒業。1978年弁護士登録。1982年ミシガン大学ロースクー
ルLL.M.修了。1983年ニューヨーク州弁護士資格取得。1984年西村眞田法律事務
所（現西村あさひ法律事務所・外国法共同事業）入所。1985年同事務所パート
ナー、2004年から2020年まで代表パートナー、2023年12月退所。2007年から2024
年3月まで東京大学客員教授。

守屋　貴之

東京大学公共政策大学院特任教授
2004年京都大学法学部卒業、金融庁入庁。同庁検査部門・企画部門・監督部門・
官房部門のほか、厚生労働省年金局・関東財務局・財務省主計局への出向などを
経て、2022年金融庁総合政策局総務課総括企画官兼広報室長。2023年7月より現
職。

動き出す「貯蓄から投資へ」
──資産運用立国への課題と挑戦

2024年7月11日　第1刷発行

編　者　　後　藤　　　元
　　　　　小　野　　　傑
　　　　　守　屋　貴　之
発行者　　加　藤　一　浩

〒160-8519　東京都新宿区南元町19
発 行 所　一般社団法人 金融財政事情研究会
出 版 部　TEL 03(3355)2251　FAX 03(3357)7416
販売受付　TEL 03(3358)2891　FAX 03(3358)0037
URL https://www.kinzai.jp/

校正：株式会社友人社／印刷：株式会社光邦

ISBN978-4-322-14449-9